Estudos e crônicas
de Hermínio C. Miranda

Estudos e crônicas

de Hermínio C. Miranda

Copyright © 2011 *by*
FEDERAÇÃO ESPÍRITA BRASILEIRA – FEB

1ª edição – Impressão pequenas tiragens – 10/2022

ISBN 978-85-7328-824-7

Todos os direitos reservados. Nenhuma parte desta publicação pode ser reproduzida, armazenada ou transmitida, total ou parcialmente, por quaisquer métodos ou processos, sem autorização do detentor do *copyright*.

FEDERAÇÃO ESPÍRITA BRASILEIRA – FEB
SGAN 603 – Conjunto F – Avenida L2 Norte
70830-106 – Brasília (DF) – Brasil
www.febeditora.com.br
editorial@febnet.org.br
+55 61 2101 6161

Pedidos de livros à FEB
Comercial
Tel.: (61) 2101 6161 – comercial@febnet.org.br

Dados Internacionais de Catalogação na Publicação (CIP)
(Federação Espírita Brasileira – Biblioteca de Obras Raras)

M672e   Miranda, Hermínio Corrêa de, 1920–2013

           Estudos e crônicas de Hermínio C. Miranda / Hermínio Corrêa de Miranda. – 1. ed. – Impressão pequenas tiragens – Brasília: FEB, 2022.

           384 p.; 21 cm

           ISBN 978-85-7328-824-7

           1. Espiritismo. I. Federação Espírita Brasileira. II. Título.

                                      CDD 133.9
                                      CDU 133.7
                                      CDE 80.01.00

Conteúdo

1 Doutrina Espírita 7
   1.1 Kardec, o pensador 7
   1.2 Kardec, uma homenagem 14
   1.3 A nossa grande responsabilidade 17
   1.4 A Igreja da Inglaterra e o Espiritismo 26
   1.5 Espiritismo e Psicanálise 38

2 Evangelho 43
   2.1 Não somos órfãos do Espaço 43
   2.2 Grande é a seara 50
   2.3 Não tenho prata nem ouro 55
   2.4 O Príncipe da Paz 65
   2.5 Judas redimido 68

3 Histórico 73
   3.1 A maldição dos faraós 73

4 Mediunidade 93
   4.1 O médium do Anticristo I 93
   4.2 O médium do Anticristo II 106
   4.3 A reforma da Reforma 122
   4.4 A *Bíblia* não proíbe a mediunidade 131
   4.5 A doutrinação: variações sobre um tema complexo 144
   4.6 O sonho profético de Lincoln 162
   4.7 Dramas do Além 164
   4.8 Universidade da realidade espiritual 167
   4.9 Espiritismo sem sessão espírita? 185

5 Paulo de Tarso 191
    5.1 Esforços esparsos unificados 191
    5.2 Manhã de primavera em Corinto 201
    5.3 Paulo e Estêvão: dois episódios para meditação 212
    5.4 Historiografia transcendental 224

6 Reencarnação 231
    6.1 O livro branco da vida 231
    6.2 A reencarnação se afirma 234
    6.3 Vida antes da vida 241

7 Relacionamento 261
    7.1 Teoria da flecha 261

8 Regressão de memória 265
    8.1 Terapia do futuro 265
    8.2 Regressão de memória I 279
    8.3 Regressão de memória II 293
    8.4 Regressão de memória III 311
    8.5 A morte provisória I 334
    8.6 A morte provisória II 357

1
Doutrina Espírita[1]

1.1 Kardec, o pensador

Não se pode medir a importância e profundidade das ideias dos pensadores pelo êxito que alcançam ao publicar as suas obras. Alguns sistemas filosóficos passam por um período mais longo ou mais curto de hibernação até que consigam despertar a atenção e o interesse dos leitores. Outros, que parecem surgir vitoriosos, fenecem com o tempo e cedem a praça a novos sistemas fascinantes à fantasia do homem na sua busca interminável da verdade.

Existirá alguma lei que determine ou que, pelo menos, explique essas variações de êxito dos sistemas filosóficos? Parece que há. Para início de conversa, creio poder afirmar-se que o êxito, em termos humanos, é uma componente quantitativa mais do que qualitativa. Em outras palavras: o sucesso

---

[1] N.E.: Os trabalhos apresentados nesta obra de autoria de Hermínio Corrêa de Miranda, foram publicados em *Reformador*, de 1959 a 1980. Cabe ao leitor o entendimento de determinadas colocações, atentando para a época em que o autor as expressou.

é alcançado por aquele que consegue interessar o maior número de pessoas e não pelo que tem o melhor sistema, a melhor peça teatral, o melhor romance, a mais bela sinfonia. Por conseguinte, podemos também concluir que o êxito mundano de um sistema filosófico depende da sua sintonia com o pensamento dominante de cada época. Dando um passo mais à frente, parece legítimo afirmar, em consequência, que pensador de êxito é aquele que consegue interpretar e traduzir o sentimento e as tendências dominantes da sua época, ou, por outra, que se afina com o estágio evolutivo das maiorias. Isto vale dizer que cada época tem os filósofos que merece.

Não é difícil de demonstrar a tese. Pelas tendências da sociedade moderna, podemos facilmente inferir os tipos predominantes de pensadores e seus sistemas. E que vemos? Uma esmagadora maioria humana sem rumo, num esforço desesperado para libertar-se dos conceitos fundamentais da moral que, embora nem sempre bem observados, constituíram as bases de tudo de positivo e construtivo que se realizou ao longo dos séculos. Aquilo a que hoje assistimos é a busca desordenada da liberdade total, impossível em qualquer sociedade organizada. Assistimos à procura do prazer a qualquer custo. E vemos apreensivos a repetição de épocas dramáticas do passado, quando aprendemos, por meio da História, que a fuga desesperada na direção do gozo inconsequente é também uma fuga para longe de Deus. O homem das megalópoles supercivilizadas é um ser sem rumo, tão frágil na sua aparente segurança, tão abandonado aos seus próprios recursos humanos, que não aguenta uma hora de solidão; quer estar cercado de ruídos, de risos — ainda que falsos —, de alegria — ainda de contrafeita —, de movimento — mesmo que arriscando a vida. Mas que é a vida para esse homem senão apenas o prazer de viver? Existir é a ordem do dia; não importa como, nem porquê, nem para que: o importante é existir pura e simplesmente, seguindo cada qual as suas inclinações e preferências, fazendo o que bem entender, com o mínimo possível de responsabilidade pessoal e social — apenas o necessário para garantir a sobrevivência do corpo. Também, se o corpo morrer, não tem grande importância, porque tudo termina mesmo com a morte... E quando os ruídos, os risos, a alegria e o movimento não conseguem anestesiar suficientemente os sentidos, apela-se para o atordoamento produzido pela bebida e pelas drogas.

Dirá o leitor, algo alarmado, que esse é um retrato pessimista e exagerado da civilização moderna. Talvez seja exagerado; pessimista, não, porque nem toda a humanidade está assim contaminada, graças a Deus. Dentro dela grupos humanos equilibrados lutam por dias melhores, aparentemente bradando no deserto, mas semeando a esperança do futuro, preocupados com a alucinação do presente, mas certos do funcionamento inevitável das Leis divinas que atuarão no devido tempo para introduzir as correções necessárias.

Enquanto isso não ocorre, porém, é aquele o espetáculo a que assistimos. E do meio do tumulto universal da insatisfação humana, que filosofias e que pensadores vemos medrar vigorosamente e alcançar o sucesso? Jean-Paul Sartre e sua companheira Simone de Beauvoir, Camus, e até Gabriel Marcel, que pregam a ausência de Deus, o absurdo da existência, a liberdade total para o homem escolher o seu próprio destino. São os papas e cardeais do existencialismo, uma corrente de pensamento que só cuida do simples fato de existir; o resto não importa, pois, segundo eles, a vida não tem mesmo explicação, nem finalidade, nem sentido. No campo da teologia, temos os pensadores da chamada teologia radical. São eles William Hamilton e Thomas J. J. Altizer, que se dizem teólogos — e luteranos! — de uma teologia sem Deus. Para eles, Deus morreu. Para eles, não há mais, na sociedade moderna, lugar para Deus. A humanidade precisa aprender a viver sem Deus. Pregam uma das grandes contradições do século, ou seja, o ateísmo teológico. Repetem as palavras de outro luterano famoso — Dietrich Bonhoeffer, executado pelos nazistas já ao fim da Segunda Guerra, que assegurava ser perfeitamente possível viver sem Deus, sem desespero e sem complexos de culpa.

No campo social, vamos encontrar Herbert Marcuse, o profeta do caos, que, com sua interpretação freudiana da História, deseja ver liberados todos os instintos, porque, segundo ele, o processo civilizador tem sido uma sucessão de repressões. Por outro lado, numa contradição que nós, pobres mortais, não entendemos muito bem, receia a liberdade excessiva que transformaria a Terra num inferno. Suas doutrinas são tão nebulosas quanto sua linguagem hermética, quase iniciática.

Aliás, os pensadores do nosso tempo — filósofos, teólogos e uma boa parte dos cientistas — não escrevem mais para o grande público, gente como você e eu: ao contrário, usam uma linguagem difícil, quase impenetrável ao entendimento daqueles que não tiveram muito treinamento para isso. Praticamente escrevem apenas para seus companheiros do mesmo ofício. Procurem ler, por exemplo, *Eros e civilização* ou *Ideologia da sociedade industrial* de Marcuse, e observem bem como é pequena a quantidade de ensinamentos que se consegue filtrar daquela terminologia agreste e abstrata.

São esses, no entanto, os guias atuais da inquietação humana, os orientadores dos que ainda não encontraram seus caminhos. São os que se afinam com as tendências da época. Não criaram propriamente um sistema; apenas converteram em palavras as angústias e a desorientação da época em que vivem. E por estarem em sintonia com a sua época, com a sua gente e com o estágio evolutivo dessa gente, alcançam o êxito mundano, passam a ser os pensadores da moda.

Enquanto isso, doutrinas amadurecidas e puras como o Espiritismo esperam a sua vez. Esperam que a humanidade as alcance, porque, pela sua maturidade, exigem certo grau mínimo de maturidade de seus adeptos. Por isso, Allan Kardec continua ignorado nas universidades, nos estudos de Filosofia, nas histórias do pensamento humano. Apesar da celeuma que levantaram as ideias que ajudou a trazer para o mundo, foi também ignorado em sua época — não estava em sintonia com as maiorias de então.

Ao nascer Allan Kardec em 1804, a França acabava de emergir das crises e das agonias da Revolução Francesa. Brilhava o astro napoleônico e se ensaiava uma reconstrução da sociedade em novas bases, aproveitando o racionalismo, o cientificismo. Quase que junto com Kardec, com uma diferença a mais de seis anos, nasceu também Augusto Comte, o filósofo do Positivismo, doutrina escorada na frieza do fato observado. Fora da observação direta dos sentidos humanos, nada era digno de especulação — estava na área da metafísica. Nessa filosofia também não havia lugar para a sobrevivência do espírito, nem para Deus. O *Curso de filosofia positiva* foi publicado entre 1830 e 1842, e o *Sistema de política positiva*, de 1851 a 1854. É praticamente a época em que Kardec começou a se interessar pelo fenômeno das mesas girantes, de tão tremendas consequências.

Em 1857, quando faleceu Comte, surgiu também *O livro dos espíritos*. O Positivismo era uma doutrina vitoriosa, porque respondia às tendências principais da especulação da época. O racionalismo frio dos enciclopedistas era ainda recente e deixara profundas marcas nos espíritos. Comte trabalhara ativa e demoradamente esse terreno fértil e parecia realmente sintonizar-se com as correntes dominantes dos intelectuais contemporâneos. Suas doutrinas se espalharam pelo mundo, e aqui no Brasil, terra tão generosa para as ideias novas, viriam influenciar os homens que lançavam as bases da República. No entanto, apesar de todo o seu idealismo, do sentido humano, e da predominância da moral, faltou à doutrina de Comte o sentido superior da existência. Para ele, eram estéreis as especulações em torno do espírito e da ideia de Deus, que nem mesmo como hipótese de trabalho entrava nas suas cogitações. Depois da partida dos Espíritos encarnados que lhe davam ressonância, o Positivismo decaiu no interesse daqueles que se ocupam da discussão de ideias.

Com Kardec está acontecendo o contrário: estão chegando os Espíritos que reconhecem nas suas ideias a marca da Verdade. Já naquela época, a despeito da tremenda oposição que encontrou, conseguiu semear largamente a sua seara. Sabia que a colheita não iria ser imediata, nem espetacular, porque apenas uma fração da humanidade estaria madura para aceitar a sua pregação, mas que importa isso para aquele que tem a certeza de estar ao abrigo da Verdade?

Uma pergunta poderá, no entanto, surgir da parte de alguém: Foi Kardec um pensador, um filósofo no sentido em que conhecemos a palavra? A resposta é: Positivamente, sim. Sua obra pode ser dividida em duas partes distintas: uma, a que escreveu, por assim dizer, a quatro mãos com os Espíritos — *O livro dos espíritos*; outra, a que escreveu ainda com evidente assistência espiritual, mas com seus próprios recursos e ideias que assimilara no trato dos problemas transcendentais que haviam sido colocados no primeiro.

A muito leitor desavisado poderá parecer de pequena monta o trabalho individual, pessoal, de Kardec na elaboração de *O livro dos espíritos*, mas não é isso que se passou. Imagine-se um de nós, o leitor ou eu, diante da tarefa. Sabemos apenas que nos incumbe escrever, com a colaboração dos Espíritos, uma obra de extraordinária importância.

É, porém, extremamente cautelosa a colaboração dos Espíritos. A princípio nem mesmo dizem que a tarefa consiste em escrever um livro para instrução do mundo nas coisas espirituais. Não dizem que feição deve ter o trabalho, a que roteiro deverá obedecer. Guiado apenas pelo seu bom senso e pela sua sadia e viva curiosidade, Kardec vai fazendo as perguntas sobre aquilo que lhe interessa conhecer. A princípio — confessaria mais tarde — desejava apenas instruir-se na exploração daquele mundo maravilhoso de conhecimentos que se abria diante dele. O assunto o fascinava, porque lhe trazia respostas a perguntas que até então haviam ficado sem solução no seu espírito. Daí por diante, tudo se aclarava: Deus existia realmente, como existia o Espírito. Este sobrevivia, preexistia e se reencarnava. Os "mortos" se comunicavam com os "vivos" e o universo todo era regido por leis morais flexíveis, mas iniludíveis. Cada um tinha a responsabilidade pelos seus atos, recompensas pelas suas vitórias, responsabilidades pelas suas falhas. Os seres, como os mundos, eram organizados em escala hierárquica de valores, em que predominavam as leis simples da moral. A teologia ortodoxa estava toda ela precisando de uma total reformulação nos seus conceitos mais queridos, mais essenciais. Não havia inferno, nem glórias eternas, ao cabo de uma única existência terrena.

Tudo isso surgia das suas conversas intermináveis com os Espíritos. Só o decorrer do tempo e a acumulação das respostas é que lhe vieram mostrar que perguntas e respostas tinham uma estrutura que lhes era própria e adquiriam a feição de um livro que ele resolveu dar à publicidade, pois que se ele aprendera ali tanta coisa útil, embora totalmente revolucionária, era necessário transmitir tais conhecimentos aos seus semelhantes.

E assim surgiu, em 1857, *O livro dos espíritos*, obra básica, vital ao entendimento de toda a filosofia espírita. Pela primeira vez rasgavam-se os véus que ocultavam a Verdade. Pela primeira vez se escrevia uma obra reveladora de tão profundos conhecimentos, em linguagem singela, ao alcance de qualquer pessoa. Bastava saber ler ou saber ouvir o que alguém lesse.

Mas não parava ali a tarefa do grande missionário. Era preciso prosseguir, extraindo da nova Doutrina as consequências que ela acarretaria sobre os demais ramos do conhecimento humano. Podemos imaginar Kardec a fazer a si mesmo algumas perguntas. Como ficaria a doutrina evangélica de Jesus diante daquelas ideias? E a Ciência? E a religião dita cristã? Como funcionava essa estranha faculdade a que deu o nome de mediunidade? Dessas perguntas, surgiram os demais livros da sua obra.

E assim, de 1854, quando, aos 50 anos, Kardec se interessou pelo fenômeno das mesas girantes, até 1869, quando regressou ao plano espiritual, decorreram os quinze anos libertadores que a humanidade ainda não aprendeu a reconhecer pelo que realmente valem e pelas influências cada vez maiores que vão exercer no futuro.

(*Reformador*, de março de 1969.)

1.2 Kardec, uma homenagem

Associando-se às justas homenagens dos espíritas brasileiros àquele que todos consideramos o Mestre da doutrina que professamos, o Correio brasileiro concordou em emitir um belíssimo selo comemorativo do centenário da morte de Allan Kardec.

A 31 de março de 1869, quando se preparava para mudar de residência, Kardec foi fulminado pelo rompimento de um aneurisma, caindo morto. Estava com 65 anos. Em apenas quinze anos construíra o edifício da Codificação Espírita, pois foi somente aos 50 anos, em 1854, que começou a interessar-se pelo fenômeno das mesas girantes, que então fascinava toda a Europa.

Após decorrido um século de sua partida, o nome de Kardec é hoje bastante conhecido em todo o mundo; no entanto, ainda não recebeu, esse eminente educador e pensador, o reconhecimento que lhe é devido pela extraordinária repercussão e significado do seu trabalho disciplinador da Doutrina Espírita.

Num pequeno artigo para o *Reformador*, órgão oficial da Federação Espírita Brasileira, estive há pouco analisando as razões desse fenômeno. Em primeiro lugar, o nosso padrão para medir o sucesso, em termos humanos, é meramente quantitativo e não necessariamente qualitativo. Isto quer dizer que o êxito mundano decorre basicamente da quantidade de pessoas que conseguimos influenciar com nossas ideias e realizações e não com a qualidade dessas ideias. Dentro dos gabaritos humanos, o nazismo belicoso e sanguinário alcançou êxito muito maior do que o evangelho da não violência pregado e exemplificado por Mahatma Gandhi. Ao que parece, cada época e cada sociedade tem os pensadores que merecem. Basta um rápido exame dos próprios tempos em que estamos vivendo. Quais são os filósofos da moda? Jean Paul Sartre, Simone de Beauvoir, Albert Camus e Gabriel Marcel, que, abeberados quase todos na fonte comum de Kierkegaard, desejam convencer-nos de que a vida é um jogo sem sentido, num universo sem Deus, onde o homem deve apenas viver de acordo com suas inclinações e frustrações.

A Teologia, contaminada pelos negativistas, amplia aos limites do absurdo uma frase perdida na obra de Nietzsche, para proclamar a "morte de Deus". Leia-se Bonhoeffer, Altizer e William Hamilton. No pensamento político-social, o líder é um certo Sr. Herbert Marcuse, que prega a sua concepção freudiana da História, entre pinceladas vermelhas e marxismo, temendo a desordem, mas colaborando para que ela se estabeleça.

Têm uma notável faculdade em comum esses homens — são todos eles uniformemente obscuros e difíceis ao entendimento de nós, que compomos essa figura simpática a que se convencionou chamar "homem da rua".

Enquanto isso, as ideias espíritas, expostas com clareza meridiana, são ainda patrimônio cultural desconhecido das maiorias pensantes. É que não expressam as tendências e perplexidades das maiorias imaturas; ao contrário, expõem roteiro filosófico que exige para sua aceitação e sua prática um esforço muito grande de transformação íntima, um trabalho pertinaz de reforma moral, uma elevada dose de tolerância para as falhas do próximo e intransigente rigor com as nossas próprias deficiências. O Espiritismo nos explica o mecanismo das leis morais, infunde-nos desenvolvido senso de responsabilidade e mostra-nos que cada um de nós é o artífice da sua própria grandeza ou de sua miséria. Revitalizando a palavra do Cristo, volta a ensinar que a semeadura é livre, mas a colheita obrigatória. Por isso, ainda é doutrina das minorias: porque exige que o homem suba ao seu nível; jamais lhe seria possível baixar seus padrões para alcançar aqueles que ainda não estão maduros para aceitá-la. Por isso, Allan Kardec, para muita gente, é apenas um nome, para nós que o estudamos com atenção é um guia seguro a iluminar nossos caminhos no trânsito para as conquistas espirituais.

(*Reformador*, de outubro de 1969.)[2]

1.3 A nossa grande responsabilidade

Não há dúvida de que os olhos e as atenções do mundo espiritualista internacional se acham voltados para as atividades do grupo espírita brasileiro. Isto se acentua cada vez mais, à medida que vamos ampliando nosso conhecimento e nosso contato com revistas e organizações internacionais e com os seus dirigentes. Longe de nos estimular aquele muito humano sentimento de vaidade, esse fato vem acrescentar uma nova dimensão às nossas responsabilidades. Notamos que, mesmo vencendo a dificuldade séria da língua, nossas revistas e jornais espíritas espalhados pelo mundo afora são lidos, apreciados e meditados. Alguns dos nossos artigos chegam mesmo a ser vertidos para as línguas em que são editados os diferentes órgãos espiritualistas. Os exemplos são muitos. Ainda recentemente, o jornal inglês *Two Worlds* publicava a versão de uma daquelas deliciosas páginas do querido Irmão X, recebida por intermédio da preciosa mediunidade do nosso Chico Xavier.

Tanto os jornais americanos como os ingleses nos solicitam colaboração doutrinária e notícias sobre o que fazemos no Brasil e como entendemos o Espiritismo.

Esta evidência vem corroborar o que Espíritos superiores nos vêm dizendo há muito tempo, ao nos informarem acerca do importante papel que está reservado ao Brasil no campo da Doutrina. O Brasil, sem dúvida, é a

---

[2] N.E.: Reproduzido do *Diário de notícias*, 6 abr. 1969.

terra escolhida para suprir as forças humanas de que a bela Doutrina precisa para espargir, cada vez mais, sobre a face da Terra, sua luz consoladora.

Produto do esforço combinado, da mais legítima cooperação entre os habitantes dos dois mundos — visível e invisível — o Espiritismo avança para o futuro com segurança, porque a Verdade o ampara e protege.

Nunca é demais, porém, insistir e meditar sobre a responsabilidade que nos pesa aos ombros. Sempre se diz, na vida prática, que uma parcela de responsabilidade deverá estar indissoluvelmente ligada a uma correspondente autoridade e vice-versa. De fato, temos no Brasil, nos olhos dos irmãos espiritualistas do resto do mundo, certa parcela de autoridade. É preciso, é indispensável, que a saibamos exercer com dignidade, mas, sobretudo, com humildade. Não conhecemos todos os segredos da vida, e, mesmo com o auxílio mais decidido dos Espíritos superiores, não teremos a pretensão de achar que desenvolvemos a Doutrina Espírita ao seu ponto máximo de perfeição. Há muito que fazer e percorrer. Já Kardec nos prevenira de que o Espiritismo não é um corpo doutrinário estático, permanente, imutável, rígido, dogmático e irredutível; antes, pelo contrário, caminha ao lado da Ciência, renovando-se, revelando insuspeitadas verdades à medida que avançam as conquistas do conhecimento humano. Convém, no entanto, examinar com muita atenção este ponto. Pelo fato de estar em constante processo de evolução e até mesmo de admitir a possibilidade de ceder em certos pontos, se assim exigir a experimentação científica, não quer dizer que o Espiritismo seja um conjunto de concepções dotadas de mimetismo, que muda de cor e de aspecto, como o camaleão, para concordar com o ambiente em que se encontra. Longe disso. Não é esse o espírito do que ensinou Kardec. Há inegavelmente, na Doutrina codificada, verdades eternas, imutáveis, que nenhum progresso humano poderá, em tempo algum, arredar um milímetro que seja. Tais verdades são fáceis de identificar: a existência de Deus, eterno, onipotente, puríssimo, bom, perfeito; a existência, preexistência e sobrevivência do espírito humano; a comunicabilidade entre Espíritos desencarnados e encarnados; a perfectibilidade dos Espíritos; a reencarnação. Isto para citar apenas umas poucas verdades doutrinárias. Algumas delas possuem tal envergadura, são tão essenciais, como a reencarnação, que Kardec, por natureza, e princípio, antidogmático por excelência, não hesitou designá-la por dogma (*O livro dos espíritos*, cap. V, 222).

Outros aspectos da Doutrina, no entanto, são suscetíveis de se modificarem ao ritmo da evolução científica. Isso é perfeitamente compreensível e lógico. Estamos vendo o exemplo das organizações que não quiseram acompanhar a Ciência. Ao tempo em que foram lançadas as bases da Codificação, não estava ainda, no domínio do conhecimento humano, uma infinidade de leis e princípios dos mais importantes, ao passo que inúmeras descobertas aguardavam a época de sua eclosão. Os exemplos são abundantes, mas vale a pena citar uns poucos, para simples ilustração: o estado radiante da matéria, descoberto por *Sir* William Crookes, o conceito energético da matéria, explicado por Einstein, o avião, o rádio, a televisão, a utilização pacífica e destrutiva da energia atômica, as conquistas no campo da Medicina, da técnica. Logo, os Espíritos que transmitiram a Kardec os ensinamentos que constituem a codificação espírita, tal como a conhecemos, tinham que limitar, dosar suas instruções, sintonizando-as com as noções predominantes na época, sem o que ficariam falando sozinhos, incompreendidos e esquecidos de todos. Pois se até hoje, nós mesmos, vivendo no chamado século atômico, ainda aceitamos, com assombro e uma pontinha de desconfiança, a afirmativa de que energia e matéria são a mesma coisa! Se energia é matéria liberada e matéria é energia concentrada, então a matéria não existe! E não existe mesmo, pois que a fabulosa experiência da bomba atômica aí está para prová-lo. Antes, porém, de ter sido alcançado o fato experimental, já os gênios da Matemática haviam descoberto essa verdade, pelo simples exercício do poder de raciocínio que Deus permitiu que desenvolvessem através de uma série imensa de vidas, consagradas ao estudo de suas Leis, aqui na Terra, no Espaço, e talvez em outros mundos.

Onde estão os materialistas nesta hora espantosa? Estão por aí mesmo, pobres irmãos desorientados. Assim como custamos a aceitar a realidade de uma matéria que não existe, eles também ainda não se deram conta disso. E continuam teimosamente a insistir em que a ilusão da matéria é a única que conta: o resto é fantasia. No entanto, tudo isso que vemos e tudo o de que nem suspeitamos a existência, por esses mundos que se desdobram pelo infinito afora, é um conjunto maravilhoso de indevassadas leis, das mais justas e sábias. Quem somos nós, humildes criaturas de um mundo humilde, para levantar a voz e proclamar quixotescamente que tudo isso é obra do acaso e que fora da matéria nada existe? Tola e enganadora ilusão, porque justamente a matéria é que não existe. A verdadeira realidade é aquela que não podemos ver e apalpar com nossos grosseiros sentidos materiais; ela transcende aos nossos paupérrimos meios de percepção. Somente descobrimos quanto de humildade ainda nos falta quando ouvimos uma figura gigantesca como a de Albert Einstein dizer corajosamente que Deus não é um simples jogador de dados que constrói tudo ao acaso. O gênio do grande matemático sabia (e sabe) que a obra magnífica do Criador não surgiu de um mero jogo de acasos estatísticos; antes, pelo contrário, é um conjunto portentoso de leis matemáticas da mais alta transcendência, de planejamento, de inconcebível ordenação criadora. É necessário, pois, que a revelação das maravilhosas Verdades da Criação nos venha em doses singelas, dinamizadas homeopaticamente, para que não nos ofusquem o entendimento. E é indispensável manter acesa no coração a chama da humildade para aprender a aceitar as coisas que, embora firam profundamente as nossas mais queridas ideias preconcebidas, tragam o cunho imperecível da Verdade.

Essa é a humildade que invoco quando sentimos que nossos irmãos de outras terras nos procuram para discutir conosco problemas comuns e cultivar ideias, num intercâmbio proveitoso.

Tudo isto me vem à mente ao receber atenciosa e delicada carta do nosso querido confrade Dr. Karl Müller, presidente da Federação Espiritualista Internacional.

De há muito vem o Dr. Müller demonstrando seu interesse fraterno pelo que fazemos os espíritas brasileiros. O próprio órgão da Federação Internacional (*Yours Fraternally*) publica, em seu último número, um artigo de duas páginas sobre a organização espírita brasileira. Ao que sabemos, outros informes adicionais foram remetidos a pedido do Dr. Müller, que notou, com o mais vivo interesse, que o organismo espírita, no Brasil, não dispõe de "igrejas", nem de símbolos, muito menos de reverendos ou ritos de qualquer espécie.

Na carta que teve a bondade de nos escrever, em 25 de julho de 1960, fala sobre um modesto trabalho que tive a honra de subscrever, em *Reformador* de julho de 1959 ("Notas sobre revistas estrangeiras"). Naquele artigo, comentei ligeiramente um trabalho do próprio Dr. Müller, quando, por meio da revista *Yours Fraternally*, teceu algumas considerações sobre as diferenças e os pontos de contato entre o Espiritismo e o Espiritualismo. O artigo do Dr. Müller, aliás, foi feito à base de um ensaio do nosso confrade argentino, engenheiro José S. Fernandez. Comentei em *Reformador* que os pontos de concordância entre as duas correntes doutrinárias são fundamentais, mas que os pontos de divergência apresentam ainda certos aspectos bastante sérios, como, por exemplo, o problema da reencarnação (ressalve-se, de passagem, que o Dr. Müller, pessoalmente, é reencarnacionista), a questão dos ritos, as chamadas igrejas espiritualistas, a remuneração dos médiuns. Outros há, de menor significação.

O Dr. Müller me confessa em sua carta que gostaria de que um autor inglês procurasse esclarecer as questões que levantei no artigo de *Reformador*, mas infelizmente não encontrou quem o quisesse fazer. Acha, por isso, que ele próprio terá que fazê-lo oportunamente. Diz, a seguir, que, no seu entender, Espiritismo e Espiritualismo ("o termo para mim não tem importância") deve ser encarado "como algo universal, em condições de suprir uma base espiritual a todas as raças, para a verdadeira fraternidade de toda a humanidade. Prossegue ainda o autor da carta:

> Por conseguinte, eu gostaria de ter um manual escrito sobre a nossa doutrina, que fosse aceitável pelas pessoas de todas as religiões. Naturalmente, podemos dizer que, entre os mestres das outras religiões que pregam conselhos morais, o ensinamento de Jesus "amai-vos uns aos outros", é o mais importante, mas não deveríamos chamar a isto "cristão", porque esta palavra está ligada às ideias dogmáticas que não são aceitáveis para os outros credos, da mesma forma que não aceitaríamos, como espiritualistas, o Islamismo, por melhores que sejam os ensinamentos de Maomé.

Desculpe o leitor a longa transcrição. Era necessário evitar que o pensamento do Dr. Müller saísse mutilado. Se bem o entendo, ele preconiza uma doutrina espiritualista universal, formada com os pontos que fossem aceitáveis por todas as religiões indistintamente, e, por certo, escoimada de tudo quanto pudesse constituir-se em ponto de atrito ou divergência.

Pessoalmente acho que a ideia está apoiada nos mais nobres motivos e se lança aos mais puros e elogiáveis objetivos. No entanto, com todo o respeito e a consideração pelo eminente confrade, não creio que seja possível, nem mesmo desejável, um texto padrão da Doutrina Espírita que se tornasse aceitável para todas as religiões. Entendo que a diversificação de religiões é necessária no atual estágio evolutivo da humanidade. A Física ensina que o corpo material procura seu ponto de equilíbrio, qualquer que seja este. Da mesma forma nos parece que a criatura procura localizar-se, aqui e no Além, na posição de equilíbrio que satisfaça e atenda às suas íntimas necessidades filosóficas, morais e, por assim dizer, orgânicas. É impraticável, por mais nobre que seja, a ideia de fazê-la aceitar, ainda que voluntariamente, um outro corpo doutrinário para o qual não está preparada evolutivamente. Já houve mesmo quem tentasse obter esse mesmo resultado à força, e não o conseguiu.

Poder-se-ia argumentar, porém, que o manual que contivesse o texto doutrinário espírita não entraria em choque com a religião de cada um, como preconiza o Dr. Müller. Quanto a isto, ouso acreditar que o esforço de retirar do Espiritismo os pontos de atrito, para torná-lo aceitável a todas as correntes religiosas, transformá-lo-ia, irremediavelmente, numa doutrina amorfa e irreconhecível. E isto é fácil de demonstrar. Vamos admitir, por exemplo, a permanência, no mencionado texto, dos seguintes pontos doutrinários, praticamente comuns a todas as religiões:

a) crença na existência de Deus, criador do universo;

b) existência do Espírito e sua sobrevivência ou imortalidade;

c) orientação moral, nos moldes da doutrina cristã, muito embora sem mencionar especificamente os Evangelhos de Jesus.

Acho que por aí ficaríamos. Seria difícil, senão impossível, achar outros pontos de contato, pacíficos, além desses. Mesmo entre os que foram mencionados, o terceiro já é um tanto forçado, pois que pregaríamos aos irmãos de outras crenças um Cristianismo prático, sem dizer que era Cristianismo. Não vejo nisso mal algum, pois que os princípios morais da doutrina do Cristo são universais e encontradiços em todas as religiões dignas desse nome. Os Espíritos várias vezes nos disseram, em suas revelações, que os fundadores das religiões da antiguidade foram precursores do Cristo, muitos deles enviados pelo próprio Jesus, para revelarem uma verdade aceitável e compreensível para aqueles distanciados tempos.

Agora, o que não se poderia dizer é que uma doutrina, limitada àqueles três princípios básicos, pudesse ser tida como Espiritismo. Espiritismo é aquilo e muito mais. Como procederíamos com princípios fundamentais para nós, como a comunicabilidade entre "vivos" e "mortos", os fenômenos mediúnicos em geral? E o aspecto essencial, para nós latinos, da reencarnação? Caímos, assim, num dilema rígido: ou tornamos o Espiritismo incolor, irreconhecível e falho para que seja aceitável pelos adeptos de outros credos religiosos, ou mantemos sua pureza e autenticidade doutrinária, e, neste caso, nenhum membro de qualquer religião ortodoxa poderá aceitá-lo sem renunciar às suas crenças. O que não me parece viável é essa espécie de nivelamento, nem ele se me afigura desejável. Sincera e honestamente, não vejo como resolver certos *impasses*, como, por exemplo, o que se criaria entre o conceito católico da ressurreição da carne e a realidade espírita da sobrevivência; a ideia do inferno e do paraíso, predominante em algumas das grandes religiões, e a fundamentada opinião que os espíritos possuem da Justiça divina e que tão fortemente se opõe a qualquer concepção de castigo eterno ou eterna bem-aventurança, com base numa única existência humana sobre a Terra. Outros pontos poderiam ser trazidos à discussão, mas é preciso respeitar as contingências do espaço.

Que nos perdoe, pois, o Dr. Karl Müller, meu caro amigo e eminente confrade, a ousadia destas objeções à sua nobre ideia de difusão da Doutrina Espírita. É que honestamente, sinceramente, não encontramos, dentro das limitações de nossos conhecimentos e de nossas ideias, as condições necessárias à sua concretização. Aceitaria, com humildade e alegria, a evidência de que me encontro em erro, pois que nada nos seria mais grato ao coração do que provocar a aceitação universal das verdades espíritas. Não quero com isso dizer que seja impossível a coexistência religiosa. Pelo contrário, acho que os diversos credos religiosos deveriam procurar ressaltar mais seus pontos de contato e suas crenças comuns, do que evidenciar divergências doutrinárias. No terreno comum de certos conceitos, poderíamos muito bem encontrar amigos e companheiros de luta e de ideal, pois que, no fundo, todas as religiões buscam sempre a aproximação com Deus e o aperfeiçoamento moral do homem. A religião deveria ser mais uma razão para que as criaturas se amassem e não mais um ponto de atrito entre elas. Uma vez que, na fase evolutiva em que estamos, não é viável esse entendimento, esperemos que cada ser humano alcance, através de sucessivas encarnações, um plano superior de compreensão e tolerância, para subirmos juntos para Deus. Nesse ponto da história espiritual, não será mais necessário discutir divergências, porque todos saberão que o Espírito preexiste e sobrevive; comunica-se e reencarna; luta, sofre e se aperfeiçoa. Esta é a Lei!

(REFORMADOR, DE SETEMBRO DE 1960.)

1.4 A Igreja da Inglaterra e o Espiritismo

Muitas vezes nos perguntamos por que razão as organizações religiosas que combatem tão acerbamente o Espiritismo não realizam por sua própria conta as pesquisas necessárias de maneira a obterem em primeira mão um pronunciamento sobre os fatos. Nada mais racional que essa pergunta. Não seria ótimo para todos nós, espíritas e não espíritas, que cada grupo religioso, interessado no problema, conduzisse suas próprias investigações? Inúmeras vezes os autores espíritas têm dito e repetido que a fenomenologia mediúnica não é, nem poderia ser, privilégio do Espiritismo. O que o Espiritismo reclama para si é a satisfação de ter realizado, pelo seu grande missionário Allan Kardec, o primeiro trabalho científico, inteligente, digno, metódico e ao alcance de qualquer pessoa, a respeito dos mais importantes princípios e leis que regem os aludidos fenômenos. Logo, qualquer grupo *bem-intencionado e desprovido de ideias preconcebidas* poderá, quando quiser, retomar o problema e verificar pessoalmente a veracidade ou a falsidade do que ensinam a Codificação Espírita e os continuadores de Kardec. Nada mais simples. Se ficasse demonstrado que é tudo uma grossa mistificação que tem iludido tanta gente, a coisa mais corriqueira deste mundo seria derrubar todo o edifício da Doutrina, sacudindo-o com os *fatos*, pois que a verdade pura e simples é esta: não adianta argumentar e discutir à base do empirismo. Quem dispõe de fatos não retruca com argumentos. Por outro lado, essa providência, por parte dos nossos estimados oponentes, lhes forneceria o material necessário à sua santa cruzada, sem necessidade de recorrer aos próprios livros espíritas que pretendem combater.

No entanto, como se diz em linguagem mais popular, há um "porém" em tudo isto: é o risco de o tiro sair pela culatra. A história do Espiritismo — jovem de cem anos — registra inúmeros exemplos de cientistas, dos mais categorizados, que se atiraram à pesquisa com o objetivo definido e irremovível de destruir o Espiritismo, e que acabaram convencidos inteiramente de sua autenticidade. Alguns tiveram coragem e humildade suficientes para reconhecer o fato de público, em documentos que honram a sua formação moral e científica. Outros preferiram a retirada estratégica do silêncio, sem admitir a derrota.

De qualquer forma, já houve um grupo que resolveu conscientemente correr esse risco e, mais uma vez, o tiro lhes saiu pela culatra: trata-se da Igreja da Inglaterra, a anglicana.

Vamos contar a história resumidamente.

Os arcebispos da Igreja da Inglaterra resolveram um dia tirar a limpo a questão espírita. Para isso, designaram um comitê, composto de bispos e outras pessoas de sua inteira confiança. O resultado seria um relatório definitivo sobre o problema, a fim de liquidar o assunto de uma vez por todas. O comitê se reuniu, estudou os fatos durante dois anos e finalmente entregou os relatórios. Imediatamente uma impenetrável cortina de silêncio caiu sobre os pronunciamentos. Nenhuma palavra oficial da Igreja transpirou para conhecimento e orientação, tanto dos clérigos como dos fiéis. Quando se procurou saber o que houvera, verificou-se que a Câmara dos Bispos havia retido os relatórios deliberadamente. Durante nove anos, eles permaneceram em segredo. Então, o imprevisto aconteceu:

uma bela manhã, uma cópia do relatório da maioria apareceu sobre a mesa de A. W. Austen, diretor do magazine espiritualista *Psychic Science*. Há, pois, dois trabalhos sobre o resultado das investigações: o da maioria e o da minoria, visto que não foi possível chegar-se a uma conclusão aceitável para todo o grupo designado pela Igreja.

O Sr. Austen entrou em contato com um dos membros do comitê, que ele sabia ser favorável à publicação do relatório. Esclareceu-lhe que possuía uma cópia do trabalho, mas algumas frases estavam algo obscuras, talvez devido a enganos de datilografia. Sugeria o Sr. Austen que o referido membro fizesse as correções necessárias, pois que, de outra forma, ele publicaria o relatório tal como estava. O documento foi então todo revisto e finalmente publicado na íntegra, no magazine *Psychic News*. Assim, tanto os membros da Igreja da Inglaterra, como o público em geral, puderam verificar este fato espantoso: que um comitê de pessoas influentes havia examinado o Espiritismo, por ordem e conta da referida Igreja, a pedido dos seus próprios arcebispos, e havia concluído, como diz o Sr. Austen, que "o Espiritismo é verdadeiro e seria uma valiosa contribuição ao desempenho do ministério cristão". Acrescente-se ainda que a Igreja, através de todo esse processo, conservou-se inteiramente calada, exceção feita a um protesto individual e isolado do Arcebispo de Canterbury.

Mas que contém esse relatório? Tenho aqui, diante de mim, a separata, em inglês, da publicação original. Depois de estabelecidas as premissas que orientaram as pesquisas, os autores, em número de sete, informam que "nada há de inerentemente contraditório, ou necessariamente improvável nas referências feitas às condições que envolvem tais comunicações" (entre "vivos" e "mortos"). Mas acrescentam uma nota de cautela, ditada certamente pelos impulsos do ortodoxismo a que se acham fortemente amarrados: "Trata-se, no entanto, de uma hipótese, insuscetível de ser comprovada cientificamente...". A eterna preocupação em dizer as coisas pela metade. Veremos, no decorrer do trabalho, outras afirmativas menos reservadas.

Uma respeitável concessão ao mérito do Espiritismo é feita mais adiante, nas seguintes palavras: "Devemos acrescentar que qualquer que seja o valor desta suposta confirmação da verdade religiosa, o Espiritismo não parece ter acrescentado nada, exceto, talvez, uma ênfase prática ao nosso entendimento daquelas verdades." (Desejo chamar a atenção do leitor para o fato de que o simples reconhecimento de que o Espiritismo fornece uma base de caráter prático às crenças religiosas ortodoxas já seria mérito suficiente, se não tivesse, como tem, inúmeros outros.)

Ressalta, porém, do estudo minucioso e demorado do documento, que os autores se limitaram a examinar a fenomenologia mediúnica, sem razoável preocupação com os outros aspectos do Espiritismo. O fenômeno em si é estéril; por si só não leva ninguém à paz espiritual e à segurança religiosa e moral. A prova está em que, muito antes de Kardec, houve abundante observação do fenômeno das mesas girantes, sem que ninguém procurasse extrair as implicações morais e filosóficas que o fato encerrava. (Nunca é demais recomendar aqui o excelente livro *As mesas girantes e o espiritismo*, do nosso estimado confrade Zêus Wantuil. O leitor verá como se brincou — é o termo — com o fenômeno e como apenas um ou outro pensador mais sério pôde entrever uma verdade transcendente, oculta na aparente frivolidade daquilo que era um simples jogo de salão para divertir as visitas).

Embora tenha havido sensíveis progressos, nossos irmãos anglo-saxônios continuam muito presos à fenomenologia, sem grande desenvolvimento doutrinário. Por isso, a comissão relatora da Igreja Anglicana se refere apenas ao aspecto que pôde observar do Espiritismo, ou melhor, do chamado Espiritualismo. Dizem, a certa altura, que os ensinamentos transmitidos pelos Espíritos estão, às vezes, abaixo dos ensinamentos do Evangelho, "parecendo depender mais do poder de produzir um milagre de materialização do que da aceitação radical e final da carga de culpa de pecado que cabe ao homem e da vitória conseguida por nós na Cruz".

Em seguida, porém, acrescentam:

> Não obstante, é claramente verdadeiro que o reconhecimento da proximidade de nossos amigos que morreram, e de seu progresso na vida espiritual e sua contínua preocupação conosco, não pode fazer outra coisa, para aqueles que a experimentaram, senão acrescentar uma nova razão e riqueza à sua crença na Comunhão dos Santos.

Concluindo esta linha de raciocínios, os autores informam que, no seu entender, "a Igreja não tem razão alguma em encarar este aprimoramento vital e pessoal de uma de suas principais doutrinas (comunhão dos santos) com desfavor, desde que não se desviem os cristãos de sua fundamental satisfação perante Jesus Cristo". (sic)

Continuando a exposição, os autores se referem à fenomenologia (sempre o fenômeno) psíquica relatada pelo Evangelho, que é proclamada pelos espíritas como de natureza mediúnica. De fato, reconhece o relatório, "há um paralelo perfeitamente claro entre os acontecimentos milagrosos registrados no Evangelho e os fenômenos modernos atestados pelos espiritistas". Se duvidarmos destes, temos que, logicamente, duvidar daqueles. No entanto, a questão é resolvida pelo velho método sofístico. Dizem os autores: "A resposta a esta pergunta é, claramente, que cremos à base de fé e não de conhecimento cientificamente demonstrável".

Francamente, não posso entender esta maneira de raciocinar (será raciocinar?). Linha atrás, estes mesmos autores haviam dito que a comunicação entre "vivos" e "mortos" era uma simples hipótese, insuscetível de comprovação científica. Atribuem, pois, uma importância decisiva à experimentação e ao pronunciamento da Ciência. Quando, porém, as condições mudam e o veredito da Ciência contraria seus preconceitos doutrinários, viram-se tranquilamente para o leitor e informam que não tem importância, porque a crença se baseia na fé e não no conhecimento científico demonstrável. Com o objetivo de "camuflar" a contradição, informam que certos aspectos do Espiritismo constituem assunto para a Ciência, outros, não. Em face do precário conhecimento humano, quem poderá arrogar-se esse privilégio de traçar as fronteiras da Ciência? Temos que admitir então que haja uma parcela de conhecimento científico e outra não científica? Que seria aquilo que ficou além da Ciência? Mera especulação? Irrealidade irracional? Pela experiência da História, desconfiamos sempre da autoridade daqueles que pretendem traçar limites ao conhecimento e ao progresso. Uma vez que o progresso é essencialmente uma Lei divina e sua mola propulsora é o conhecimento, como é que poderemos tranquilamente dizer: até aqui irá a Ciência, dali em diante, nunca; só a fé é cega. A História tem desmentido os que assim falaram no passado. É racional esperar que desmentirá os que assim falam no presente.

Passam então os autores a discorrer sobre a telepatia e a influência que a verificação científica possa exercer sobre a autenticação do fenômeno espírita. Informam que as experiências pessoais de tipo espírita — premonições, visões etc. — são altamente individuais, ocasionais e esporádicas. No entender dos doutos relatores, não poderiam tais fatos ser submetidos à análise estatística. Acrescentam, porém, uma nota bem característica, ao dizerem que é digno de atenção o fato de que nas relações e crenças, inerentes à existência humana, não pedimos verificação científica de tudo quanto nos dizem. Aceitamos muita coisa como certa, baseados apenas no nosso sentimento mais profundo. Parece então que, de repente, os autores se lembram de que pertencem a um grupo religioso imortalista, e que, condicionando a aceitação do que afirma o Espiritismo, às provas científicas, eles estão, na verdade, estabelecendo as mesmas condições para suas próprias crenças ortodoxas. Saem-se então com esta:

> Pode muito bem ser que nesta questão de sobrevivência da personalidade humana, depois da morte, dependamos exatamente do mesmo sentimento profundo, e que a verificação científica, onde possa ser obtida, é de importância secundária e apenas parcialmente relevante.

Onde ficamos então? A prova científica é necessária na questão da sobrevivência, ou esta é uma das questões de fé pura?

Daqui por diante os relatores procuram resumir suas conclusões. São as seguintes, em linhas gerais:

1) Que não existe prova científica satisfatória em favor de nenhum fenômeno paranormal de características físicas, como materialização, transporte, telecinesia etc. "Toda a evidência científica disponível se coloca contra a ocorrência de tais fenômenos."

Comentário: esta afirmativa não está apoiada nos fatos. Mesmo que se desprezasse o trabalho honesto de inúmeros pesquisadores do passado e do presente, teríamos as conclusões do eminente professor J. B. Rhine sobre a telecinesia. Estas pesquisas são recentes, realizadas com todos os controles imagináveis, em moderníssimo laboratório especializado, por cientistas que seguramente não morrem de amores pela explicação espírita dos fenômenos. Logo, basta provar que a telecinesia existe para fazer esboroar a afirmativa toda dos relatores.

2) Que a percepção extrassensorial é ainda matéria científica *sub judice*.

Comentário: Também não procede, com base nas mesmas pesquisas do Dr. Rhine, inúmeras vezes citadas. A percepção extrassensorial está exaustivamente provada.

3) Continuam os autores:

> Por outro lado notáveis experiências psíquicas individuais, inclusive certas experiências com médiuns, produzem uma forte evidência em favor da sobrevivência e da possibilidade da comunicação com os Espíritos, ao mesmo passo em que considerações de ordem filosófica, ética e religiosa podem ser consideradas como pesando fortemente do mesmo lado. Depois que todas as explicações dessas comunicações são dadas e todas as provas duvidosas postas de lado, concorda-se de maneira geral que fica algum elemento ainda inexplicado.

Aí vai a conclusão: "Achamos provável que a hipótese de que elas procedem, em alguns casos, de Espíritos desencarnados é a verdadeira." (A tradução em bom português seria: "... de que elas procedem, em alguns casos, de Espíritos desencarnados *seja* a verdadeira." No texto original, no entanto, o verbo está no presente do indicativo e não no subjuntivo, o que lhe empresta muito mais vigor. Por isso o deixamos ficar no indicativo, em português).

Os relatores prosseguem avisando que mesmo o pouco que disseram já envolve uma série de importantíssimas consequências. Os próprios espíritas — advertem eles — acham que a excessiva credulidade nesta questão é uma porta aberta ao desapontamento e à fraude.

4) Acham que é legítimo, para os cristãos cientificamente qualificados, fazerem deste assunto objeto de suas pesquisas e investigações.

Afirmam, depois, o que todos os autores espíritas e especialmente Kardec não se cansam de repetir: há um grande perigo de desorientação se aceitarmos as mensagens mediúnicas indiscriminadamente como fontes de autoridade e sabedoria. Os pregadores espíritas de maior responsabilidade sempre defenderam esse princípio. Kardec não somente fez rigorosa seleção da volumosa massa de mensagens que recebeu, como ainda submeteu o material selecionado à de inúmeros Espíritos, por intermédio de mais de dez médiuns diferentes. Essa é a orientação segura que sempre se recomendou.

Mais adiante, uma grande concessão dos relatores:

> No entanto, não há razão por que não devamos aceitar alegremente a segurança de que estamos ainda no mais íntimo contato com aqueles que nos foram queridos em vida e que estão seguindo à frente, tal como nós próprios nos esforçamos por fazer, na compreensão e na realização dos desígnios de Deus.

Esta afirmativa poderá ser subscrita por qualquer espírita.

Voltamos a insistir em que as pesquisas da Igreja da Inglaterra se apoiaram demais nos fenômenos — em vista da orientação do Espiritualismo anglo-saxônio —, em prejuízo do Espiritismo total, como o entendemos os espíritas latinos. Tivesse a Igreja estudado o Espiritismo tal como o codificou Kardec, muito mais revolucionárias teriam sido suas conclusões e certamente muito mais próximas da realidade final e da verdade. A prova está neste trecho, que deixa transparecer tal aspecto:

> Não podemos suprimir a impressão de que grande parte do Espiritualismo, tal como está organizado, tem seu centro no

homem, em vez de tê-lo em Deus, e é, na verdade, de caráter materialista. Sob esse aspecto é um sucedâneo da Religião e não é, de forma alguma, uma religião.

Reconhecemos como verdadeira essa afirmativa, no que diz respeito à orientação seguida pelos espiritualistas anglo-saxônios. Preocupam-se quase que exclusivamente com o fenômeno e pouco se interessam pelos aspectos morais ou religiosos do Espiritismo.

Mais além, continuam os relatores:

5) "No entanto, se o Espiritismo, de fato, representa tão grande atração para alguns, é, pelo menos em parte, que a Igreja não tem proclamado e praticado sua fé com suficiente convicção".

6) Logo a seguir, examinam o argumento, às vezes empregado, de que a prática do Espiritismo pode produzir desequilíbrios mentais ou obsessões. Mas concluem, com certa dose de imparcialidade que muito os honra, que o próprio Cristianismo frequentemente se torna a válvula de escape, não somente para as pessoas dadas a fantasias, como também para aquelas que são definitivamente desequilibradas mentalmente. Logo, não é o Espiritismo que produz loucos; os loucos estão em toda a parte, sofrendo os efeitos cármicos das leis que infringiram.

7) Acrescentam os relatores que tem sido afirmado, até mesmo pela autoridade da Igreja, que os fenômenos psíquicos são reais, mas que procedem dos Espíritos maus. Sobre isto dizem:

> A possibilidade de que os Espíritos de uma ordem mais baixa nos possam influenciar desta forma, não deve ser excluída como inerentemente ilógica ou absurda, mas seria extremamente improvável se não existisse também a possibilidade de contato com os bons Espíritos".

Nenhum comentário cabe aqui. O texto é claro como água.

8) A crença nos anjos da guarda ou guias tem sido generalizada na Cristandade, sendo comum às religiões ortodoxas e ao Espiritismo.

9) A Igreja da Inglaterra tem sido tão cautelosa na questão dos mortos, que as preces aprovadas, em favor daqueles que partiram, "não satisfazem às aspirações do povo". Nem mesmo se sabe ao certo se as aludidas preces se referem aos "vivos" ou aos "mortos". Os relatores desejariam que houvesse maior liberdade para "o reconhecimento da unidade viva de toda a Igreja neste mundo e naquele que está além da morte".

Não há necessidade de comentário.

10) "Se o Espiritismo, como todas as suas aberrações (sic) postas de lado, e com todo o cuidado no sentido de apresentá-lo humildemente e com precisão, contém alguma verdade, é importante encarar esta verdade, não como uma nova religião, mas somente como algo que preenche certas lacunas em nosso conhecimento, de forma que, por onde já caminhamos ao impulso da fé, possamos agora enxergar mais objetivamente."

Os relatores desejam, pois, que as verdades espiritualistas sejam mero complemento às concepções da Igreja que representam. A questão é que não se trata de adaptar a Doutrina Espírita para enquadrá-la na conceituação ortodoxa; o problema não é de aceitação deste ou daquele postulado espírita pelos grupos religiosos dominantes; o que acontece é que a razão, apoiada nos fatos, impugna os mais queridos dogmas forjados pela ortodoxia. Houve necessidade de adaptar a concepção heliocêntrica de Copérnico às ideias religiosas da humanidade? De forma alguma. A descoberta de que o Sol era o centro do sistema planetário, e não a Terra, foi de encontro às doutrinas religiosas então dominantes. Muita gente sofreu por sustentar a verdade, mas no final não se deu a capitulação? Ou a religião aceitava a verdade científica ou submergia com todos os seus dogmas.

11) "É importante, a nosso ver, que os representantes da Igreja devam conservar-se em contato com grupos de pessoas inteligentes que acreditem no Espiritismo. Devemos deixar a orientação prática desta questão à própria Igreja", dizem finalmente os autores, numa frase corajosa.

Vê assim o prezado leitor que, a despeito de todas as reservas que os relatores fazem — em virtude de terem apreciado apenas parcialmente o Espiritismo —, o documento que subscreveram apresenta uma série de concessões que a Igreja não julgou oportuno divulgar. Não obstante, a Verdade, iluminada pela vontade suprema de Deus, tem o condão mágico de emergir, mais cedo ou mais tarde, da escuridão da intolerância e do preconceito.

É muito sintomático o fato de que num comitê de dez pessoas eminentes, nomeadas pela Igreja Anglicana para investigar o Espiritismo, a significativa maioria de sete se disponha a enfrentar a ira da própria Igreja que os indicou, para subscrever um documento que, em vez de liquidar, de uma vez por todas, com as crenças espíritas, como muitos haviam de querer, lhes abre discretamente a porta e admite timidamente que há alguma verdade naquilo que pesquisaram. Nós, os que estudamos melhor a questão, podemos afirmar tranquila e seguramente que há muito mais verdade do que suspeitam e temem os grupos religiosos oponentes. O único problema está em que — como dizia recentemente Martins Peralva (*Reformador* de julho de 1960) — "cada inteligência retém determinada parcela da Verdade", não mais.

Que Jesus nos conceda a aceitação humilde desta afirmativa, sem sombras de vaidade. Não somos mais inteligentes nem mais sábios: pagamos o nosso preço por aquela capacidade de retenção da Verdade, em uma série de vidas, no passado distante. Vivemos mais, sofremos mais; não há

mérito especial em compreendermos um pouquinho mais —
é simplesmente um dever.

(*Reformador*, de agosto de 1960.)

1.5 Espiritismo e Psicanálise

O Dr. Walter C. Alvarez. da famosa Clínica Mayo, dos Estados Unidos, comentava há pouco, da sua coluna diária em *O Globo*, a perplexidade dos psicanalistas modernos em face das recentes conquistas científicas.

Até aqui, muito da psicanálise tem resultado da especulação mais ou menos teórica e de interpretações um tanto ou quanto pessoais que cada pesquisador empresta aos fatos que tem oportunidade de observar. Por isso, há tantas escolas diferentes e teorias que se entrechocam nesse campo do conhecimento humano. O próprio Freud, por muito tempo considerado o papa da psicanálise, anda bastante desacreditado e, em muitos aspectos, inteiramente superado. Aliás, nem bem havia lançado os fundamentos de sua doutrina, quando seus próprios discípulos — Alfred Adler, por exemplo — começaram a discordar dos seus postulados e a lançar variações sobre o tema criado pelo mestre austríaco. Não digo que isto seja censurável. Se os estudiosos de um ramo do conhecimento humano não estão satisfeitos com seus princípios, é necessário reexaminá-los e encontrar novos rumos. No entanto, é preciso reconhecer que uma Ciência que ainda não fixou pelo menos uma orientação geral de sua trilha, não atingiu aquele estágio de universalidade essencial ao seu desenvolvimento. É bem verdade que, lidando com a alma humana, o cientista não tem a mesma facilidade de manipular os dados como o faria se pesquisasse apenas aspectos mais ligados à matéria bruta. O Espírito não se submete a certo tipo de experimentação, tem reações próprias, individuais.

Mas é necessário, pelo menos, que uns tantos princípios sejam estabelecidos de tal forma que qualquer experimentador possa encontrar, por intermédio deles, os mesmos resultados, independente de suas tendências filosóficas, religiosas ou morais.

Por tudo isso, os psicanalistas, no dizer do Dr. Alvarez, estão descobrindo afinal, muito perplexos, que sentem "certa falta de segurança. com perda das bases em que se estribavam". Prossegue o articulista acrescentando, em *O globo* de 20 de agosto, que um dos mais "destacados psicanalistas manifestou agora graves dúvidas quanto à validade das teorias que aplicava". Outro especialista, o Dr. Bertram Schaffner, presidente da *William Allen White Society*, declarou francamente, segundo o Dr. Alvarez, que "ele e muitos de seus colegas ressentem-se agora da falta de uma base firme de fatos, tão confortadora para os homens de ciência". "Acredita mesmo" — diz ainda. o Dr. Schaffner — "que essa dessatisfação 'pungente' seja hoje bastante generalizada, embora ainda poucos a confessem".

Esta é, sem dúvida, uma confissão corajosa. De há muito estão os psicanalistas desconfiados de que as suas queridas teorias deixam muito a desejar em face de certos fatos que teimosamente não se enquadram nos complicadíssimos postulados por eles criados. Como homens inteligentes que são, não podem deixar de reconhecer que algo está errado com um princípio científico que não serve para explicar todos os fenômenos de determinada natureza.

Não faz muito tempo, comentamos aqui mesmo em *Reformador* o livro intitulado *As três faces de Eva*, no qual os autores, médicos psicanalistas de alta reputação, confessam honestamente que não sabem como conseguiram curar a moça que sofria de anomalia da personalidade múltipla.

Por isso, finaliza o Dr. Alvarez, ainda citando o Dr. Schaffner, muitos psicanalistas compreenderam hoje que suas teorias não satisfazem, porque com frequência demasiada não se ajustam aos fatos da experiência de seus pacientes. E não são poucos os que, assim desorientados, estão mergulhando na literatura de outras filosofias (grifo por minha conta), esperando encontrar ali "algo mais próximo da vida".

Ai está a realidade. Mesmo com a nossa reconhecida ignorância científica e ainda mais com o desconhecimento da psicanálise, podemos diagnosticar (se permitem o verbo) o mal que aflige os psicanalistas modernos: ainda não quiseram ou não puderam ter suficiente humildade para reconhecer que há uma coisa importante que se chama Espírito e que esse Espírito preexiste à vida atual. Não adianta muito pesquisar a origem de certos complexos na vida pregressa, que eles admitem ser apenas uma. Quantos de nós, pobres leigos ignorantes dos princípios e da terminologia psicanalítica, conhecemos gente terrivelmente complexada e desorientada, sem que nenhum motivo aparente seja encontrado nesta vida. Gente que nasceu "bem", goza de saúde maravilhosa, teve educação esmerada, carinho, proteção, conforto, nunca foi "rejeitada", teve, enfim, tudo para ser feliz e, no entanto, amarga uma existência infeliz, criminosa, insatisfatória, cheia de ânsias desconhecidas, de vagos temores que nunca se concretizam, de antipatias gratuitas que ninguém explica, de fobias irracionais, de obsessões surpreendentes, de fanatismos absurdos, de desequilíbrios mentais de toda a sorte, enfim. Porque isso? É preciso ter coragem para atirar fora toda essa pretensiosa terminologia obscurantista e reconhecer, simplesmente, que o Espírito traz impressa, nas profundezas do seu ser, a história de suas vidas pregressas e não apenas as marcas de uma só existência. O inconsciente, para o qual inventaram tantos nomes complicados, de raízes gregas e latinas, nada mais é senão o arquivo minucioso da longa e tormentosa história de muitas vidas. Isto não sou eu quem o afirma. Nos livros de André Luiz há inúmeras referências a respeito. Vejamos alguns poucos exemplos:

> Isso quer dizer que nossa irmã imobilizou grande coeficiente de forças do seu mundo emotivo, em torno da experiência a que nos referimos, a ponto de semelhante cristalização mental haver superado o choque biológico do renascimento no corpo físico, prosseguindo quase que intacta. Fixando-se dessa lembrança, quando instada de mais perto pelo companheiro que lhe foi irrefletido algoz, passa a comportar-se qual se estivesse ainda no passado que teima em ressuscitar. É então que se dá a conhecer como personalidade diferente, a referir-se à vida anterior" (*Nos domínios da mediunidade* — 2. ed., p. 193).[3]

Outro:

> Quase podemos afirmar que noventa em cem dos casos de loucura, excetuados aqueles que se originam da incursão microbiana sobre a matéria cinzenta, começam nas consequências das faltas graves que praticamos, com a impaciência ou com a tristeza, isto é, por intermédio de atitudes mentais que imprimem deploráveis deflexões ao caminho daqueles que as acolhem e alimentam. Instaladas essas forças desequilibrantes no campo íntimo, inicia-se a desintegração da harmonia mental; esta por vezes perdura, *não só numa existência, mas em várias delas,* até que o interessado se disponha, com fidelidade, a valer-se das bênçãos divinas que o aljofram, para restabelecer a tranquilidade e a capacidade de renovação que lhe são inerentes

---

[3] Nota do autor: Cap. 22, "Emersão do passado".

à individualidade, em abençoado serviço evolutivo. (*No mundo maior*, 3. ed., p. 202-203. O grifo é meu.)[4]

Creio que vale a pena transcrever mais um trecho esclarecedor, de *No mundo maior*:

> Ao topar com irmãos nossos sob o domínio das lesões perispiríticas, consequências vivas dos seus atos, exarados pela Justiça universal, é indispensável, para assisti-los com êxito, remontar à origem das perturbações que os molestam: isto se fará não a golpes verbalísticos de psicanálise, mas socorrendo-os com a força da fraternidade e do amor, a fim de que a imprescindível compreensão com que se modifiquem. reajustando as próprias forças... [5]

E muitos casos psiquiátricos. Verdadeiros enigmas para a ciência da Terra, são estudadas com profunda lógica, à luz da Doutrina dos Espíritos, na última obra de André Luiz — *Evolução em dois mundos*.

Ai está, meu caro Dr. Betram Schaffner, porque o senhor e seus colegas psicanalistas estão perplexos diante dos fatos.

As raízes da nossa personalidade estão mergulhadas muito fundo nas camadas estratificadas de numerosas encarnações. A terapêutica dos males espirituais, que afligem tantos seres humanos, deve fundamentar-se na aceitação desse fato e nutrir-se nas prescrições morais que Jesus deixou em seus ensinamentos. Certamente que ainda estamos longe daquele dia em que a orgulhosa Ciência admitirá estas verdades tão simples!

(*REFORMADOR*, DE OUTUBRO DE 1960.)

---

[4] Nota do autor: Cap. 16, "Alienados mentais".

[5] Nota do autor: Cap. 8, "No santuário da alma".

2

Evangelho

2.1 Não somos órfãos do Espaço

Cientistas russos proclamaram há pouco a forte possibilidade de existir, alhures, no espaço sideral, uma supercivilização. A essa conclusão chegaram depois de analisar, durante cerca de um ano, sinais regulares captados pelos seus poderosos radiotelescópios.

Tais aparelhos começaram a ser empregados depois da Segunda Guerra Mundial. Consistem basicamente num receptor e numa antena de gigantescas proporções, em forma de concha, voltada para a amplidão dos céus. A antena do observatório da Universidade de Harvard tem 60 pés, isto é, cerca de 18 metros de diâmetro. Segundo os entendidos, o radiotelescópio não substitui o telescópio óptico, sendo, entretanto, poderoso auxiliar deste, pois a distância que o raio luminoso não consegue vencer, vence a onda radiofônica emitida pelos diversos corpos celestes.

As ondas, cujo comprimento varia de 1 centímetro a 30 metros, são originadas, ao que se supõe, pelos próprios astros, conforme seu tamanho, massa, densidade e composição, como também pelas vibrações do hidrogênio neutro existente nos espaços interestelares.

A informação de que o homem não está sozinho no espaço cósmico provocou tremendo impacto na imaginação humana, ao ser proclamada em altos brados pelas "manchetes". do mundo inteiro. Quanto a nós, espíritas, embora nos tenhamos, como toda gente, exultado ante a espetacular notícia, não nos surpreendemos com ela, pois há mais de um século nossa Doutrina vem anunciando a pluralidade dos mundos habitados. Deu-nos o que pensar, entretanto, o fato de terem sido os cientistas soviéticos e não os do chamado "mundo cristão" os primeiros a aventar esse provável contato, ainda que em precárias condições, com seres inteligentes de outras regiões do universo. Há nisso, ao que parece, uma advertência cujo sentido e profundidade não podem ser ignorados.

Abstraído totalmente o aspecto de mera rivalidade ideológica ou racial, que jamais levamos em conta dentro da Doutrina Espírita, cabe-nos especular a razão de ter cabido a primazia da revelação a um grupo de cientistas que se dizem materialistas.

A passagem evangélica na qual o Cristo declara que "a casa do Pai tem muitas mansões", tem sido interpretada como alusiva à doutrina da pluralidade das sociedades humanas pelo universo afora, o que é perfeitamente lógico de admitir-se. Seria altamente improvável que toda a maravilhosa e imensa maquinaria cósmica fosse criada apenas para uso e gozo dos bisonhos seres humanos que habitam a Terra. Se fosse possível tirar uma fotografia "de corpo inteiro" da nossa galáxia — só da nossa —, nem mesmo o nosso orgulhoso Sol faria figura muito nobre, aparecendo humildemente como singela estrelinha de quinta grandeza. Quanto a nós terrenos, só um pontinho insignificante marcaria a nossa presença no cosmos. Nosso globo mais se assemelharia a um grãozinho de pó subjugado às forças de atração e repulsão de outros corpos celestes mais poderosos.

Não sei da figura que faria a nossa própria galáxia, se fosse possível, num esforço de imaginação e técnica, fotografar todas as galáxias de uma só vez, colocando-as hierarquicamente em posição relativa de importância.

A despeito de tudo isso e do avanço científico dos últimos decênios, só agora há pouco se decidiram as principais correntes do Cristianismo ortodoxo admitir a possibilidade de vida inteligente em outros planetas. Tivemos exemplos esparsos dessa nova atitude nos pronunciamentos ainda muito cautelosos, cheios de ressalvas, de alguns teólogos. Aos poucos está ganhando corpo a ideia de que a existência de seres racionais aí pelo espaço cósmico não invalida a ideia de Deus nem a universalidade das doutrinas que o Cristo veio pregar entre nós, senão que lhes dá uma nova e insuspeitada dimensão, ampliando-as em escopo e em significado.

As leis morais contidas no Cristianismo puro constituem conceitos aplicáveis a qualquer situação humana, em qualquer tempo e em qualquer ponto cósmico. Amarmo-nos uns aos outros é preceito tão válido para o homem da Terra como para o de Netuno, ou para o habitante de alguma remotíssima estrela no fundo do Espaço, bem como será igualmente válido entre o homem da Terra e o de Netuno e entre este e o de algum planeta de Canópus. Vivemos todos numa sociedade integrada, distribuída pelo Espaço, em inúmeras "mansões", em diferentes graus de conhecimento e moral, todas elas evolvendo passo a passo no sentido da perfeição espiritual.

Em mundos mais rudimentares, como o nosso, vivem seres imperfeitos, ainda cheios de arestas e impurezas, mas é evidente que existem comunidades espaciais mais atrasadas que a nossa, como também aquelas em que o Espírito já atingiu elevadíssimos níveis culturais e éticos. Não é preciso ser profeta, nem místico, nem ocultista, nem iniciado para inferir essa ideia. Basta observar o que vemos à nossa volta, em tudo aquilo que podemos apreender com os nossos ainda toscos sentidos de observação e análise. Vivemos num universo essencialmente evolucionista, cujo progresso se faz de ciclo em ciclo, em espirais cada vez mais amplas que se abrem mais e mais na direção do infinito. Terminado um ciclo de existência na carne, "morremos", passamos uma temporada no Espaço, em estado de liberdade espiritual e retornamos a novo ciclo na carne, renascendo em outro corpo físico. É como se fizéssemos um curso de aprendizado, em que cada "série", em vez de se compor rigidamente de alguns meses de ensino, provas parciais e finais, fosse constituída de períodos maiores ou menores de existências como encarnados. A Terra é uma dessas escolas, uma espécie de curso primário. Para aqui vêm os Espíritos que mal deixaram os "jardins da infância", onde apenas se esboçaram as faculdades espirituais. Aprovados neste curso primário, passamos para o de grau médio, alhures, nalgum outro planeta, onde seremos admitidos como calouros, diante de novos programas de trabalho e aprendizado. Desses, passaremos, um dia — que importa quando? —, a elevadíssimos ciclos universitários, em mundos ainda mais purificados, onde não mais nos impedirão a marcha as solicitações grosseiras da matéria que trazem em si um cortejo imenso de angústias e fraquezas, às quais tantas vezes sucumbimos.

Atingido esse ponto evolutivo, integramo-nos, afinal, de coração aberto na obra imensa de Deus. Tornamo-nos executores mais diretos da sua vontade, que poderemos mais seguramente sentir por meio da sintonia vibratória do nosso Espírito.

Resultantes de longo processo evolutivo, continuaremos a nossa tarefa de atrair para as belezas da perfeição aqueles que ainda se acham mais atrás, nos mesmos caminhos que já percorremos.

A confirmação da existência de companheiros nossos em outros corpos celestes abrirá de súbito, para inúmeros Espíritos, as janelas do universo. Até aqui, muita gente que perquiria o Espaço limitava-se à impressão de estar olhando para um maravilhoso mecanismo cósmico, mas apenas um mecanismo, destituído de vida, sem alma e sem coração. Pela primeira vez o homem, esmagado diante da grandeza cósmica, contempla o universo e murmura para si mesmo: "Tenho outros irmãos além... Não estou sozinho, perdido na imensidão do Espaço!".

É extraordinário, pois, que tenha cabido, a uma nação que se proclama totalmente materialista, o incremento dessas investigações. Só uma coisa explica o fenômeno: ele contém uma advertência à rigidez ortodoxa implantada no espírito humano pelas deformações teológicas introduzidas no Cristianismo. Repete-se o fenômeno Galileu. Somente em face do vulto maciço e inevitável da Verdade é que poderá retrair-se a acanhada concepção dogmática. Dentro da Igreja, ninguém ousaria, há alguns anos, sequer admitir a possibilidade de vida inteligente noutros planetas. Já agora, ainda que timidamente, vai a ortodoxia cedendo ante a realidade nova que a lógica de há muito recomendava e que a Astronomia vai aos poucos revelando. A admissão final desse fato científico trará por certo algumas inquietações teológicas. Provavelmente, terão de ser montadas novas bizantinices para adaptar antiquados dogmas à nova realidade.

A questão fundamental, porém, é a de que, de recuo em recuo, o dogmatismo teológico acabará por enfrentar o seu dilema final irrecusável: renovar-se ou perecer.

Já disse que não sou profeta, mas ninguém precisa sê-lo para sentir que uma das próximas ideias a serem atiradas às "manchetes" será a da reencarnação. Que doutrinas e que explicações vão os teólogos criar para adaptar a rigidez dogmática ao conceito da pluralidade das vidas humanas?

Também nesse campo, estão os cientistas materialistas pesquisando ativamente. Enquanto, no mundo cristão, homens como o Dr. J. B. Rhine andam em círculo, acumulando dados estatísticos e empilhando observações, pesquisadores localizados atrás da cortina de ferro avançam aceleradamente no conhecimento do mecanismo do espírito. Ainda há pouco tivemos notícia daquele cientista tcheco que declarou ser a hipnose um valioso instrumento de desenvolvimento das faculdades psi, ou seja, extrassensoriais.

O que acontece provavelmente é que muitos dos nossos homens de pesquisa, dentro da civilização dita cristã, se entregam ao trabalho já condicionados por certos dogmatismos apriorísticos que lhes bloqueiam a visão nítida do problema que têm diante de si. Embora não saibam ao certo disso, nas mais profundas camadas do Espírito desses homens depositaram-se os sedimentos de séculos de dogmatismo religioso. Como hoje, na posição de seres humanos encarnados, não conseguem mais aceitar as fantasias dogmáticas, recusam tudo sumariamente como improvável, inverídico e superado. Como dizem os ingleses, ao jogar fora o banho, jogaram também a criança que se banhava. O fato de ser fantasiosa a existência do céu teológico, do purgatório ou do inferno não exclui a realidade legítima, genuína, gritante, da existência do Espírito, sua preexistência e sobrevivência.

Acontece, então, essa coisa curiosa: os cientistas ocidentais, criados quase todos numa sociedade predominantemente espiritualista — não confundir com espírita ou espiritista —, não puderam, como seus colegas do mundo comunista, libertar-se de um resíduo teológico milenar, que, embora inaceitável, não conseguem ainda recusar maciçamente, por não saberem como preencher a lacuna. Vamos então caminhando para a intensificação desse aparente paradoxo: enquanto os cientistas que se dizem pertencer à civilização cristã espiritualista perdem tempo com seus próprios dogmatismos científicos e se tornam cada vez mais materialistas, seus colegas do lado de lá do mundo vão topando, nas suas pesquisas, com noções que os aproximam cada vez mais da realidade do Espírito.

Isso tudo, evidentemente, faz parte de um plano articulado, não por nós, bisonhas criaturas que mal sabemos como seres humanos o que se passa à nossa volta, mas por Espíritos de elevada categoria moral e cultural, incumbidos do processo evolutivo do homem terreno.

Do jeito que vão as coisas, entretanto, o futuro que se esboça para as religiões dogmáticas não é muito promissor. Precisamos todos reconhecer que a posição de tais religiões não é realmente muito cômoda, porque, proclamando-se espiritualistas, fundadas na ideia de que o homem é um ser espiritual e imortal, deveriam elas ser as maiores interessadas na pesquisa científica dos problemas e dos mecanismos do Espírito. Ao contrário, movem uma oposição vigorosa a tudo quanto possa contribuir para esclarecimento desse problema fundamental da vida. Não têm outro desejo senão desvincularem-se de toda e qualquer ligação com os fenômenos psíquicos que classificam em duas categorias distintas, conforme ocorram no seio da Igreja ou fora dela. No primeiro caso, são "milagres", no segundo, obra do demônio, ou, mais modernamente, do "prodigioso" inconsciente. Lutando pela sua desvinculação dessas pesquisas, a Igreja está apenas tentando serrar o galho que julga prejudicial ao tronco das tradições cristãs ortodoxas. A questão é que os senhores teólogos que se empenham em serrar o galho estão montados nele e com ele virão abaixo, bem assim toda a milenar estrutura dogmática. Acabarão por descobrir, afinal, que a substância da nova doutrina não está no galho que desejam cortar, mas na verdade universal que renasce vigorosa, sempre que tentam aniquilar os seus impulsos luminosos.

Esse é o drama da ortodoxia moderna: renovar-se ou perecer. Enquanto os teólogos passeiam nervosamente, repetindo o solilóquio da dúvida, grupos que se lhes opõem buscam a verdade, desinibidos. Não que estes estejam a salvo de surpresas. Eles também terão a sua, quando descobrirem a face da verdade espiritual.

Esperemos, pacientes e confiantes, o desenrolar do drama que se representa em escala cósmica. Pacientes, porque não podemos colher o fruto antes de amadurecer; confiantes, porque, ao contrário do que muita gente pensa, este universo infinito não anda à matroca, nem é um jogo ordenado de forças cegas: é um conjunto harmonioso, evolutivo, de Leis profundamente sábias e perfeitas, concebidas por um Ser imensamente superior ao mais elevado Espírito que se possa imaginar.

(*Reformador*, de junho de 1965.)

2.2 Grande é a seara...

Conta Marcos, no capítulo 12 dos seus escritos, versículos 18 e seguintes, que os saduceus, que não criam na sobrevivência do Espírito, formularam uma pergunta capciosa a Jesus com a intenção de embaraçar o Mestre num emaranhado que a eles parecia sem saída. Inventaram a história de sete irmãos que desposaram sucessivamente a mesma mulher, à medida que o anterior morria. Por fim, morria também a mulher. Quando todos ressuscitassem, de quem seria a esposa? Jesus respondeu dizendo que nem eles tomariam mulher, nem ela tomaria marido, pois seriam todos "como os anjos dos céus". Não sabiam eles, os saduceus, que Deus se tinha declarado Deus de Abraão, Deus de Isaac e Deus de Jacó? E concluiu: "Não é um Deus de mortos, mas de vivos".

Marcos não diz se os saduceus aproveitaram a lição, porque o interesse do incidente está na lição mesma e não na dos perguntadores artificiosos. Jesus não falava apenas para os saduceus que tentavam apanhá-lo em falta perante a lei de Moisés; ele falava para os séculos e os milênios.

Na verdade, Deus é um Deus de vivos. Todos somos vivos, na carne, ou fora dela... Por muitos e muitos séculos, as relações entre os dois planos da vida foram perturbadas e deformadas pela ignorância, pela malícia, pelos interesses imediatos, em suma, pelo desconhecimento quase total das leis que as regulam. As duas faces da vida sempre se confrontaram e trocaram experiências e informações. Somente com o advento do Espiritismo codificado, porém, as leis que regem as relações entre os dois mundos seriam observadas, coligadas e ordenadas para estudo e aplicação metodizada. Antes, era tudo feito empiricamente, desajeitadamente e, às vezes, desastradamente.

Kardec viu com clareza a extensão e profundidade do problema. O acervo de informações que os Espíritos lhe transmitiram continha todos os elementos necessários ao equacionamento da dificílima incógnita humana. Para fins de método, resolveu ele distinguir três aspectos no corpo doutrinário do Espiritismo: havia nele uma filosofia, havia ali um evidente aspecto científico e lá estavam as óbvias implicações religiosas. Não nos esqueçamos, porém, de que a divisão, insistimos, é meramente didática para facilitar a exposição e compreensão das questões, uma vez que os três aspectos integram a Doutrina com igual força e valor. Um tripé somente se mantém quando as três hastes estão em posição correta; a abstração de uma só que seja desequilibra o conjunto. Basta encurtar uma das pernas, na tentativa de reduzir sua importância perante as demais, para que o tripé se desajuste. A Filosofia nos dá a visão do conjunto, porque procura situar o homem perante si mesmo e perante o universo que o cerca.

A Ciência o coloca na manipulação dos mecanismos da vida, e a Religião põe-no diante de Deus.

É bom, de vez em quando, repassarmos esses princípios elementares da nossa Doutrina para reavivar em nós algumas noções básicas que nos preservem do risco de perder de vista o senso da perspectiva. Não podemos esquecer, sem grave dano, que vivemos numa época que, infelizmente, não aceita a ordenação espiritual da vida. As vagas impetuosas das ideias hoje dominantes podem erodir lentamente, imperceptivelmente, as bases em que assentamos a nossa filosofia de vida. Se não estivermos atentos, daqui a pouco estaremos à deriva, aceitando o falso pelo verdadeiro, o espúrio pelo legítimo, a mentira dourada pela verdade desataviada.

Tomemos, para exemplo o aspecto científico do Espiritismo. Ciência é uma palavra que serve para rotular uma quantidade enorme de coisas diferentes. No mundo moderno, Ciência é sinônimo de progresso. Mas será mesmo? Há progresso quando descobrimos processos mais eficientes de matar gente? Progredimos quando criamos drogas que deformam a mente e aviltam a vida? Qual o verdadeiro conceito de ciência? Como conciliar Ciência e moral? A Ciência é incompatível com a fé?

Ao desdobrar o aspecto científico do Espiritismo em trabalhos experimentais, precisamos ter cuidado para não isolar o setor de tal maneira que ele perca as íntimas conexões que tem a ciência do Espírito com as necessidades religiosas do homem e suas sínteses filosóficas. A redução do Espiritismo a um mero ramo do conhecimento humano arrancado de suas origens representaria lamentável erro de apreciação e perspectiva. As forças do espírito se prestam a manipulações ainda mais perniciosas do que aquelas que o poder temporal realiza com as da matéria bruta. O mau uso do potencial do espírito é imensamente mais daninho do que a má utilização da energia nuclear.

Lembro sempre a figura de um grande negro americano, o professor George Washington Carver, que chamava o seu laboratório de "pequena oficina de Deus". A prece e a pesquisa eram para ele um só ato. Um dia, por exemplo, orou diante do amendoim e se perguntou humilde:

— Que teria Deus colocado no amendoim?

E Deus lhe respondeu prontamente, mostrando-lhe mais de uma centena de subprodutos.

A sessão mediúnica é campo de pesquisa, de aprendizado e de observação, tudo dentro dos mais puros princípios científicos, filosóficos e religiosos. Nas sessões, estudamos a mediunidade, as condições de vida no mundo póstumo, os dispositivos da lei de causa e efeito a lógica imperturbável das vidas sucessivas. E nos convencemos do lento e irreversível caminhar do ser humano na direção de Deus. Ali porém, naquele grupo limitado que se reúne para se colocar em contato com a outra face da vida, não podemos nos esquecer de que estamos lidando com seres como nós, com virtudes e defeitos, esclarecidos e felizes, ou ainda envolvidos em paixões tenebrosas, teimosamente presos às sombras e sem perceber os acenos da Luz.

Nenhum outro campo de trabalho nos oferece tantas condições de aprendizado, ao mesmo tempo em que nos proporciona tantas oportunidades de servir e de exercitar em nós a faculdade suprema do amor.

O mundo espiritual está povoado de seres nas mais imprevistas condições. Ali encontramos o santo revestido de luz, humilde, esclarecido, irradiando amor, tanto quanto almas atormentadas pelas mais negras aflições e angústias, dominadas pelos ódios mais irracionais, empenhadas nos mais dolorosos processos de degradação, de vingança e de loucura.

Não sem razão falava o Cristo na imensidão da seara e na escassez impressionante de trabalhadores. Grupos mediúnicos de socorro precisavam desdobrar-se por toda parte para socorrer, para minorar dores, para distribuir amor, para levantar os que caíram, para curar enfermidades seculares da alma. Quando lemos aquelas observações de Jesus, que tanto Mateus como Lucas registraram, pensamos apenas nas tarefas entre os encarnados, divulgando a palavra de consolo e um pouco do pouco que aprendemos, mas, na verdade, a seara é muito maior que aquela que visualizamos, porque vai além dos nossos sentidos habituais e, com isso, mais reduzidos ainda parecem os trabalhadores. Deus não é um Deus de mortos, mas de vivos, dizia Ele. E embora todos sejamos vivos, nem todos sabemos de Deus e bem poucos são os que respeitam suas Leis.

Tem suas raízes, pois, os Espíritos que dirigem tarefas doutrinárias em terras do Brasil. Quando olhamos para trás e vemos que durante um século inteiro mantiveram firmes os trabalhos mediúnicos do Grupo Ismael, invade-nos um sentimento de assombro e respeito diante da importância que emprestaram a esse aspecto da Doutrina. Durante o século que passou, quantos Espíritos não foram recuperados às suas dores, quantos não vieram trazer ensinamentos, recomendações e exemplos? Que campo imenso de estudo e de trabalho construtivo, onde se pratica o amor e se realiza a pesquisa científica do mais puro teor espiritual!

Muitos grupos, modelados naquele que perdura há um século e seguirá servindo outros séculos, poderiam ser formados.[6] A necessidade é desesperadora, aflitiva, angustiante. Milhões de seres perambulam pelo mundo póstumo, mergulhados em sombras, em dívidas, em agonia, à espera de uma palavra de afeto, de esclarecimento, de interesse.

O Espiritismo nasceu em grupos assim e se nutre em grupos assim. A mediunidade ali se exercita, o amor ali se desdobra, a ciência suprema da vida ali é ensinada.

Deus é um Deus de vivos...

(*Reformador*, de agosto de 1973.)

2.3 Não tenho prata nem ouro...

Nunca houve mestre como Ele. Na grandeza do seu espírito, ele próprio o reconheceu, sem a falsa modéstia, sem o orgulho, ambos incabíveis na estrutura da sua sabedoria: "Vós me chamais de Mestre e Senhor e dizeis bem. porque Eu o sou" (João, 13:13).

É a simples declaração de uma realidade, sem outras intenções e conotações. E, como Mestre, ensinava, às vezes,

---

[6] Nota do autor: A FEB recomenda aos grupos em formação e mesmo aos que já funcionam o estudo criterioso do livro *Sessões práticas e doutrinárias do espiritismo* de Aurélio A. Valente.

por parábolas ilustrativas, em outras ocasiões, veladamente, porque ainda não podia dizer tudo. Em certas oportunidades, no entanto, foi declaradamente específico, sem figuras de retórica, sem expressões simbólicas. Foi assim quando procurou preservar a tarefa espiritual dos ataques da cupidez humana.

Embora *Mateus* diga que se dirigia apenas aos doze (10:5 e seguintes), *Lucas* informa que o discurso foi endereçado aos 70 (10:1 e seguintes). Não importa, a mensagem é a mesma, substancialmente: era preciso proclamar a toda criatura que o reino dos Céus vinha próximo. E mais: "Curai os enfermos purificai os leprosos, ressuscitai os mortos, expulsai os demônios. *Dai de graça o que de graça recebestes*".

Que não levassem com eles mesmos ouro nem prata nem cobre nem mesmo alforje, ou duas túnicas, sandálias, ou bastão.

Jamais, porém, sua condenação do mercantilismo religioso foi tão veemente como quando de sua entrada em Jerusalém, ao expulsar os vendilhões e cambistas que estavam transformando a casa do Pai em antro de ladrões. A posição foi tão vigorosa, que *Marcos* (11:18) atribui a ela o inicio da trama para eliminar o jovem Rabi. Escreve ele: E os escribas e príncipes dos sacerdotes, tendo ouvido isto, buscavam ocasião para o matar, pois eles o temiam, porque toda a multidão estava admirada acerca da sua doutrina.

João acrescenta mesmo que Ele tomou de algumas cordas e fez um açoite para botá-los para fora do templo (2:15).

Não deixou Ele dúvida alguma, pois, de que o ministério da fraternidade jamais poderia ser convertido em fonte de renda para alguém.

Não foi outra a posição assumida pela Doutrina Espírita. Kardec dedica o capítulo XXVI de *O evangelho segundo o espiritismo* a esse tema, escrevendo, a certa altura:

> Jesus expulsou do templo os mercadores. Condenou assim o tráfico das coisas santas sob qualquer forma. Deus não vende a sua bênção, nem o seu perdão, nem a entrada no reino dos Céus. Não tem, pois, o homem o direito de lhes estipular preço" (it. 6).

Qualquer artifício, pois, para extrair proveito de faculdades mediúnicas ou da pregação da palavra esclarecedora, tem a condenação formal do Mestre e Senhor, reiterada por seus emissários de confiança, como Kardec e sua equipe.

Não desconhecemos os sofismas aparentemente muito hábeis. Há os que dizem:

— Mas os médiuns precisam viver...

É certo; vivam, porém, de suas atividades profissionais. Se o salário é pequeno é porque a Lei exige de nós o reajuste na pobreza. Poderemos lutar pela conquista de melhores situações, pois é legítimo o esforço pela realização pessoal, mas não viver da mediunidade remunerada, nem complementar os rendimentos com o passe pago, ou a mensagem psicofônica a tanto por hora.

Quem tentar esses recursos acaba enfrentando inesperadas e dolorosas decepções. A mais comum destas é a súbita perda da mediunidade. Se o médium habituou-se a usufruir os proventos resultantes do exercício de sua faculdade sincronizou também seus compromissos financeiros àquela renda e, sem coragem para recuar no atendimento de suas necessidades materiais, entrega-se, com frequência, à fraude e acaba ficando à mercê de seus adversários das sombras.

Felizmente, o Espiritismo no Brasil adotou, quanto a esse aspecto doutrinário, posição firme, inflexível mesmo, não admitindo remuneração de espécie alguma, não apenas no exercício da mediunidade, como nos postos de direção de grupamentos espíritas ou quanto a direitos autorais de trabalhos doutrinários. O escritor espírita não é pago pelos seus artigos, nem pelos seus livros ou palestras, sob qualquer forma. A tarefa que cabe a cada um de nós, das mais humildes às mais destacadas no seio do movimento, é oportunidade que nos foi concedida pelos nossos mentores e não posições para brilharmos, muito menos, ainda, empregos que nos garantam o sustento material.

Essa posição tem de ser continuamente reiterada, insistentemente repetida, intransigentemente defendida, sem concessões, sem exceções, sem tibiezas, porque, por mais que pareça secundária, é vital à preservação da pureza doutrinária. Então não sabemos que foi o vírus da cupidez que destroçou as instituições religiosas do passado? Tais organizações não precisavam ter sido abandonadas à sua própria sorte e praticamente neutralizadas, quando não destruídas, para darem lugar a outras, se tivessem conseguido manter-se limpas da cobiça. Como a revelação da Verdade é progressiva dosada segundo a nossa capacidade de absorção, ela vem sempre por etapas, em patamares, como degraus de uma escada infinita que se projeta para o Alto. Não destruimos o primeiro degrau quando passamos para o segundo. Pelo menos, não seria necessário fazê-lo, se o primeiro não estivesse corrupto e apodrecido. Se isto acontecer, e se não for possível recuperá-lo e restaurá-lo, não resta alternativa senão deixá-lo desintegrar-se, por melhores serviços que tenha prestado. Estejamos certos, porém, de que o germe da deterioração tem sido, no passado, a tenebrosa resultante da inconcebível mercantilização da fraternidade universal. Se, como disse Kardec, Deus não vende a sua bênção nem o seu perdão, por que haveremos de vender perdões que não temos o direito de distribuir e bênçãos que apenas partilhamos em nome dele?

———•·• • •·•———

Por isso, é com enorme constrangimento que assistimos fora do Brasil, mas, especialmente, nos Estados Unidos, à indisfarçável industrialização da mediunidade, que, sutilmente, vai contaminando todas as nobres perspectivas de evolução espiritual de um povo tão digno e de tão elevadas possibilidades de realização, pela liderança que exerce na comunidade mundial em que vivemos.

Os exemplos são muitos.

Uma organização comercial, com base em Nova Iorque, incumbe-se de agenciar os médiuns — eles empregam o termo genérico de *psychics*, ou seja, psíquicos. É uma espécie de clube que congrega, de um lado, 242 médiuns e, de outro, 3.000 membros pagantes, a 5 dólares por cabeça. A coisa funciona da seguinte maneira: suponhamos que o *freguês* deseje uma consulta com um astrólogo, ou um quiromante ou lá o que seja. Liga para a instituição e é imediatamente colocado em contato com o seu médium, específico para as suas necessidades. Se ele não sabe bem o que deseja, um dos peritos (*experts*) da firma terá o maior prazer em orientá-lo.

Quanto aos médiuns, têm a sua remuneração, mas, antes de serem admitidos ao *emprego* (*before we hire them*), passam por uma espécie de seleção dirigida por um especialista.

Além de incumbir-se de colocar os clientes com os "psíquicos", a organização promove dúzias de reuniões por ano e publica um boletim com "os últimos acontecimentos no mundo do ocultismo".

Se, porém, sua loja ou seu clube está precisando de uma atração qualquer, a organização funciona também como corretora de "técnicos em ocultismo" para demonstrações públicas, como fez, por exemplo, um dos grandes magazines de Nova Iorque. O sucesso da primeira apresentação foi tão espetacular que o dono do negócio estava recebendo pedidos de toda parte, e comentava, muito feliz:

— Há tanta gente interessada em ocultismo hoje que isto se tornou um negócio muito grande (...*a very big business*).

Pensam, no entanto, que este é um caso isolado? Abro, por exemplo, uma publicação mensal recentemente recebida e encontro ali os seguintes anúncios, entre muitos:

* Uma organização de Washington, que oferece 11 lições de "Ciência Espiritual" por apenas 5 dólares.

* Um Instituto, na Califórnia, que promete ensinar as leis que governam a vida e revelar a essência da sua própria divindade. É só mandar buscar, pelo correio, um folheto gratuito que explica como fazer o curso, pago, naturalmente.

* Uma Academia de Parapsicologia, que confere diplomas de Bacharel em Ciência e Bacharel em Artes, ambas psíquicas, por certo.

* Uma instituição que vende, pelo correio, um mineral mágico, que faz maravilhas. Acompanha um folheto explicativo. Tudo por 5 dólares.

* Aparelhos eletrônicos de vários tipos e preços, de 55 a 100 dólares, para "exploração do espaço interior" para *biofeedback*, para experimentação com as plantas etc.

* Cartas dos baralhos *Tarô* ou *I Ching*, à vontade do *freguês*.

* Jogos de figurinhas para análise grafológica, ou de fisiognomonia.

* Instrumentos para medir a aura, para localizar pontos de acupuntura, para relaxamento.

* Pulseiras magnéticas, sensores energéticos (?).

A seção de anúncios classificados, então, é de uma riqueza impressionante de ofertas, como, por exemplo:

* Pormenorizadas instruções que permitem ao leitor tornar-se seu próprio "conselheiro psíquico". Custa somente 40 dólares.

* Cassetes que "respondem às suas perguntas".

* Um laboratório empacotado de ESP.

* Baralho para meditação e testes psíquicos.

* Médium que se anuncia como "bem-dotado vidente", citando o capítulo 12, versículo 10, da *Primeira epístola aos coríntios*, de Paulo. Realiza maravilhas. Manda, inclusive, mensagens recebidas por meio de meditação. Apenas 5 dólares para conselhos inestimáveis. Se você quiser, envia também um talismã, por outros 5 dólares.

* Consultas sobre doenças, no estilo de Edgar Cayce, 10 dólares. Se você desejar saber de suas encarnações anteriores, terá de desembolsar 20 dólares.

* Outro responde até 3 perguntas por 5 dólares de "donativo".

* Um "especialista" mais barateiro responde, pelos mesmos 5 dólares, a 7 perguntas.

* Médiuns curadores de toda natureza. Exorcistas. Clarividentes. Alguns com consultas marcadas ou gravações pessoais em fita magnética.

* Consultas aos registros "akásicos". Este é mais caro: 75 dólares.

* Para colocar a mente em foco você gasta apenas 3 dólares.

* Memória instantânea, conhecimentos extraordinários, poderes, confiança, energia? Dirija-se ao Instituto X.

* Expansão da mente, misticismo prático, evolução acelerada, pensamento transcendental, sexualidade esotérica? Instituto X.

* Aperfeiçoamento da autoimagem? Pode ser aprendido em aulas gravadas em discos, ao preço psicológico de 9 dólares e 95 centavos.

* Cursos de telepatia e aperfeiçoamento da intuição também podem ser comprados e feitos por correspondência.

* Certificados prontos para serem colocados em quadros e pendurados na parede para aqueles que se classificarem em matérias como parapsicologia, astrologia, hipnose, grafologia, quiromancia, numerologia e outras.

* O segredo metafísico do dinheiro também é ensinado.

* Jovens que procuram correspondentes.

* Seu nome cósmico revelado pessoalmente, por 1 dólar, apenas.

* Desenvolvimento metafísico por 35 dólares, à vista, ou em 10 lições de 5 dólares.

* Análise psíquica, por 15 dólares.

* Programação de sonhos para obter sucesso nos negócios e em outras incumbências da vida diária. Métodos de Cayce. Outro instituto.

Enfim, uma coisa de estarrecer. Tudo quanto se possa imaginar em matéria dita espiritual pode ser facilmente comercializável e tem seu preço. Aparentemente, há uma clientela ávida, porque essas instituições prosperam e faturam tranquilamente dons reais ou imaginários. Vendem serviços como qualquer organização comercial. Têm: registros, licenças, patentes, logotipos, pagam impostos e competem, como toda gente.

Não dizemos que seja impossível, mas será bastante difícil fazer frutificar, nesse ambiente de desvairada mercantilização, a Doutrina Verdadeira, o ensinamento evangélico, a noção de que ninguém pode comprar paz de espírito ou aprender em dez lições os segredos profundos da vida. Não que façam isso por maldade. Absolutamente. Nem se dão conta de que as práticas a que se entregam sejam condenáveis. As "igrejas" espiritualistas funcionam como propriedade privada de seus "reverendos", geralmente um casal. Vestem-se a caráter, realizam seus cultos, fazem casamentos, pregam sermões "inspiracionais", tal como outro qualquer culto institucionalizado.

Se não preservarmos aqui, no seio do movimento brasileiro, a pureza doutrinária do Espiritismo, como iremos, mais tarde, cumprir a tarefa que nos fixaram os poderes superiores de servir de sementeira da Verdade para o novo milênio que se aproxima? Estamos a apenas vinte e quatro anos do fim deste milênio. Há tumulto e desvairamento por toda parte. Estamos bem conscientes da responsabilidade que nos cabe? Estamos fazendo tudo quanto é possível, e o impossível também, para manter um elevado padrão de Espiritismo filosófico, científico e evangélico? Estamos combatendo sem tréguas qualquer tentativa de mercantilização, dogmatização e cultualismo sacramentário?

Muito cuidado, muita vigilância, muita atenção, principalmente conosco mesmos. Se cada um de nós se mantiver firme, sustentado pelos ensinamentos contidos na Codificação Kardequiana, então, sim, terá cumprido seu modesto e sagrado dever. Caso contrário, começaremos a irradiar para o mundo uma Doutrina já corrompida e contaminada recaindo nos erros fatais que nos custaram séculos de aflições.

Exemplos não faltam da necessidade absoluta de manter os recursos materiais como servos da Doutrina e não como seu senhor. Quando o generoso coração do amado Pescador expandiu o atendimento aos pobres sofredores na pequena comunidade do Caminho, tornou-se imperiosa a necessidade de obter recursos, de tal maneira que ficasse preservada a independência ideológica do Cristianismo nascente.

Ao que se depreende do relato de Emmanuel, em *Paulo e Estêvão*, não seria difícil obter recursos da próspera comunidade judaica tradicional e ortodoxa, mas um debate íntimo e de coração aberto entre Paulo e Pedro resultou num plano segundo o qual a "Casa do Caminho" teria por objetivo tornar-se, tanto quanto possível, autossuficiente. Recursos adicionais seriam complementados por donativos recolhidos entre os próprios "caminheiros", para que atrás do dinheiro alheio não viessem as concessões e as acomodações doutrinárias, que fatalmente acarretariam o desvirtuamento da herança insubstituível do Cristo.

Por outro lado, aqueles homens estavam acostumados a contar com seus próprios recursos, ainda que limitados. Vários deles eram pescadores e continuaram pescadores, mesmo ao longo do ministério que exerceram junto ao Cristo. Suas necessidades eram poucas, suas aspirações, elevadas. Jamais comerciaram com os dons que Jesus lhes concedeu.

Quando o mago de Néa-Pafos propôs adquirir o "talismã" de Paulo, o Apóstolo dos Gentios proporcionou-lhe inesquecível oportunidade de aprendizado. Quando Paulo encontrou a mediunidade comercializada da pitonisa de Filipos, enfrentou com energia e coragem seus exploradores.

E, como recomendara o Cristo, não levavam consigo senão o estritamente necessário para as viagens e andanças.

Quando o paralítico pede uma esmola a Pedro, à Porta Especiosa, ele responde de pronto: "Não tenho prata, nem ouro, mas o que tenho te dou! Em nome do Cristo, levanta-te e anda! (Atos, 3:6.)

Essa autoridade, essa certeza do apoio maciço da Espiritualidade, essa felicidade pura de servir, jamais dependerá da quantidade de ouro que trazemos no bolso ou acumulamos nos cofres — ela vem do fundo do ser, ela transborda do coração vinculado ao Cristo, ela emerge da gratidão do Espírito ante o privilégio de servir. Ela nunca esteve à venda, e enganam-se tanto os que pretendam vendê-la como aqueles que julgam poder comprá-la.

(*Reformador*, de maio de 1976.)

2.4 O Príncipe da Paz

Mesmo agora, há quase dois mil anos de distância do seu nascimento na Palestina, ainda há muita controvérsia a respeito da figura ímpar de Jesus e do seu legado doutrinário. As posições variam desde a deificação até o aviltamento mais grosseiro. De certa forma, é compreensível que a personalidade do Cristo tenha levantado tanta celeuma. De tal maneira esteve Ele adiantado em relação ao seu tempo que ainda hoje, depois de quase dois milênios, ainda não alcançamos, os homens, toda a profundidade dos seus ensinamentos e toda a extraordinária força e limpidez do seu caráter. Podendo nascer entre os poderosos para pregar de cima para baixo a sua mensagem, decidiu, ao contrário, nascer e viver na pobreza para pregá-la entre os humildes. Numa época tumultuada pelas paixões políticas e religiosas, prosseguiu imperturbável e com dignidade inexcedível a espalhar a sua palavra redentora. Para demonstrar que a morte era um simples episódio, não recuou diante da mais rude e mesquinha forma de punição e, ainda mais, por crime que não cometera. Interessado em demonstrar o mecanismo de leis desconhecidas dos homens, realizou inúmeros fenômenos insólitos, prontamente classificados como milagres.

Esse espírito majestoso, que mudou o curso da História, nasceu no anonimato, viveu na pobreza e morreu na infâmia. A História oficial da época mal registra a sua passagem num ou noutro documento tido por muitos como suspeito. É que o impacto vigoroso da sua influência começa com a sua morte e cresce e se agiganta com o passar dos séculos. Seu vulto imenso é daqueles que a nossa pobre visão espiritual somente pode contemplar a distância: de perto, é grande demais.

Conta-se que alguns dos carrascos de Joana d'Arc ralaram-se de remorso, na certeza de terem sacrificado uma santa, nem bem se apagara a fogueira que a consumiu. No decorrer dos tempos, todos os que perseguiram e sacrificaram Jesus devem ter despertado para essa dura realidade: a de terem sido instrumentos cegos do ódio contra o maior e mais puro Espírito de que temos notícia.

A História, quando começou realmente a se interessar pela figura do Mestre, encontrou-a já mutilada e recoberta de lendas e de mitos. Até mesmo seu ensinamento continha deformações difíceis de eliminar. Em muitos casos, a imaginação dos historiadores supriu a falta de dados concretos e novas paixões se desataram em torno dele. Alguns para exaltá-lo mais do que Ele próprio desejaria; outros, no extremo oposto, tentaram reduzi-lo a um ser mesquinho, igual a muitos, ou perturbado pelos desequilíbrios mentais catalogados pela Ciência moderna, houve também quem procurasse demonstrar que ele nunca existiu, senão na imaginação de um povo que buscava a grandeza histórica a qualquer preço.

No século passado verificaram-se as primeiras tentativas sérias a que hoje se chama desmitificação da imagem do Cristo. Não é outro o sentido das obras mais famosas dessa escola: a de Strauss e a de Renan. Ambos procuram explicar o Mestre em termos humanos, o que, até certo ponto, se admite. Procuram aplicar no estudo dele os métodos modernos da historiografia, servindo-se de descobertas recentes e de novos conhecimentos trazidos por novas pesquisas. Esses estudos foram, na verdade, algo de diferente em confronto com as antigas "vidas" de Jesus, elaboradas numa atmosfera de misticismo exagerado que deixavam perder de vista os aspectos humanos do Messias, Strauss e Renan pretendiam escrever biografias. Uma preocupação, no entanto, lhes era obsessiva e lhes foi uma constante: a de reduzir o impacto emocional dos chamados milagres, procurando retirar deles as características sobrenaturais que a teologia clássica sempre lhes atribuíra. A tarefa de esclarecimento, porém, estava reservada ao Espiritismo, que não apenas reinterpretou os Evangelhos, como colocou os fenômenos psíquicos operados pelo Cristo na sua exata posição e perspectiva. Veja-se, nesse sentido, principalmente, *O evangelho segundo o espiritismo*, de Allan Kardec. Leia-se, entre muitas outras obras *Cristianismo e espiritismo*, de Léon Denis. Mas, acima de tudo, o que recomenda o Espiritismo é que ponhamos, afinal, em prática a moral pregada pelo Mestre e resumida por Ele ao cabo dos seus três anos incompletos de pregação: "Amai a Deus sobre todas as coisas e o próximo como a vós mesmos". Nisso está, nas suas próprias palavras, o espírito de toda a lei e de todos os profetas.

Era o que tínhamos a lembrar, já no terço final do século XX, última fração do segundo milênio, quando, mais uma vez, nosso pensamento repousa, neste Natal, da imagem daquele que está sempre presente no coração e no espírito dos que sonham com um mundo de paz, de harmonia e de amor.

(*REFORMADOR*, DE ABRIL DE 1970.)⁷

2.5 Judas redimido

A figura histórica e humana de Judas Iscariotes sempre exerceu grande fascinação sobre meu espírito. Se bem que, aqui e acolá, se encontre na literatura espírita referências ao infeliz Apóstolo, muito pouco se conhece de seu posterior desenvolvimento espiritual.

Sabemos, certamente, por meio de revelações esparsas, que Judas, condicionado como qualquer um de nós à sábia e inflexível lei cármica, aqui voltou muitas vezes para purgar suas falhas no sofrimento redentor. Estamos certos, também, de que o Cristo não o abandonou à sua própria sorte, nem pretendeu deixar que a pobre criatura, vítima de sua fraqueza, ficasse mergulhada na amargura sem remissão do sofrimento eterno.

Neste, como em tantos outros pontos, a Doutrina que os Espíritos nos ensinaram é muito mais humana e racional que as que aí estão, miudamente trabalhadas pelos encarnados. É muito mais reconfortante, e infinitamente mais de acordo com a moral cristã, sabermos que o Espírito do Iscariotes, depurado de suas imperfeições, evoluído moral e espiritualmente, está hoje entre os mais chegados colaboradores do Senhor, do que imaginá-lo como trágica ruína humana, batida pela miséria eterna.

Não seria Jesus, o gênio supremo da bondade e do amor, que deixaria seu antigo discípulo perder-se nas estradas agrestes

---

[7] N.E.: Extraído do *Diário de notícias,* 21 dez. 1969.

da eterna agonia. Se nenhuma das ovelhas que o Pai lhe confiou se perderá, como poderia perder-se justamente uma daquelas que o acompanhou pelas rotas poeirentas da Terra Santa, que o ajudou, por algum tempo, a espalhar aos quatro ventos sua mensagem de amor e humildade, que, bem ou mal, sonhou com o Mestre os mesmos sonhos de universal fraternidade? Como poderia Jesus condenar o antigo companheiro que, num momento de fraqueza e invigilância, se deixou levar por enganadoras ilusões? E, afinal de contas, se Jesus lhe perdoou e o ajudou a recuperar-se para a glória espiritual, quem somos nós, imperfeitíssimas criaturas, para arrastar na lama a figura do pobre irmão que fraquejou? Tal como diria o Mestre: aquele que não tiver culpa atire a primeira pedra.

Por outro lado, é preciso, atentar nas circunstâncias daquele impensado gesto. Judas não foi o único, nem mesmo o maior responsável pela dolorosa tragédia da cruz. Foi mero instrumento de forças enceguecidas pelo ódio irracional. Vencido pela miragem do poder, com que lhe acenaram os inimigos do Cristo; ele se prestou ao lamentável e infeliz papel de indicar, à sanha destruidora dos algozes, aquele que o havia acolhido no círculo mais íntimo de seus seguidores.

Seu espírito era fraco e imaturo. Sonhava com uma fatia de poder, e se deixou fascinar. Era tão fraco que, consumado o gesto supremo da traição, não encontrou em si mesmo forças morais para enfrentar as consequências dramáticas do arrependimento. O tremendo remorso que experimentou foi grande demais para as forças do seu espírito, e, ainda uma vez, sucumbiu, escapando pela porta falsa do suicídio, numa tentativa última de fugir de si mesmo.

Mais uma vez se enganou o pobre e desorientado irmão. Libertara-se do envoltório físico, mas não se libertara de suas angústias. Muito pelo contrário: era justamente agora, com a percepção mais aguçada, que de fato sofria as insuportáveis aflições do remorso. E isso era o princípio da redenção. Milhares, milhões de vezes, teria que reviver a cena amarga do beijo portador da morte. Jamais haveria de esquecer o doce olhar do Profeta divino, ao recebê-lo como discípulo amigo e não como mensageiro da dor. Como tudo aquilo continuava vivo nos seus olhos! Sim, porque ainda via, sentia dores e sufocava e gemia e gritava desesperado. Estranho! Então não morrera? Como é que a corda ainda lhe apertava a garganta ressequida e os trinta dinheiros ainda lhe pesavam sobre o coração? Sentia-se oprimido, miserável, perdido, sozinho, num mundo escuro, desconhecido e sem limites. Acima daquela solidão opressiva, pairavam os olhos meigos, puros, sublimes, de Jesus. Só então pudera compreender toda a extensão insondável da sua falta.

Porque tocara a ele o infame papel de entregar o Mestre às mãos dos carrascos? Se Jesus tinha mesmo que ser destruído, como diziam as profecias, que fosse outro o delator, não ele, Judas... Mas, desgraçadamente, estava tudo feito e nem uma vírgula se alteraria.

―――•―――

Não nos foi dado ainda acompanhar, nos séculos que se seguiram, a trajetória espiritual do pobre irmão Judas Iscariotes. Não obstante, imaginamos quanto sofreu e lutou para novamente poder fitar, com tranquila humildade e reconhecimento, os olhos daquele que, certa vez, ajudara a crucificar.

Hoje, o antigo Apóstolo retomou seu lugar entre os seguidores mais próximos do Cristo. Nas profundezas de seu coração deve sentir-se amplamente recompensado de todas as dores que sofreu.

Algum dia, talvez permitam as entidades superiores que se revele ao mundo essa história magnífica, para que, por meio de todo o seu poder de sugestão, saibam as criaturas que mesmo a falta mais negra não precipita o Espírito na desgraça eterna, mas apenas retarda sua evolução para a Pátria da Luz. Deus não seria Deus se, pela falta cometida neste átimo a que chamamos vida, fosse preciso viver uma eternidade de angústias e sofrimentos. Já pensou o leitor no que pode ser a eternidade? O escritor Hendrik Van Loon, para dar a ideia das idades que se contam pelos milhões de anos, imaginou uma grande, imensa rocha, plantada no mundo. Cada dez mil anos, um pássaro vem e roça o bico contra a rocha. Quando o bico do pássaro tiver consumido a pedra, terá passado um instante da eternidade. Comparado com isso, que é a vida humana? Ainda ontem éramos crianças; nossos pais eram jovens. Hoje temos filhos, amanhã teremos netos. Como foi mesmo que passou o tempo? Assim, Deus não criaria almas, frágeis na sua ignorância, para depois esmagá-las impiedosamente, com o castigo eterno, pela falta ocasional. Se nos deu o livre-arbítrio, acrescentou também a possibilidade de reparação, sem o que não poderíamos jamais alcançar a glória de poder colaborar em sua obra portentosa.

Já é tempo de trabalhar pela reabilitação da figura do antigo Iscariotes. É necessário remover de sua imagem histórica a superada mancha da traição que pesa sobre sua memória. Ele não foi o primeiro ser humano a errar nem será o último. Também não foi o primeiro a resgatar seu erro, pagando até o último ceitil, como diz a Lei, para retomar a caminhada para o Alto.

Em teu próximo instante de tranquilidade espiritual, leitor amigo, levanta teu coração e oferece a Jesus as vibrações de tua alegria por ter estendido suas mãos generosas ao antigo Apóstolo transviado. E pede ao irmão mais velho, Judas Iscariotes, que nos ajude, por seu turno, a encontrar o caminho da redenção espiritual, que nos libertará da servidão ao erro. Ele muito sofreu para conquistar a sua paz e certamente saberá como ajudar-nos a encontrar a nossa. Também temos pesados débitos a resgatar. Não entregamos Jesus aos seus algozes; vezes sem conta, porém, temos crucificado sua memória, vendido seus princípios, falhado no cumprimento da moral que Ele pregou. Não estamos, pois, em condições de atirar coisa alguma à nobre face de Judas, o redimido.

(*REFORMADOR*, DE MARÇO DE 1959.)

3
Histórico

3.1 A maldição dos faraós

Dois homens conversavam junto à piscina do Hotel Omar Khayyam, no Cairo, à beira do Nilo. Um deles era o tipo de que se costuma dizer estar "vendendo saúde": forte, musculoso, de sobrancelhas e lábios espessos. Chamava-se Gamal Mehrez e era diretor-geral do Departamento de Antiguidades do famoso museu local. O outro era o escritor alemão Philipp Vandenberg, que conta o episódio no capítulo de abertura do seu livro *Der Fluch der Pharaonen*, publicado em 1973 pela Scherz Verlag.[8] Falavam sobre a "maldição dos faraós", aquela estranha e misteriosa fatalidade que parece perseguir implacavelmente todos aqueles que se atrevem a perturbar a paz dos túmulos e das múmias dos antigos egípcios.

O Dr. Gamal Mehrez não era totalmente descrente da força da maldição, pois admitia a existência de "estranhas

---

[8] Nota do autor: Valho-me da tradução de Thomas Weyr, para o inglês, edições da Lippincott, 1975, e da Pocket Books, 1977, ambas de Nova Iorque.

coincidências na vida". Vandenberg, no entanto, não se deu por satisfeito e, ao cabo de algum tempo, desejou "conferir" a opinião de Mehrez:

— Então, o senhor não tem certeza se há ou não a maldição?

O arqueólogo hesitou por um momento. Parecia estar à procura de uma resposta objetiva e compatível com seus conhecimentos e sua posição.

— Juntando todas essas mortes misteriosas, você poderia ser levado a crer que sim. Especialmente porque maldições formais surgem com frequência na história do Antigo Egito. Não obstante — sorriu constrangido —, simplesmente não creio nisso. Veja o meu caso. Durante minha vida inteira tenho estado envolvido com os túmulos e as múmias dos faraós. Sou uma prova viva de que tudo isso não passa de coincidência.

Quatro semanas depois dessa conversa — escreve Vandenberg —, Gamal Mehrez morreu aos 52 anos. Os médicos disseram que foi de um colapso circulatório.

Ou será porque ele ousou desafiar a maldição? Seria mera coincidência se o Dr. Mehrez fosse a primeira vítima, mas a questão é que o ex-diretor do Departamento de Antiguidades era *mais um* dos muitos que partiram após o desafio.

Vandenberg informa, nas palavras finais de seu magnífico livro, que não pretendeu com seu trabalho provar, "triunfalmente, que a maldição dos faraós exista"; desejou apenas apresentar o resultado de suas pesquisas a respeito dos fatos e suas possíveis explicações. Com a meticulosidade e competência próprias de tantos autores alemães, Vandenberg viajou, entrevistou, meditou e examinou uma vastíssima literatura. A bibliografia consultada vai a quase duzentos títulos, entre livros e artigos especializados, em alemão, inglês e francês, como se pode ver nas páginas finais de sua obra.

E o autor? Será que ele crê na validade da maldição? Seria difícil responder sim ou não, porque ele não defende uma tese — propõe-se a investigar um fenômeno que, a seu ver, não teve ainda explicação conclusiva. Reconhece, ainda, que as raízes desse fenômeno — como de tantos outros, diríamos nós — aprofundam-se no coração da antiguidade egípcia. Acha mesmo Vandenberg que a civilização do Velho Egito, saltando por cima dos séculos, ainda hoje "intriga, confunde e humilha a arrogante ciência contemporânea com os segredos de suas pirâmides e o povo que as construiu".

Pouparemos tempo e espaço, passando ao largo das peripécias vividas por Lord Carnarvon e Howard Carter na aventurosa busca do túmulo de Tutankâmon, a fim de nos concentrarmos na essência do problema aqui tratado.

É costume dos especialistas minimizar a importância histórica desse faraó que, na opinião geral, somente se tornou importante porque seu túmulo permaneceu inviolado por três mil e tantos anos, à espera de Carnarvon e Carter. Dali foi resgatada das entranhas do deserto a mais fabulosa riqueza arqueológica de todos os tempos.[9]

Tutankâmon sucedeu a Akenaton, o "Faraó Herético", que era seu sogro e — dizem os entendidos — também seu pai. Viveu, portanto, um período turbulento da História de seu país, não em termos de conquistas ou grandes feitos

---

[9] Nota do autor: Infelizmente, a famosa máscara de ouro estava sendo exibida alhures, pelo mundo afora, quando estive no Museu do Cairo, em fins de abril de 1977, mas o que ali permaneceu na sala imensa é um inconcebível acervo de maravilhas.

políticos e militares, mas caracterizou-se — com a sua fraqueza, talvez — como o faraó da Contrarreforma. Sob seu governo o Egito voltou ao domínio dos poderosos sacerdotes de Amon e, aparentemente, tudo recaiu na ordem antiga, enquanto o "ódio teológico" — quase sempre mais político que religioso — procurava açodadamente apagar os vestígios daquela estranha ideia do Deus Único.

O herdeiro de Akenaton casou-se quase menino, subiu ao trono ainda adolescente e morreu na sua primeira juventude, de morte violenta. Vandenberg conta as minúcias desta última conclusão no capítulo intitulado "Autópsia de um faraó". A *causa mortis*, estabelecida cerca de 40 anos depois da descoberta da múmia, foi um coágulo sanguíneo localizado sob as meninges. Tutankâmon trazia um ferimento do lado esquerdo do crânio, resultante de uma violenta pancada ou de uma queda não menos infeliz.

Foi o túmulo desse jovem que, após pesquisar em vão durante seis anos, Carter resgatou à areia do deserto em algumas poucas semanas, especialmente as quatro do mês de novembro de 1922.

Houve uma euforia mundial entre entendidos e curiosos. Pela primeira vez se chegava a um tesouro funerário intacto, que sobrevivera à argúcia e à audácia dos temíveis ladrões de sepulturas durante mais de trinta séculos! Aqueles que conheciam melhor o local da escavação, porém, não estavam tão eufóricos. Ao contrário — conta Vandenberg —, tornaram-se bem nervosos com o passar dos dias. Um pequeno tablete de barro, encontrado na antecâmara do túmulo propriamente dito, fora a causa da tensão, principalmente entre os arqueólogos. Haviam catalogado o tablete diligentemente, como tudo o mais, nos registros da pesquisa. Dias depois, Alan Gardiner traduziu os hieróglifos que continham a seguinte e inequívoca mensagem de advertência: "A morte destruirá com as suas asas aquele que perturbar a paz do faraó".

Nem Carter, nem Gardiner, nem os demais especialistas tiveram receio da maldição ou tomaram-na a sério naquele momento, mas temiam que os trabalhadores egípcios soubessem dela e se recusassem a continuar o penoso trabalho, com o que a escavação estaria condenada à paralisação total. Por isso eliminaram o registro do tablete que, por sua vez, desapareceu, a não ser da lembrança daqueles que o viram.

Uma segunda maldição, porém, foi encontrada gravada nas costas de uma das estátuas. Dizia assim: "Sou eu quem faz recuar os ladrões do túmulo com as chamas do deserto. Sou o protetor do túmulo de Tutankâmon".

Essa figura mágica foi encontrada no recinto principal da tumba. Não era mais necessário esconder a praga dos trabalhadores, que já haviam feito o trabalho principal de remoção das toneladas de escombros.

Vandenberg faz uma pausa em sua narrativa, nesse ponto, para repassar algumas pragas que a História documentou, como a da antiquíssima pirâmide de Medum, também confiada a um tablete de barro: "Os espíritos dos mortos torcerão o pescoço do ladrão de sepultura como se fora o de um ganso".

Parece que os Espíritos cumpriram a sua palavra, pois lá encontraram, além da múmia, o cadáver de um homem. Fora esmagado por uma pedra que despencara com precisão fatal sobre ele. A explicação seria, talvez, a de que um mecanismo qualquer, muito bem planejado e executado, houvesse disparado a pedra quando o ladrão se aproximara da múmia para despojá-la de suas riquezas. É possível. O certo, porém, é que os sacerdotes da época possuíam um conhecimento que, como disse *Lady* Nona ao Dr. Wood, "a ciência moderna ainda não recuperou". Toda essa tecnologia científica e espiritual era movimentada para criar em torno dos túmulos dos faraós um rígido sistema de proteção.

Os céticos continuarão, por certo, a buscar explicações alternativas que não levem em conta os fenômenos específicos da natureza humana, como, por exemplo, radiações, fungos, germes, bacilos ou meras armadilhas, como parece ser o caso da pedra que desabou sobre um ladrão destemido, mas as pirâmides e os túmulos contêm certa imantação inexplicável e sua multidão invisível de habitantes espirituais. Que o diga o valente explorador inglês Paul Brunton[10] que, como lembra Vandenberg, conseguiu autorização para passar uma noite sozinho no interior da pirâmide de Quéops, em Guizé. Foi uma noite de terrores tamanhos que ele saiu de lá, pela manhã, totalmente "desligado" da realidade.

Com a permissão do leitor paciente, a quem peço relevar minha atrevida ignorância, não creio que a pirâmide de Quéops seja um túmulo, embora possa ter sido utilizada para isso eventualmente. Trata-se de um dos mais importantes documentos matemáticos e científicos do mundo. Ali se realizavam importantes cerimônias (as finais) de iniciação, como a regressão de memória, que colocava o aspirante em contato com a realidade das suas vidas pregressas.

Muitos são, ainda hoje, os que entram em crise ao penetrar o recinto da chamada "câmara do rei", onde apenas

---

[10] Nota do autor: O leitor interessado poderá ler *O Egito secreto*, há muito traduzido para o português.

existe um enorme sarcófago do belo granito vermelho do Egito. Tive oportunidade de presenciar o mal-estar de um robusto árabe lá na câmara, bem como a aflição de algumas pessoas, que desciam de lá algo espavoridas e agitadas, como se tivessem contemplado a face gelada da morte, que tantos temem. Vandenberg testemunhou a crise de uma senhora espanhola em desespero. Perguntou-lhe o escritor se ela podia dar alguma explicação para o seu pânico.

— Foi como se alguma coisa subitamente me desse uma pancada —, disse ela.

Vandenberg deixa também no ar a razão pela qual a K.G.B. teria enviado uma urgente mensagem telegráfica a Nikita Khruchtchev recomendando enfaticamente que ele não entrasse na pirâmide, como tencionava, quando ali esteve pertinho, no magnífico Hotel Mena House, em maio de 1964. Algum risco iminente de vida? Receio de uma crise nervosa no líder soviético? Não se sabe. É certo, porém — e a informação está igualmente em Vandenberg —, que coisas estranhíssimas ocorrem ali.

— O que acontece dentro das pirâmides — declarou o Dr. Amr Gohed, que em 1969 dirigiu o trabalho do computador na análise dos dados colhidos pero Dr. Luis Alvarez — contradita todas as leis conhecidas da Ciência e da Eletrônica.

Ao *The New York Times* informou, ainda, aquele cientista:

— Ou existe um enorme erro na geometria das pirâmides, que influencia nossas medidas, ou estamos ante um mistério que fica além de qualquer explicação racional — chame-o como queira, ocultismo, maldição dos faraós, feitiçaria, ou magia. Seja como for, existe uma força atuante dentro das pirâmides que contesta as leis científicas.

É conhecido o caso de dois famosos arqueólogos, interessados em pirâmides, que morreram súbita e inexplicavelmente. Um deles, o eminente egiptólogo *Sir* Flinders Petrie, autor de alguns livros memoráveis sobre sua especialização, morreu em Jerusalém, a 28 de julho de 1942, quando regressava do Cairo, rumo à Inglaterra. Pouco antes dele, partira seu colega americano, professor George A. Reisner. Coube a este competente pesquisador descobrir o túmulo de Hetephere, a mãe de Quéops. O professor Reisner teve um colapso dentro da pirâmide de Quéops e foi retirado de lá, paralisado, através da estreita galeria. Levado para o acampamento, morreu sem haver recuperado os sentidos.

———•———

A grande maldição, no entanto, parece mesmo ser a do túmulo de Tutankâmon, como veremos. Meditando sobre isso, estive a pensar que talvez essa tenha tomado maior vulto e obtido maior publicidade porque está relacionada com o único túmulo de importância histórica descoberto ainda intacto. Sabe-se lá o que aconteceu com os inúmeros ladrões que violaram centenas, talvez milhares, de túmulos durante o lento escorrer dos séculos?

Após várias semanas de intensa e quase insuportável expectativa, chegou finalmente o momento supremo em que o túmulo do faraó seria aberto. Vinte pessoas da equipe de *Lord* Carnarvon estavam presentes, naquela tarde às quatorze horas, 17 de fevereiro de 1923. (Segundo outros autores, o dia teria sido 27-11-1922). Ninguém poderia, àquela altura, na excitação da descoberta mais sensacional da história arqueológica, imaginar que das 20 pessoas, 13 estariam mortas dentro de tão pouco tempo, a começar pelo próprio *Lord* Carnarvon.

Era uma complexa operação, a de identificar, catalogar, fotografar e remover todo o preciosíssimo acervo. *Lord* Carnarvon decidiu acompanhar os trabalhos, não mais da Inglaterra, mas do Cairo. Alugou ali uma suíte no Hotel Continental, enquanto Carter permanecia em Luxor, junto às escavações.

Em princípio de abril, sem dar muita importância ao fato, Carter foi informado de que *Lord* Carnarvon estava doente. Pouco depois chegava um telegrama mais enfático: "Carnarvon estava gravemente doente, com elevada febre." Carter foi para o Cairo. A febre começara subitamente, sem nenhuma explicação aceitável, e resistiu durante doze dias a tratamento médico intensivo. Quando o filho de *Lord* Carnarvon chegou da Índia, onde se encontrava, já achou o pai inconsciente, em companhia de *Lady* Almina, sua mãe. A dez minutos para as duas da madrugada, o jovem foi despertado pela enfermeira, a anunciar-lhe que seu pai estava morto. No momento em que ele entrou no aposento, no qual sua mãe se encontrava ao lado do cadáver, as luzes se apagaram. Foram acesas algumas velas, e ele pôs-se a orar, segurando a mão do pai, que contava apenas 57 anos e morrera exausto, segundo confessara à sua irmã, *Lady* Burghclere. Pouco depois, tão inexplicavelmente como se haviam apagado, acenderam-se as luzes de toda a cidade do Cairo. A concessionária não soube dizer a razão do estranho comportamento dos circuitos.

Naquele mesmo momento, com as correções devidas ao fuso horário, a cadela de estimação de *Lord* Carnarvon, na Inglaterra, começou de repente a uivar, sentou-se nas patas traseiras e caiu morta.

Daí em diante começou a mortandade. Primeiro foi Arthur Mace, arqueólogo americano que, a pedido de Carter, ajudou na abertura do túmulo, quebrando o último pedaço de parede. Logo após a morte de Carnarvon, começou a sentir uma canseira inexplicável. Entrou em coma e morreu no mesmo hotel em que falecera o líder do projeto.

George Jay Gould, velho amigo de Carnarvon, foi a Luxor testemunhar a sensacional descoberta de seu amigo. Carter mostrou-lhe o túmulo. Na manhã seguinte, Gould apareceu com febre alta. À noite, estava morto. Diagnóstico? Houve dúvidas, mas os médicos informaram, depois, que foi peste bubônica (?).

Joel Wool, industrial inglês, morreu de febre, ainda no navio em que regressava à Inglaterra, após visitar o túmulo violado do faraó. Archibald Douglas Reid, o radiologista que cortou as faixas da múmia para tirar chapas de raios X, começou a sofrer da mesma arrasadora canseira. Morreu pouco depois, na Inglaterra, em 1924.

Para encurtar a história: em 1929, 22 pessoas envolvidas, direta ou indiretamente, com o faraó Tutankâmon haviam morrido prematuramente. Treze dessas pessoas estavam presentes entre as vinte que assistiram à abertura do túmulo naquela fatídica tarde de fevereiro de 1924.

Lady Almina, esposa de *Lord* Carnarvon, morreu também em 1929. Disseram que foi por causa da picada de um inseto (?). Richard Bethell, secretário de Carnarvon, partiu dois anos depois. Foi encontrado morto pela manhã, em sua cama, vitimado por um colapso circulatório. Ao saber de sua morte, seu velho pai, *Lord* Westbury, com 87 anos, atirou-se do sétimo andar de sua residência em Londres. A caminho do cemitério, a carruagem que levava seu cadáver atropelou um menino.

Ainda agora, em plena década de 1970, morre gente que põe em dúvida a tenebrosa maldição, como o Dr. Gamal Mehrez, um dos diretores do Museu do Cairo.

"A morte destruirá com as suas asas", prevenia o tablete de barro, "aquele que perturbar a paz do faraó".
Seria mera coincidência?
Vandenberg examina essa possibilidade. Vejamo-la também.

———•·•——— • ———•·•———

O capítulo segundo do seu livro é dedicado a essa possível explicação que, no entanto, resulta inadmissível. Discorre ele, sempre apoiado em abundante bibliografia, acerca dos aspectos matemáticos da questão, do biorritmo, da sincronização mental, da bioenergia e das estranhas particularidades energéticas que revelam as pirâmides.
Um caso de aparente sincronização mental parece merecer um relato, ainda que sucinto.
Deu-se em 1º de março de 1950, num lugar chamado Beatrice, no estado americano de Nebraska, sendo narrado por Warren Weaver.
Estava marcado para a noite desse dia (19 h 20 min) o ensaio geral de um grupo coral na igreja daquela pequena cidade do interior. Seria fácil prever que um ou outro membro do grupo deixasse de comparecer, ou chegasse alguns minutos atrasados; afinal, eram quinze pessoas com diferentes afazeres. Pois às 19 h 25 min nenhum desses 15 havia comparecido à igreja, pelas mais simples e aceitáveis razões. O pastor — que também dirigia o coro — atrasou-se porque estava esperando que sua mulher acabasse de passar o vestido da filha mais velha, que cantava no coro. Duas das senhoras — independentemente uma da outra — não conseguiram dar partida nos respectivos carros. Uma das meninas ainda não terminara o seu dever escolar. Duas outras, embevecidas com uma novela

de rádio, perderam a hora. Outra, dormira tão profundamente que a mãe teve de chamá-la duas vezes.

Como se vê, tudo simples, trivial, perfeitamente aceitável. Acontece, porém, que às 19h25, cinco minutos depois da hora em que o ensaio deveria ter começado, uma explosão destruiu completamente a igreja da cidade de Beatrice.

Weaver calculou a possibilidade matemática de terem sido meras coincidências as razões pelas quais dez pessoas ficaram detidas, ainda que por motivos triviais. A possibilidade era de 1:1.000.000, isto é, um para um milhão! A média de atrasos, porém, num ensaio do grupo coral, seria de uma vez em quatro. Como todos os quinze se atrasaram ao mesmo tempo, a probabilidade de estar cada um atrasado seria um número fantástico ($1:4^{10}$), ou seja, uma para quatro seguido de dez zeros. Por conseguinte, algo mais complexo do que o mero acaso atuou em Beatrice, naquela noite de março. O que teria sido?

Agora, voltando ao nosso tema: que coisa é essa, não sendo coincidência ou acaso, que mataria tanta gente que "perturbou a paz" do faraó Tutankâmon? Seria uma infecção misteriosa?

———— • ————

O Dr. Ezzeddin Taha, médico e biólogo, professor da Universidade do Cairo, achou que sim. Em 3 de novembro de 1962, ele reuniu a imprensa para declarar que, ao cabo de longas pesquisas, chegara à conclusão de que havia perigosos agentes infecciosos nos papiros, nas múmias e nas tumbas em geral, entre eles, um certo *Aspergillus níger*, um fungo tão difícil de extinguir-se que bem poderia sobreviver três ou quatro mil anos no interior de um túmulo ou alojado nos tecidos das múmias e dos papiros.

Declarou, para encerrar, que sua descoberta acabava para sempre com essas fantasias de maldição faraônica. As pessoas morriam mesmo é de doenças infecciosas e não vitimadas por poderes ditos sobrenaturais que não passavam de histórias da carochinha. Para acabar com a maldição dos faraós, terminou ele, bastava um pouco de antibiótico.

E agora? Parece que o homem tinha mesmo razão. Muita gente pôs-se a pensar com ele.

Pouco depois, o Dr. Taha viajava entre Cairo e Suez por uma estrada asfaltada, sob a luz brilhante do sol do deserto, onde é raríssimo encontrar outro carro. Quando isso acontece — diz Vandenberg — os respectivos motoristas se cumprimentam. Pois bem. A 70 quilômetros do Cairo, o carro que conduzia o Dr. Taha e dois assistentes seus teve um acidente inexplicável: desviou-se de sua mão e foi chocar-se com outro, que vinha em sentido contrário. O médico e seus companheiros foram encontrados mortos e os ocupantes do outro veículo, embora muito feridos, escaparam com vida. Verificou-se, depois, que o Dr. Taha morrera, ao volante, de um colapso cardíaco.

Não era, pois, um problema de antibiótico, porque ele usara dessa droga regularmente durante as suas pesquisas com os fungos que, a seu ver, eram causadores da famosa maldição dos faraós...

É... Ao que tudo indica, não são também os fungos que causam a morte daqueles que "perturbam" os faraós, embora possam ser considerados entre os que movimentam as asas da morte.

Há outras asas... Todos nós conhecemos, por exemplo, o mais famoso naufrágio do mundo: o do Titanic, em 14 de abril de 1912. Esse barco, orgulho da indústria naval britânica, era considerado *unsinkable*, isto é, inaufragável, se é que existe a palavra em português. Dizem que o capitão Edward J. Smith chegou a declarar que nem mesmo Deus seria capaz de afundar o navio. O *Titanic* levava a bordo 2.200 passageiros, 40 toneladas de batatas, 12.000 garrafas de água mineral, 7.000 sacos de café, 35.000 ovos, enfim, um mundo de coisas, mas também uma múmia egípcia que *Lord* Canterville transportava da Inglaterra para Nova Iorque.

A múmia era de uma profetisa (médium) famosa do tempo de Amenotep IV, precisamente o "Faraó Herético", ou seja, Akenaton. Fora encontrada numa espécie de capelinha construída especialmente para ela, sob o nome de "Templo dos Olhos", em Tell el-Amarna, que, como se sabe, é o local onde existiu a capital política e religiosa do Egito ao tempo da nova religião de Aton, o *Deus Único*.

Trazia a múmia os amuletos habituais, e um deles, com a figura de Osíris, tinha uma inscrição que dizia o seguinte: "Acorda do sono que dormes e uma rápida mirada dos teus olhos triunfará sobre qualquer coisa que se faça contra ti".

Ao que tudo indica, pois, a múmia da jovem médium dispunha de certa proteção espiritual. Que seria? Um campo magnético? Alguma imantação especial? Ou teria sido mera coincidência — e muito trágica — o afundamento do navio "inaufragável"?

———•——

A especulação, como vemos, é livre e amplas são as perspectivas em que se desdobra a imaginação neste campo, pois ignoramos muitíssimo mais do que conhecemos acerca da verdadeira sabedoria secreta dos poderosos sábios egípcios. A doutrina que pregavam ao povo era apenas o aspecto externo de um conhecimento muito profundo e extenso acerca dos segredos e mistérios da vida. Já naqueles tempos remotos eram conhecidas as linhas mestras dos mecanismos do Espírito, como a sobrevivência, a reencarnação, a comunicabilidade entre encarnados e desencarnados, a regressão de memória, o passe, o magnetismo, o desdobramento espiritual. Não é difícil admitir, a partir dessas noções, que as pessoas que dispunham de tais conhecimentos pudessem tecer em torno das múmias de seus faraós e sacerdotes perigosas redes magnéticas e espirituais destinadas a proteger os despojos de seus mestres e amigos.

Fora do contexto do Espiritismo, pouca gente entende — e aqui incluo, com todo respeito, o eruditíssimo Philipp Vandenberg — a concepção egípcia do ser humano. O homem, diziam eles, é um ser tríplice: em primeiro lugar, o corpo físico, em seguida, o "ba", equivalente à alma, em terceiro, o "ka", correspondente ao perispírito na terminologia kardequiana. Inúmeras figuras humanas são representadas em duplicata nos desenhos e gravações em pedra, pelos artistas do Antigo Egito. A segunda figura é o "ka". Este é que era responsável pela vida póstuma. O corpo era embalsamado para servir ao "ka". Crê-se mesmo que as figuras em tamanho natural eram colocadas nos túmulos para que os mortos ilustres dispusessem sempre, diante dos olhos do "ka", da aparência que tiveram em "vida". Seria para lembrar ao Espírito a forma que o seu perispírito deveria tomar quando tivesse de manifestar-se como faraó?

Quanto ao "ba", era o "elemento divino contido no corpo", ou melhor dito, a essência espiritual.

É uma pena que não tenhamos à nossa disposição os verdadeiros textos egípcios, tão inacessíveis pela linguagem, pois os que nos chegam às mãos, como os que Vandenberg, por exemplo, reproduz de outras fontes,[11] trazem já as deformações de tradução e os preconceitos de cada um, a ponto de se tornarem ininteligíveis ou contraditórios.

Acham, por exemplo, os egiptólogos, que os alimentos e as bebidas deixados no túmulo destinavam-se ao consumo do "ka" (perispírito). Até onde isso é admissível? Não parece que homens que sabiam tantos segredos da vida ignorassem que o Espírito desencarnado dispensa os alimentos terrenos, a não ser que permitissem oferendas apenas como concessão à ignorância popular, respeitando antiquíssima tradição histórico-religiosa.

———— • ————

Mas voltemos, para concluir, à maldição dos faraós. Qual a causa de tamanha mortandade, especialmente em relação a Tutankâmon? Não desejo arriscar mais uma teoria, se o próprio Vandenberg, que tanto estudou o assunto, não arriscou a sua. Howard Carter, por exemplo, que viveu praticamente dentro de túmulos egípcios, morreu de morte natural aos 66 anos. No entanto, foi ele quem farejou — desculpem a palavra — durante anos as areias quentes do deserto à procura de túmulos perdidos de antiquíssimos faraós. Foi ele quem primeiro meteu a cabeça pela brecha aberta no túmulo de Tutankâmon, em novembro de 1922.

---

[11] Nota do autor: *Das Gespräch eines Mannes mit seinem Ba*, de Winfried Barta e que até o escriba destas linhas, sem conhecer alemão, sabe que quer dizer: *Conversações de um homem com o seu ba*.

— Está vendo alguma coisa? — perguntou, num sussurro emocionado, *Lord* Carnarvon.

— Sim — respondeu Carter. — Coisas maravilhosas.

Por que será que Carter foi poupado? Sua sobrevivência à maldição reforça as nossas dúvidas quanto aos bacilos e fungos imortais que estariam desativados nos túmulos dos reis egípcios. Quanto às supostas radiações, nunca se descobriu nada nesse sentido. Ao que hoje se suspeita, as pirâmides, no entanto, funcionariam como concentradores de energia cósmica, pois experiências recentes do engenheiro Karl Drbal, de Praga, demonstraram que as pirâmides, construídas dentro de certas proporções, produzem a mumificação natural de tecidos vivos, como os do peixe ou de um ovo, que ficou reduzido de 52 a 12 gramas, em 43 dias. Não houve apodrecimento de tais peças. Em prosseguimento às suas experiências, o Dr. Drbal conseguiu recuperar o fio das suas lâminas de barbear, colocando-as, na posição leste-oeste, dentro das suas pequenas pirâmides de cartolina. Ao que se informa, as moléculas que compõem o fio se reorientam, restabelecendo o corte. Não me perguntem como, nem por quê.

Ao que parece, não apenas energias físicas, mas também psíquicas ou mentais eram movimentadas, condensadas, redistribuídas e utilizadas pelos antigos egípcios, por meio de recursos que ainda não redescobrimos. Talvez somente cheguemos a recuperar esses conhecimentos quando os Poderes espirituais que nos governam estiverem seguros de que não voltaremos a usá-los para promover as nossas paixões, em vez de empregá-los como instrumento de serviço junto àquele que sofre e ignora; quando o homem que morre não precisar deixar ao lado do seu cadáver tesouros incalculáveis, mas, se os deixar, não houver ninguém, impulsionado pela cobiça, disposto a roubá-los; quando alguém, querendo penetrar-lhe o recinto mortuário, puder encontrar, em o fazendo, num tablete de barro uma mensagem de amor fraterno, a ser retribuída com uma prece em favor do "ba" daquele companheiro de lutas evolutivas. Como tudo isso parece estar longe, podemos concluir, creio eu, que ainda ignoraremos por longo tempo os segredos dos iniciados egípcios. E se chegarmos a conhecê-los antes da maturidade espiritual, com a qual alguns sonham há milênios, então, novamente, vai parar o relógio da Civilização para que os ponteiros voltem à hora zero.

———•———

A Doutrina Espírita recuperou para nós a essência daqueles conhecimentos perdidos que tornaram possível a realidade que ainda hoje nos intriga e humilha a nossa orgulhosa Ciência, como assegura Vandenberg. Os iniciados egípcios que manipulavam tais conhecimentos não deixaram de existir. Nem os que os utilizaram com sabedoria e amor, para servir, nem os que os empregaram desavisadamente, para dominar.

Observe-se, no entanto, que nos foram devolvidos apenas os conhecimentos básicos, mesmo assim, acoplados com firmeza e precisão à moral cristã, como roteiro e advertência a todos os que desejam penetrar no Templo Sagrado da Sabedoria. Divorciados dessa moral, estaremos à mercê das paixões e à véspera das angústias e desesperos que os nossos desatinos suscitam em nós, movidos pela rígida lei de ação e reação.

Depende, pois, exclusivamente de cada um de nós utilizar o conhecimento restituído, para promover o amadurecimento espiritual e a paz que buscamos ou para, uma vez mais, nos despenharmos nos abismos do desespero, quando mais intensa é a ilusão de que estamos alcançando os picos luminosos da perfeição espiritual. A nossa escolha é livre, especialmente quando decidimos optar pela porta estreita de que nos falou o Cristo. Veja-se bem: Ele não falou em glória, em projeção, em poder. O mundo abre alas diante do poderoso que passa, mas o sábio prefere a estreiteza da porta da renúncia e da humildade, pois já sabe que é por ali que se vai ao reino de Deus de que nos falou o Mestre.[12]

(REFORMADOR, DE NOVEMBRO DE 1978.)

---

[12] N.R., em *Reformador:* Consulte, a propósito dos temas aqui versados, a obra de Emmanuel, por Francisco Cândido Xavier, *A caminho da luz*, FEB. Vejam-se, especialmente, dentre os itens do capítulo 4 "Os egípcios e as ciências psíquicas" e "As pirâmides".

4
Mediunidade

4.1 O médium do Anticristo I

A lendária lança de Longinus, ingrediente deste estudo de Hermínio Corrêa de Miranda, que vem *lendo* e *comentando* livros e periódicos para os nossos leitores, há quatro lustros, foi apreciada, à luz do conhecimento espírita, de forma sintética, única possível nos limites de um artigo. Às definições dadas pelo autor à natureza da influência descrita — e nos referimos à tese, em si, sem penetrar no mérito do caso analisado —, podem ser acrescentadas às contidas em *A caminho da luz*, de Emmanuel (psicografia de Francisco Cândido Xavier), capítulo 4 — "Os egípcios e as ciências psíquicas" —, versando sobre "saturações magnéticas" e outras manipulações energéticas.

Quanto ao Anticristo, o mesmo Emmanuel, respondendo à questão 291 de *O consolador*, esclareceu:

> Podemos simbolizar como Anticristo o conjunto das forças que operam contra o Evangelho na Terra e nas esferas vizinhas do

homem, mas não devemos figurar nesse Anticristo um poder absoluto e definitivo que pudesse neutralizar a ação de Jesus, porquanto, com tal suposição, negaríamos a previdência e a bondade infinitas de Deus.

A literatura espírita mediúnica (vide *Libertação*, *Dramas da obsessão* e *Nos bastidores da obsessão*, edições da FEB) tem tratado das tramas urdidas na sombra, sem, entretanto, revelar tudo nem descer a certos pormenores. Mas dois documentários, minuciosos e dizendo muito, estão nas livrarias e foram criticados na imprensa profana: é conveniente, pois, que se saiba, no meio espiritista, o que eles contêm de verdadeiro ou verossímil, segundo aquele que os leu e comentou para nós.

A Redação

Um jovem de cerca de 20 anos vagava pelo Museu Hofburg, em Viena, como de costume. Estava deprimido como nunca. O dia fora muito frio, pois o vento trouxera o primeiro anúncio do outono que se aproximava. Ele temia novo ataque de bronquite que o reteria por longo tempo no seu miserável quartinho numa pensão barata. Estava pálido, magro e de aparência doentia. Sem dúvida alguma, era um fracasso. Fora recusado pela Escola de Belas-Artes e pela de Arquitetura. As perspectivas eram as piores possíveis.

Caminhando pelo museu, entrou na sala que guardava as joias da coroa dos Hapsburg, gente de uma raça que não considerava de boa linhagem germânica.

Mergulhado em pensamentos pessimistas, nem sequer notou que um grupo de turistas, orientado por um guia, passou por ele e parou diante de um pequeno objeto ali em exibição. Escreveria o jovem mais tarde:

Aqueles estrangeiros pararam quase em frente ao lugar onde eu me encontrava, enquanto seu guia apontava para uma antiga ponta de lança. A princípio, nem me dei ao trabalho de ouvir o que dizia o perito; limitava-me a encarar a presença daquela gente como intromissão na intimidade de meus desesperados pensamentos. E, então, ouvi as palavras que mudariam o rumo da minha vida: "Há uma lenda ligada a esta lança que diz que quem a possuir e decifrar os seus segredos terá o destino do mundo em suas mãos, para o bem ou para o mal".

Como se tivesse recebido um choque de alertamento ele agora bebia as palavras do erudito guia do museu, que prosseguia explicando que aquela fora a lança que o centurião romano introduzira ao lado do tórax de Jesus (João, 19:34) para ver se o crucificado já estava "morto".

Tinha uma longa e fascinante história aquele rústico pedaço de ferro. O jovem mergulharia nela a fundo nos próximos anos. Chamava-se ele Adolf Hitler.

Voltou muitas vezes mais ao Museu Hofburg e pesquisou todos os livros e documentos que conseguiu encontrar sobre o assunto. Envolveu-se em mistérios profundos e aterradores, teve revelações que o atordoaram, incendiaram sua imaginação e desataram seus sonhos mais fantásticos.

Estranha era a personalidade do futuro chefe nacional do Nazismo, e duas pessoas, pelo menos, o conheceram bem nesses anos de formação e busca.

Um deles chamou-se August Kubizek e escreveu um livro sob o título *O jovem Hitler — A história de nossa amizade*; outro foi Walter Johannes Stein, cientista e doutor em

Filosofia, nascido em Viena e que mais tarde emigrou para a Inglaterra, onde morreu.[13]

A personalidade de Hitler parece oferecer inesgotável manancial de sugestões para os mais variados temas. Poucos livros, no entanto, serão tão fascinantes como *The Spear of Destiny (A lança do destino)*, do escritor inglês Trevor Bavenscroft, amigo pessoal do Dr. Stein, jornalista e professor de História em Londres e Edinburgh. Ravenscroft estudou o assunto Hitler durante doze anos, parte dos quais sob a orientação do Dr. Stein. Seu livro é, pois, um documentário e não uma narrativa romanceada.

Não é fácil escolher, em obra tão densa e rica, o material a ser comentado num mero artigo como esse. Tentaremos.

Sabemos hoje, em face da prática e da literatura espíritas, que os Espíritos, encarnados e desencarnados, vivem em grupos, dedicados a causas nobres ou sórdidas, segundo seus interesses pessoais. A inteligência e o conhecimento, como todas as aptidões humanas, são neutros em si mesmos, ou seja, tanto podem ser utilizados na prática do bem como na disseminação do mal. Dessa maneira, tanto os bons Espíritos, como aqueles que ainda se demoram pelas trevas, elaboram objetivos de longo alcance visando aos interesses finais do bem ou do mal. Em tais condições, encarnados e desencarnados se revezam, neste plano e no outro, e se apoiam mutuamente, mantendo constantes entendimentos,

---

[13] Nota do autor: O Dr. Walter Johannes Stein exerceu, na Inglaterra, o elevado cargo de Assessor Especial do Primeiro Ministro Winston Churchill para assuntos relacionados com a personalidade de Hitler. Além de sua vasta cultura, era homem de excelentes padrões morais.

especialmente pela calada da noite, quando uma parte considerável da humanidade encarnada, desprendida pelo sono, procura seus companheiros espirituais para debater planos, traçar estratégias, realizar tarefas, ajustar situações.

Há, pois, toda uma logística de apoio aos Espíritos que se reencarnam com tarefas específicas, segundo os planos traçados.

Estudando, hoje, a história secreta do Nazismo, não nos resta dúvida de que Adolf Hitler e vários dos seus principais companheiros desempenharam importante papel na estratégia geral de implantação do reino das trevas na Terra, num trabalho gigantesco que, obviamente, tem a marca inconfundível do Anticristo. Para isso, eclodem fenômenos mediúnicos, surgem revelações, encontram-se as pessoas que deveriam encontrar-se, acontecem "acasos" e "coincidências" estranhas, juntam-se, enfim, todos os ingredientes necessários ao desdobramento do trabalho.

August Kubizek descreve uma cena dramática em que Hitler, com apenas 15 anos, apresenta-se claramente incorporado ou inspirado por alguma entidade desencarnada. De pé, diante de seu jovem amigo, agarrou-lhe as mãos emocionado, de olhos esbugalhados e fulminantes, enquanto de sua boca fluía desordenadamente uma enxurrada de palavras excitadas. Kubizek, aturdido, escreve em seu livro:

> Era como se outro ser falasse de seu corpo e o comovia tanto quanto a mim. Não era, de forma alguma, o caso de uma pessoa que fala entusiasmada pelo que diz. Ao contrário, eu sentia que ele próprio como que ouvia atônito e emocionado o que jorrava com uma força primitiva... Como enxurrada rompendo diques, suas palavras irrompiam dele. Ele invocava, em grandiosos e inspirados quadros, o seu próprio futuro e o de seu povo. Falava sobre um mandato que, um dia, receberia do

povo para liderá-lo da servidão aos píncaros da liberdade — missão especial que em futuro seria confiada a ele.

Ao que parece, foi o primeiro sinal documentado da missão de Hitler, e o primeiro indício veemente de que ele seria o *médium* de poderosa equipe espiritual trevosa empenhada em implantar na Terra uma nova ordem. Garantia-se a Hitler o poder que ambicionava em troca da fiel utilização da sua instrumentação mediúnica. O pacto com as trevas fora selado nas trevas. É engano pensar que essas falanges espirituais ignoram as Leis divinas. Conhecem-nas muito bem e sabem da responsabilidade que arrostam e, talvez, até por isso mesmo, articulam seus planos tenebrosos e audaciosos, porque, se ganhassem, teriam a impunidade com que sonham milenarmente para acobertar crimes espantosos. Eles conhecem, como poucos, os mecanismos da Lei e sabem manipular com perícia aterradora os recursos espirituais de que dispõem.

Vejamos outro exemplo: o relato da segunda visita de Hitter à lança, narrada pelo próprio.

Novamente a sensação estranha de perplexidade. Sente ele que algo poderoso emana daquela peça, mas não consegue identificar o de que se trata. De pé, diante da lança, ali ficou por longo tempo a contemplá-la:

> Estudava minuciosamente cada pormenor físico da forma, da cor e da substância, tentando, porém, permanecer aberto à sua mensagem. Pouco a pouco me tornei consciente de uma poderosa presença em torno dela — a mesma presença assombrosa que experimentara intimamente naquelas raras ocasiões de minha vida em que senti que um grande destino esperava por mim.
>
> Começava agora a compreender o significado da lança — escreve Ravenscroft — e a origem de sua lenda, pois sentia,

intuitivamente, que ela era o veículo de uma revelação — "uma ponte entre o mundo dos sentidos e o mundo do espírito".

As palavras seguintes são do próprio Hitler, que prossegue:

Uma janela sobre o futuro abriu-se diante de mim, e através dela vi, num único flash, um acontecimento futuro que me permitiu saber, sem sombra de dúvida, que o sangue que corria em minhas veias seria, um dia, o veículo do espírito de meu povo.

Ravenscroft especula sobre a revelação. Teria sido, talvez, a antevisão da cena espetaculosa do próprio Hitler a falar, anos mais tarde, ali mesmo em frente ao Hofburg, à massa nazista aglomerada, após a trágica invasão da Áustria, em 1938, quando ele disse em discurso: "A Providência me incumbiu da missão de reunir os povos germânicos... com a missão de devolver minha pátria[14] ao Reich alemão. Acreditei nesta missão. Vivi por ela e creio que a cumpri".

Tudo começara com o impacto da visão da lança no museu. Já naquele mesmo dia, em que o guia dos turistas chamou sua atenção para a antiquíssima peça, ele experimentou estranhas sensações diante dela. Que fascínio poderia ter sobre seu espírito — especula ele próprio — aquele símbolo cristão? Qual a razão daquele impacto? Quanto mais a contemplava, mais forte e, ao mesmo tempo, mais fugidia e fantástica se tornava a sua impressão.

---

[14] Nota do autor: Hitler era austríaco. Nasceu em 20 de abril de 1889, na encantadora vila de Braunau-am-Inn, onde também nasceram os famosos médiuns Willy e Rudi Schneider.

Senti como se eu próprio a tivesse detido em minhas mãos anteriormente, em algum remoto século da História — com se eu a tivesse possuído como meu talismã de poder, e mantido o destino do mundo em minhas mãos. No entanto, como poderia isto ser possível? Que espécie de loucura era aquela que invadia a minha mente e criava todo aquele tumulto no meu íntimo?

Qual, é porém, a história conhecida da lança?
É o que tentaremos resumir em seguida.

Segundo conta Ravenscroft, a lança teria sido forjada por ordem do antigo profeta Fineias para simbolizar os poderes mágicos inerentes ao sangue do povo eleito...[15] A lança já era, pois, antiga, quando Josué a teria nas mãos, ao ordenar aos soldados que emitissem aquele som terrível que fez ruir os muros de Jericó. Diz-se que esta mesma lança o rei Saul atirou sobre o jovem Davi num impulso de cólera e ciúme. Herodes, o Grande, também teve em seu poder este talismã, quando determinou o massacre das crianças. Foi como mandatário de seu sucessor, Herodes Ântipas, que governou do ano 4 antes do Cristo até 39 da nossa era, que um oficial empunhou a lança, como símbolo da autoridade, com ordens de quebrar as pernas de Jesus crucificado.

Ao chegar à cena do contingente de guardas do templo, os soldados romanos deram as costas, enojados, enquanto os vassalos do sumo sacerdote quebraram o crânio e as pernas dos dois ladrões sacrificados lateralmente ao Cristo.

---

[15] Nota do autor: Não sei se é esse o Fineias, filho de Eleazar, mencionado em NÚMEROS 25:7 e JUÍZES 20:28.

Gaius Cassius era, ao que apurou Ravenscroft, de origem germânica e foi afastado do serviço ativo por causa da catarata que atacou seus olhos. Enviado a Jerusalém, ali ficou como observador dos movimentos políticos e religiosos da Palestina. Durante dois anos, acompanhou a atividade de Jesus e, depois, seguiu o doloroso processo de execução do profeta, que diziam ameaçar a autoridade de Roma. Impressionou-o a coragem e a dignidade com que o jovem pregador suportou o seu martírio. Por outro lado, entendiam os sacerdotes ser indispensável mutilar os corpos pois era absolutamente essencial desmentir-se sua condição de Messias, uma vez que, segundo as Escrituras, seus ossos não seriam quebrados (João, 19:36). Gaius Cassius tão impressionado ficou com o tétrico espetáculo, de um lado, e com a grandeza do Cristo, de outro, que resolveu impedir que Jesus também fosse mutilado. E, assim, esporeou o cavalo na direção da cruz central e trespassou o tórax crucificado, entre a quarta e a quinta costelas, procedimento costumeiro dos soldados romanos quando desejavam verificar se o inimigo ferido no campo de batalha, estava realmente morto. Não se sabe ao certo se Cassius tomou a lança da mão do comandante judeu, que a trazia em nome de Herodes, ou se usou a própria lança. De qualquer forma, a legenda se criou e se consolidou. Gaius Cassius se converteu ao Cristianismo e passou a se chamar Longinus, nome com que continuou sua carreira através dos séculos. E a arma ficou sendo conhecida como a *Lança de Longinus*.

Diz-se dela que representa um talismã de poder tanto para o bem como para o mal, mas, ao que parece, somente tem sido usada como instrumento de conquista e opressão, pois pertenceu, depois, a Mauritius, comandante da Legião Tebana, que, com ela nas mãos, morreu martirizado por ordem de

Maximiano, ao se recusar a adorar os deuses pagãos. Em solidariedade ao chefe, que morreu cristão, seus 6.666 legionários também se recusaram, ajoelharam-se e oferecendo o pescoço à espada. Maximiano decidiu pelo espantoso massacre, como oferenda aos seus deuses. Assim, a mais valorosa legião romana daquele tempo foi sacrificada numa chacina sem precedentes na História Antiga.

Seria impossível retraçar toda a história da lança, mas sabe-se que ela esteve em poder de Constantino, Teodósio, Alarico, Ecius, Justiniano, Carlos Martelo, Carlos Magno, Frederico Barba-Roxa, e Otto, o Grande. Em que outras mãos teria ela estado, e a que propósitos inconfessáveis serviu através dos tempos?

É certo, no entanto, que quem cobiçava naquela fria tarde de outono, em Viena, era um jovem que tinha a impressão viva de tê-la já possuído, no tempo e no espaço.

———— • ————

Hitler dedicou-se daí em diante ao estudo de tudo quanto pudesse estar relacionado com o seu fascinante problema. Cedo foi dar em núcleos do saber oculto. Um dos seus biógrafos, Alan Bullock (*Hitler: A Study in Tiranny*), sem ter alcançado as motivações do futuro líder nazista, diz que ele foi um inconsequente, o que se poderia provar pelas suas leituras habituais, pois seus assuntos prediletos eram a história de Roma antiga, as religiões orientais, ioga, ocultismo, hipnotismo, astrologia... Parece legítimo admitir que tenha lido também obras de pesquisas espíritas, porque os autores não especializados insistem em grupar Espiritismo, magia, mediunismo e adivinhação, e muito mais sob o rótulo comum de ocultismo.

Sim, Hitler estudou tudo isso profundamente e não se limitou à teoria; passou à prática. Convencido da sua missão transcendental, quis logo informar-se sobre os instrumentos e recursos que lhe seriam facultados para levá-la a cabo. O primeiro impacto da ideia da reencarnação em seu espírito o deixou algo atônito, como vimos, na sua primeira crise espiritual diante da lança, no museu de Hofburg; logo, no entanto, se tornou convicto dessa realidade e tratou a sério de identificar algumas de suas vidas anteriores. Esses estudos levaram-no ao cuidadoso exame da famosa legenda do Santo Graal, de que Richard Wagner, um dos seus grandes ídolos, se serviu para o enredo da ópera "Parsifal".

Hitler foi encontrar nos escritos de um poeta do século XIII, por nome Wolfram von Eschenbach, a fascinante narrativa da lenda, cheia de conotações místicas e simbolismos curiosos, que captaram a sua imaginação, porque ali a história e a profecia estavam como que mal disfarçadas atrás do véu diáfano da fantasia.

Hitler, porém, tinha pressa, e para chegar logo ao conhecimento dos mistérios que o seduziam, não hesitou em experimentar com o peiote, substância alucinógena extraída do cogumelo mexicano, hoje conhecida como mescalina. Sob a direção de um estranho indivíduo, por nome Ernst Pretzsche, o jovem Adolf mergulhou em visões fantásticas que, mais tarde, identificaria como sendo cenas de uma existência anterior que teria vivido como Landulf de Cápua, que serviu de modelo ao Klingsor na ópera de Wagner. Esse Landult foi um príncipe medieval (século nono) que Ravenscroft declara ter sido *the most evil figure of the century* — a figura mais infame do século. Sua influência tornou-se considerável na política de sua época e, segundo Ravenscroft, "ele foi a figura central em todo o mal que se praticou então".

O imperador Luís II conferiu-lhe posto que o situava como a terceira pessoa no seu reino e concedeu-lhe honrarias e poderes de toda sorte. Landulf teria passado muitos anos no Egito, onde estudou magia negra e astrologia. Aliou-se secretamente aos árabes que, apesar de dominarem a Sicília, respeitaram seu castelo, em Carlata Belota, na Calábria. Nesse local sinistro, onde se situara no passado um templo dedicado aos mistérios, Landulf exercia livremente suas práticas horríveis e perversas que, segundo Ravenscroft, deram-lhe a merecida fama de ser o mais temido feiticeiro do mundo. Finalmente, o homem que o imperador Luís II queria fazer Arcebispo de Cápua, depois de elevá-la a condição de cidade metropolitana, foi excomungado em 875, quando sua aliança com o Islã foi descoberta.

Ravenscroft informa logo a seguir que, a seu ver, ninguém conseguiu exceder Wagner em inspiração, quando este coloca, na sua ópera, a figura de Klingsor (ou seja, Landulf) como um mago, a serviço do Anticristo.

Aliás, muitas são as referências ao Anticristo no livro do autor inglês, em conexão com a trágica figura de Adolf Hitler. Ainda veremos isto.

Guiado pela sua intuição, Wagner transpôs para o terreno da arte, na sua genial ópera, o objetivo de Klingsor e seus adeptos, que era "cegar as almas por meio da perversão sexual e privá-las da visão espiritual, a fim de que não pudessem ser guiadas pelas hierarquias celestiais. Essa atividade maligna Landulf desenvolveu em seu tempo e suas horríveis práticas teriam exercido "devastadora influência nos líderes seculares da Europa cristã", e conforme Ravensecroft.

Hitler, porém, acreditava-se também uma reencarnação de Tibério, um dos mais sinistros dos Césares. É fato sabido hoje que ele tentou adquirir ao Dr. Axel Munthe, autor de *O livro de San Michele*, a ilha deste nome, que, em tempos idos, fora o último reduto de Tibério, que lá morreu assassinado. O Dr. Munthe se recusou a vender a ilha, porque ele próprio acreditava ter sido Tibério, o que não parece muito congruente com sua personalidade.

Aliás, as especulações ocultistas (usemos a palavra) dos líderes nazistas estão cheias de fenômenos psíquicos e de buscas no passado. Goering dizia com orgulho, que sempre se encarnou ao lado do *Führer*. Ao tempo de Landulf, ele teria sido o Conde Boese, amigo e confidente do príncipe feiticeiro, e no século XIII fora Conrad de Marburg, amigo íntimo do bispo Klingsor, de Wartburg. Goebbels, o ministro da propaganda nazista, acreditava-se, ter sido Eckbert de Meran, bispo de Bamberg, no século XIII, que teria, apresentado Klingsor ao rei André da Hungria.[16]

Se essas escarnações estão certas ou não, não cabe aqui discutir, mas tais especulações evidenciam o interesse daqueles homens pelos mistérios e segredos das Leis divinas, que precisavam conhecer para melhor desrespeitar e burlar. Por outro lado, contêm alguma lógica, quando nos lembramos de certos aspectos que a muitos passam despercebidos. Muitos espíritos reencarnam-se com o objetivo de infiltrarem-se nas hostes daqueles que pretendem combater seja para destruir, seja para se apossarem da organização, sempre que esta detenha alguma parcela substancial de poder. Não seria de admirar-se, pois, que um grupo de servidores das trevas, com apoio das trevas, aqui e além, fosse alçado a postos de elevada influência

---

[16] Nota do autor: Segundo apurou Ravenscroft, esse bispo Klingsor seria o Conde de Acerra, também de Cápua, um tipo sinistro, profundamente envolvido em magia negra e que, como Landulf, séculos antes, reuniu em torno de si um círculo de adeptos que incluía eminentes personalidades eclesiásticas da época. Afirma, ainda, o autor que foi nesse grupo que se concebeu o medonho monstro da Inquisição.

entre a hierarquia cristã da época, quando a Igreja desfrutava de incontestável poder. O papado não esteve imune — longe disso — e por várias vezes caiu em mãos de mal disfarçados emissários do Anticristo.

Lembremos outro pequeno e quase imperceptível pormenor. Recorda-se o leitor daquela observação veiculada por um benfeitor espiritual que relatou haver sido traçada, no mundo das trevas, a estratégia do sexo desvairado, a fim de desviar os humanos dos caminhos retos da evolução? Sexo transviado e magia negra são aliados constantes, ingredientes do mesmo caldo escuro, em que se cultivam as paixões mais torpes. Quantos não se perderam por aí...

(*REFORMADOR*, DE MARÇO DE 1976.)

4.2 O médium do Anticristo II

Alfred Rosenberg, o futuro teórico do Nazismo, era então profeta do Anticristo e se incumbia de questionar os Espíritos manifestantes. Ravenscroft afirma que teria sido Rosenberg quem pediu a presença da própria Besta do Apocalipse que, na sua opinião (de Ravenscroft), sem dúvida dominava o corpo e a alma de Adolf Hitler, por meio das óbvias faculdades mediúnicas dele.

Essa manifestação do Anticristo em Hitler foi assegurada por mais de uma pessoa, além do lúcido e tranquilo Dr. Walter Johannes Stein. Um desses foi outro estranho caráter, por nome Houston Stewart Chamberlain, um inglês que se apaixonou pela Alemanha e pela causa nazista. Ravenscroft classifica-o como genro de Wagner e profeta do mundo pangermânico. Também escrevia suas teses antirracistas em transe, segundo nada menos que o eminente General Von Moltke, de quem ainda diremos algo importante daqui a pouco. Chamberlain era considerado um digno sucessor do gênio de Friedrich Nietzsche e, segundo o próprio Hitler, em *Mein Kampf* [*Minha luta*], "um dos mais admiráveis talentos na história do pensamento alemão, uma verdadeira mina de informação e de ideias". Foi quem expandiu as ideias de Wagner, desvirtuando-as perigosamente, ao pregar a superioridade da raça ariana. Segundo o testemunho de Von Moltke, Chamberlain evocou inúmeros vultos desencarnados da história mundial e confabulou com eles. Que era uma inteligência invulgar, não resta dúvida. Os poderes das trevas escolheram bem seus emissários. Enganam-se, também, redondamente, aqueles que consideram Hitler um doido inconsequente que tentou, na sua loucura, botar fogo no mundo.

A julgar por todas essas revelações que ora nos chegam ao conhecimento, ele sabia muito bem o seu papel em todo esse drama. Recebeu uma fatia de poder a troco de certa missão muito específica. No domínio do mundo, se o tivesse conseguido, ele continuaria a desfrutar da posição "invejável", como prêmio a um trabalho "benfeito". Ainda bem que falhou, pois a amostra foi terrível.

Como se explicaria, sem esse apoio maciço de Espíritos encarnados e desencarnados, que um jovem pintor sem êxito, pobre, abandonado à sua sorte, rejeitado pela sociedade, tenha conseguido montar o mais tenebroso instrumento de opressão que o mundo já conheceu? Como se explicaria que o seu partido tenha emergido de um pequeno grupo político, falido e obscuro, senão que os Espíritos seus amigos o indicaram como o primeiro degrau da escada que o levaria ao poder?

Hitler ainda se aprofundaria muito mais nos mistérios da sua missão tenebrosa. Precisava receber instruções mais específicas, e, como sabemos, tudo se arranja para que assim seja. A hora chegaria, no momento exato, com a pessoa já programada para ajudá-lo. Um desses homens chamou-se Dietrich Eckhart.

Sua história é algo fantástica, mas vale a pena passar ligeiramente sobre ela, a fim de entendermos seu papel junto a Hitler, que, antes de encontrar-se com Eckhart, fizera apenas preparativos para o vestibular da magia e do ocultismo.

Dietrich Eckhart era um oficial do Exército, de aparência afável e jovial e, ao mesmo tempo, no dizer de Ravenscroft, "dedicado satanista, o supremo adepto das artes e dos rituais de magia negra e a figura central do mais poderoso e amplo círculo de ocultistas — o Grupo Thule".

Foi um dos sete fundadores do Partido Nazista, e, ao morrer, intoxicado por gás de mostarda, em Munique, em dezembro de 1923, disse exultante:

> Sigam Hitler! Ele dançará, mas a música é minha. Iniciei-o na "Doutrina Secreta", abri seus centros de visão e dei-lhe os recursos para se comunicar com os Poderes. Não chorem por mim: terei influenciado a História mais do qualquer outro alemão.

Suas palavras não são mero delírio de paranoico. Há muito, nas suas desvairadas práticas mediúnicas, havia recebido "uma espécie de anunciação satânica de que estava destinado a preparar o instrumento do Anticristo, o homem inspirado por Lúcifer para conquistar o mundo e liderar a raça ariana à glória".

Quando Adolf Hitler lhe foi apresentado, ele reconheceu imediatamente o seu homem e disse para os seus perplexos ouvintes: "Aqui está aquele de quem eu fui apenas o profeta e o precursor".

Coisas espantosas se passaram no círculo mais íntimo e secreto do Grupo Thule, numa série de sessões mediúnicas

(Ravenscroft chamava-as, indevidamente, de sessões espíritas...), das quais participavam dois sinistros generais russos e outras figuras tenebrosas.

A médium, descoberta por certo Dr. Nemirovitch-Dantchenko, era uma pobre e ignorante camponesa, dotada de variadas faculdades. Expelia pelo órgão genital enormes quantidades de ectoplasma, do qual se formavam cabeças de entidades materializadas que, juntamente com outras, incorporadas na médium, transmitiam instruções ao círculo de "eleitos".

Certa manhã de setembro de 1912, Walter Stein e seu jovem amigo Adolf Hitler subiram juntos as escadarias do museu Hofburg. Em poucos minutos encontravam-se diante da Lança de Longinus, posta, como sempre, no seu estojo de desbotado veludo vermelho. Estavam ambos profundamente emocionados, por motivos diversos, é claro, mas, seja como for, o disparador daquelas emoções era a misteriosa lança. Dentro em pouco, Hitler parecia ter passado a um estado de transe, "um homem" — segundo Ravenscroft — "sobre o qual algum espantoso encantamento mágico havia sido atirado". Tinha as faces vermelhas e seus olhos brilhavam estranhamente. Seu corpo oscilava, enquanto ele parecia tomado de inexplicável euforia. Escreve Ravenscroft, que ouviu a narrativa do próprio Stein:

> Toda a sua fisionomia e postura pareciam transformadas, como se algum poderoso Espírito habitasse agora a sua alma, criando dentro dele e à sua volta uma espécie de transfiguração maligna de sua própria natureza e poder.

Walter Stein pensou com seus botões: Estaria ele presenciando uma incorporação do Anticristo?

É difícil responder, mas é certo que terrífica presença espiritual ali estava mais do que evidente. Inúmeras outras vezes, em todo o decorrer de sua agitada existência, testemunhas insuspeitas e desprevenidas haveriam de notar fenômenos semelhantes de incorporação, especialmente quando Hitler pronunciava discursos importantes ou tomava decisões mais relevantes.

Ao narrar o fenômeno a Ravenscroft, trinta e cinco anos depois, o Dr. Stein diria que:

> Naquele instante em que pela primeira vez nos postamos juntos, de pé, ante a Lança de Longinus, pareceu-me que Hitler estava em transe tão profundo que passava por uma privação quase completa de seus sentidos e um total eclipse de sua consciência.

Hitler sabia muito bem da sua condição de instrumento de poderes invisíveis. Numa entrevista à imprensa, documentou claramente esse pensamento ao dizer: "Movimento-me como um sonâmbulo, tal como me ordena a Providência".

Havia nele súbitas e tempestuosas mudanças de atitude. De uma placidez fria e meditativa, explodia, de repente, em cólera, pronunciando, alucinadamente, uma torrente de palavras, com emoção e impacto, especialmente quando a conversa enveredava pelos temas políticos e raciais. Stein presenciou cenas assim no velho café em que costumava encontrar-se com seu amigo, em Viena, ali por volta de 1912–1913. Passada a explosão, Hitler recolhia-se novamente ao seu canto, como se nada tivesse acontecido.

Naqueles estados de exaltação, transformava-se o seu modo de falar, e sua palavra alcançava as culminâncias da eloquência e da convicção. Era como se um poder magnético a elas se acrescentasse, de tal forma que ele facilmente dominava seus ouvintes. Seus próprios companheiros notariam isso mais tarde, em várias oportunidades. Escreveu Gregor Strasser, um ex-nazista:

Ao se ouvir Hitler tem-se a visão de alguém capaz de liderar a humanidade à glória. Uma luz aparece numa janela escura. Um homem com um bigode cômico transforma-se em arcanjo. De repente, o arcanjo se desprende, e lá está Hitler sentado, banhado em suor, com os olhos vidrados.

Tudo fora muito cuidadosamente planejado e executado, inclusive com os sinais identificadores, para que ninguém tivesse dúvidas. Nas trágicas sessões mediúnicas do Grupo Thule, fora anunciado que o Anticristo se manifestaria depois que seu instrumento passasse por uma ligeira crise de cegueira. Isto se daria ali por volta de 1921, e seu médium teria, então, 33 anos.

Aos 33 anos, em 1921, depois de recuperado de uma cegueira temporária, Hitler assumiu a incontestável liderança do Partido Nacional Socialista, que o levaria ao poder supremo na Alemanha, e, quase, no mundo.

De tanto investigar os mistérios e segredos da história universal em conexão com os poderes invisíveis, Hitler se convenceu de realidades que escapam à maioria dos seres humanos. A História é realmente o reflexo de uma disputa entre a sombra e a luz, representadas, respectivamente, pelos Espíritos que desejam o poder a qualquer preço e por aqueles que querem implantar na Terra o reino de Deus, que anunciou o Cristo.

Hitler sabia, por exemplo, que os Espíritos trabalham em grupos, segundo seus interesses, e por isso se reencarnam também em grupos, enquanto seus companheiros permanecem no mundo espiritual — na sombra ou na luz, conforme seus propósitos —, apoiando-se mutuamente. Não, é à toa que Göering e Goebbels, como vimos, reconheciam-se como velhos companheiros de Hitler. Este, por sua vez, estava convencido de que um grupo enorme de Espíritos, que se encarnara no século IX, voltara a encarnar-se no século XX. O notável episódio ocorrido com o eminente General Von Moltke parece confirmar esta ideia.

Vamos recordá-lo, segundo o relato de Ravenscroft.

———•———

Foi ainda na Primeira Guerra Mundial. No imenso e trágico tabuleiro de xadrez em que se transformara a Europa, havia um plano militar secreto, sob o nome de Plano Schlieffen, que previa a invasão da França através da Bélgica, antes que a Rússia estivesse em condições de entrar em ação.

Helmut Von Moltke era chefe do Estado-Maior do Exército Alemão, sob o Kaiser. Coube-lhe a responsabilidade de introduzir alguns aperfeiçoamentos no plano, e aguardar o momento de pô-lo em ação, se e quando necessário. O momento chegou em junho de 1914. Jogava-se a sorte da Europa. Von Moltke passou a noite em claro, na sede do Alto Comando, tomando as providências de última hora para que o plano entrasse em ação imediatamente. Estudava mapas, expedia ordens, conferenciava com seus oficiais. O destino de sua pátria estava em suas mãos, e ele sabia disso. No auge da atividade, o eminente general perdeu os sentidos sobre a mesa de trabalho. Parecia ter tido um enfarte. Chamaram um médico, enquanto seus camaradas, muito apreensivos, depositavam seu corpo num sofá.

Nenhuma doença foi diagnosticada. Na verdade, Von Moltke estava em transe. Sua metódica e brilhante inteligência não previa a interferência da mão do destino, como diz Ravenscroft. Ou seria a mão de Deus?

Julgou-se, a princípio, que o poderoso general estivesse morrendo. Mal se percebia sua respiração, e o coração apenas batia o necessário para manter a vida; os olhos abertos vagavam, apagados, de um lado para outro. O eminente general Helmuth von Moltke estava experimentando uma crise espontânea de regressão de memória, durante a qual, em vívidas imagens que se desdobravam diante de seus olhos espirituais, ele se viu como um dos papas do século IX, Nicolau I, o Grande, que a Igreja canonizou. Há estranhas "coincidências" aqui. Segundo os historiadores, Nicolau ascendeu ao trono papal mais por influência do imperador Luís II do que pela vontade do clero. Lembra-se o leitor de que esse Luís II foi o mesmo que protegeu o incrível Landulf, príncipe de Cápua? E que Landulf, um milênio depois, seria Adolf Hitler?

Nicolau foi um papa enérgico e brilhante. Governou somente nove anos incompletos, de 858 a 867, mas teve de tomar decisões momentosas e que exerceram profunda influência na História. Foi no seu tempo que se definiu mais nitidamente a tendência separatista entre as igrejas do Ocidente e a do Oriente. Foi ele quem elevou a novas culminâncias a doutrina da plenitude do poder papal. Segundo seu pensamento, o imperador era apenas um delegado, incumbido do poder civil.

Enquanto essas vivências desfilavam diante de seus olhos, Von Maltke, ainda estendido no sofá, vivia a curiosa experiência de estar situado entre duas vidas, separadas por mil anos. Em torno dele, entre as ansiosas figuras de seus generais, ele identificava alguns de seus antigos cardeais e bispos. Uma das personalidades que ele também identificou naquele desdobramento foi a de seu tio, o ilustre marechal de campo, também chamado Helmuth von Moltke, o maior estrategista de sua época, e que lutou na guerra de 1870. Fora também uma das poderosas figuras medievais, o Papa Leão IV, o chamado pontífice-soldado, que organizou a defesa de Roma e comandou seus próprios exércitos.

Outra figura identificada foi o general Von Schlieffen, autor do famoso plano Schlieffen, que também experimentara as culminâncias do poder papal, sob o nome de Bento II.

Ao despertar de uma singular experiência com o tempo, o general Von Moltke estava abalado até as raízes de seu ser. Caberia a ele, um ex-papa, deslanchar todo aquele plano de destruição e matança, se não o fizesse, o que aconteceria à sua então pátria?

Diz Ravenscroft que, após se reformar, Von Moltke escreveu minucioso relato daquela experiência notável. Também ele se deixou envolver pelo misterioso fascínio da Lança de Longinus, que certa vez visitou, em companhia de outro general, seu amigo; e, segundo o escritor inglês, conseguiu apreender o verdadeiro sentido e importância daquela peça, "como um poderoso símbolo apocalíptico".

Acreditava ele que se deveram à sua própria atitude negativa, como Nicolau I, em relação ao intercâmbio com o mundo espiritual, os trágicos desenganos que se sucederam na História subsequente, a começar pela separação da cristandade em duas e o progressivo abandono da realidade espiritual em favor das doutrinas materialistas, que "virtualmente aprisionaram a criatura no mundo fenomênico da medida, do número, do peso, tornando a própria existência da alma humana objeto de dúvida e debate" (Ravenscroft).

Por isso tudo, ao se erguer do sofá, Von Moltke era outra criatura. Como explicar tudo aquilo aos seus companheiros? Que decisões tomar agora, na perspectiva do tempo e dos lamentáveis enganos que havia cometido no passado, em prejuízo do curso da História? Parece, no entanto, que não dispunha de alternativa. Como Longinus, tinha de praticar um ato de aparente violência para contornar uma crueldade maior. Tudo continuou como fora planejado, mas o chefe do Estado-Maior não continuou como fora. Aliás, ao ser elevado àquela posição pela sua inegável e indiscutível capacidade profissional, houve dúvidas, em virtude do seu temperamento meditativo e tranquilo. Seria realmente um bom general no momento de crise que exigisse decisões drásticas? Era o que se perguntavam seus adversários, mesmo reconhecendo sua enorme autoridade técnica. Ao se retirar do comando, diz Ravenscroft que ele era um homem arrasado, porque mais do que nunca estava consciente da tragédia de viver num mundo em que a violência e a matança pareciam ser os únicos instrumentos capazes de "despertar a humanidade para as realidades espirituais".

Após a sua desencarnação, em 1916, com 68 anos, Von Moltke passou a transmitir uma série de comunicações por intermédio da mediunidade de sua esposa Eliza von Moltke. Ah! que documento notável deve ser esse! Foi numa dessas mensagens que o Espírito do antigo chefe do Estado-Maior informou que o Führer do Terceiro Reich seria Adolf Hitler, àquela época um obscuro e agitado político, aparentemente sem futuro. Foi também ele que, em Espírito, confirmou a antiga encarnação de Hitler como Landulf de Cápua, o terrível mágico medieval que vinha agora repetir, nos círculos mais fechados do Partido, os rituais de magia negra, cujo conhecimento trazia nos caminhos da memória integral.

Faltavam ainda algumas peças importantes para consolidar as conquistas do jovem Hitler, mas todas elas apareceriam no seu devido tempo e executariam as tarefas para as quais haviam sido rigorosamente programadas nos tenebrosos domínios do mundo espiritual inferior. O general Eric Ludendorff seria uma delas. Von Moltke identificou-o com outro papa medieval, que governou sob o nome de João VIII, que Ravenscroft classifica como "o pontífice de mais negra memória que se conhece em toda a história da Igreja Romana que, como amigo de Landulf de Cápua, ajudou-o nas suas conspirações no século IX". Novamente, sob as vestes de Eric Lundendorff, o antigo papa daria a mão para alçar Landulf (agora Adolf) ao poder.

Outro elemento importante, nessa longa e profunda reiniciação de Hitler, foi Karl Haushofer, que, no dizer de Ravenscroft,

> não apenas sentiu o hálito da Besta Apocalíptica[17] no controle do ex-cabo demente, mas também buscou, conscientemente e com maligna intenção, ensinar a Hitler como desatrelar seus poderes contra a humanidade, na tentativa de conquistar o mundo.

É um tipo estranho e mefistofélico esse Haushofer, mas, se fôssemos aqui estudar todo o elenco de extravagantes personalidades que cercavam Hitler, seria preciso escrever outro livro.

Diz, porém, Ravenscroft que foi Haushofer quem despertou em Hitler a consciência para o fato de que operavam nele as motivações da "Principalidade Luciferiana", a fim de que "ele pudesse tornar-se *veículo consciente* da intenção maligna no século XX" (O destaque é meu).

Vejamos mais um episódio.

Em 1920, era tão patente, através da Alemanha, essa expectativa messiânica, que foi lançado na Universidade de

---

[17] N.R., em *Reformador*: A propósito dessa figura da "linguagem simbólica do invisível", recomendamos a leitura do capítulo XIV de *A caminho da luz* de Emmanuel, por Francisco Cândido Xavier, edição FEB, especialmente o que se encontra destacado nos subtítulos: "O apocalipse de João" e "Identificação da Besta Apocalíptica".

Munique um concurso de ensaios sobre o tema seguinte: "Como deve ser o homem que liderará a Alemanha de volta às culminâncias de sua glória?". O vultoso prêmio em dinheiro foi oferecido por um milionário alemão residente no Brasil (não identificado por Ravenscroft) e quem o ganhou foi um jovem chamado Rudolf Hess que, em tempos futuros, seria o segundo homem da hierarquia nazista! Sua concepção desse messias político guarda notáveis similitudes com a figura do Anticristo descrita nos famosos (e falsos) "Protocolos do Sião", segundo Ravenscroft.

Consta que Hitler considerava Rudolf Steiner, o místico, vidente e pensador austríaco, como seu arqui-inimigo. Segundo informa Ravenscroft, Steiner, em desdobramento espiritual, penetrava, conscientemente, os mais secretos e desvairados encontros, onde se praticavam rituais atrozes para conjurar os poderes que sustentavam a negra falange empenhada no domínio do mundo.

Que andaram muito perto dessa meta, não resta dúvida. Conheciam muito bem a técnica do assalto ao poder sobre o homem, por meio do próprio homem. Hugh Trevor-Roper, no seu livro *The Last Days of Hitler*, transcreve uma frase do Führer, que diz o seguinte: "Não vim ao mundo para tornar melhor o homem, mas para utilizar-me de suas fraquezas".

Estava determinado a cumprir sua missão, a qualquer preço.

"Jamais capitularemos", disse, certa vez, repetindo o mesmo pensamento de sempre. "Não. Nunca. Poderemos ser destruídos, mas, se o formos, arrastaremos o mundo conosco — um mundo em chamas".

Muito bem. É tempo de concluir. Por exemplo, o que aconteceu com a Lança de Longinus? Continua no museu de Hofburg, em Viena, para onde foi reconduzida após novas aventuras. Primeiro, Hitler tomou posse dela, ao invadir a Áustria, em 1938, e levou-a para a Alemanha, cercada de tremendas medidas de segurança. Lá ficou ela em exposição, guardada dia e noite, pelos mais fiéis nazistas. Quando a situação da guerra começou a degenerar para o lado alemão, construiu-se secretíssima e inviolável fortaleza subterrânea para guardá-la. Apenas meia dúzia de elevadas autoridades do governo sabiam do plano. Uma porta falsa de garagem disfarçava a entrada desse vasto e sofisticado cofre-forte, em Nüremberg, que o Führer ordenou fosse defendido até a última gota de sangue.

Quando se tornou evidente que o Terceiro Reich se desmoronava de fato, ante o avanço implacável das tropas aliadas, Himmler achou que a Lança de Longinus precisava de um abrigo alternativo. Uma série de providências foi programada, com uma remoção fictícia, para um ponto não identificado da Alemanha; e outra, verdadeira, sob o véu do mais fechado segredo, para um novo esconderijo, onde o talismã do poder ficaria a salvo dos inimigos do Nazismo.

Por uma dessas misteriosas razões, no entanto, um dos cinco ou seis oficiais nazistas que sabiam do segredo, ao fazer a lista das peças que deveriam ser removidas, mencionou a Lança de Mauritius, aliás, o nome oficial da peça. Acontece que, entre as peças históricas do Reich, havia uma relíquia de nome parecido, "A Espada de Mauritius", e esta foi a peça transportada, e não a Lança de Longinus. Na confusão que se seguiu, ninguém mais deu pelo engano, e o oficial que o cometeu, um certo Willi Liebel, suicidou-se pouco antes do colapso total do Reich. A essa altura, Nüremberg não era mais que um monte de ruínas e, por outro estranho jogo de "coincidências", um soldado americano, perambulando pelas ruínas, descobriu um túnel que ia dar em duas portas enormes de aço com um mecanismo de segredo tão imponente como o das casas-fortes dos grandes bancos mundiais. Alguma coisa importante deveria encontrar-se atrás daquelas portas. E assim, às 14h10 do dia 30 de abril de 1945, a legítima Lança de Longinus passou às mãos do exército americano.

Naquele mesmo dia, como se em cumprimento a misterioso desígnio, Hitler suicidou-se nos subterrâneos da Chancelaria, em Berlim.

Como ficou dito atrás, a Lança de Longinus encontra-se novamente no Museu Hofburg, em Viena. Estará à espera de alguém que venha novamente disputar a sua posse para dominar o mundo?

―――― • ――――

Vejamos, para encerrar, algumas considerações de ordem doutrinária.

Haverá mesmo algum poder mágico ligado aos chamados talismãs?

Questionados por Allan Kardec (*O livro dos espíritos*, perguntas 551 a 557), os Espíritos trataram sumariamente da questão, ensinando, porém, que "Não há palavra sacramental nenhuma, nenhum sinal cabalístico, nem talismã que tenha qualquer ação sobre os Espíritos, porquanto estes só são atraídos pelo pensamento e não pelas coisas materiais".

Continuando, porém, a linha do seu pensamento, Kardec insistiu, com a pergunta 554, formulada da seguinte maneira:

Não pode aquele que, com ou sem razão, confia no que chama a virtude de um talismã, *atrair um Espírito*, por efeito mesmo dessa confiança, visto que, então, o que atua é o pensamento, não passando o talismã de *um sinal que apenas lhe auxilia a concentração*.
"*É verdade*" — respondem os Espíritos —; "mas da pureza da intenção e da elevação dos sentimentos *depende a natureza do Espírito que é atraído (...)*".

Os destaques são meus, e a resposta à pergunta 554 prossegue, abordando outros aspectos que não vêm ao caso tratar aqui. Nota-se, porém, que os Espíritos confirmaram que os chamados talismãs servem de condensadores de energia e vontade, e podem, portanto, servir de suporte ao pensamento daquele que deseja atrair companheiros desencarnados para ajudá-lo na realização de seus interesses pessoais. Disseram mais: que os Espíritos atraídos estarão em sintonia moral com aqueles que os buscam, ou seja, se as intenções e os sentimentos forem bons, poderão acudir Espíritos bondosos; se, ao contrário, as intenções forem malignas, virão os Espíritos inferiores.

Por toda parte, no livro de Trevor Ravenscroft, há referências repetidas de que duas ordens de Espíritos estão ligadas à mística da Lança de Longinus: os da luz e os das trevas, segundo as intenções de quem os evoca.

Além disso, é preciso lembrar que os objetos materiais guardam, por milênios afora, certas propriedades magnéticas, que preservam a sua história. Essas propriedades estão hoje cientificamente estudadas e classificadas como fenômenos de psicometria, tão bem observados, entre outros, por Ernesto Bozzano. Médiuns psicômetras, em contato com objetos, conseguem rever, às vezes com notável nitidez, cenas que se desenrolaram em torno da peça. Dessa forma, se é verdadeira a fantástica legenda da chamada Lança de Longinus, essa diminuta peça de ferro deve estar altamente magnetizada pelos acontecimentos de que foi testemunha, desde que foi forjada alhures nos tempos bíblicos, passando pelo momento do Calvário, diante do manso Rabi agonizante, até que Hitler a perdeu em abril de 1945.

Seja como for, a peça reúne em torno de si uma longa e trágica história, tão fascinante que tem incendiado, através dos séculos, a imaginação de muitos homens poderosos, e desatado muitas paixões nefandas. E, como explicaram os Espíritos a Kardec, não é a lança por si mesma que move os acontecimentos, é o pensamento dos homens que se concentram nela e querem a todo preço fazer valer o poder que se lhe atribui. Nisso, ela é realmente um talismã.

Ainda uma palavra antes de encerrar.

É certo que Hitler foi médium dedicado e desassombrado de tremendos poderes das trevas. Esses irmãos desarvorados, que se demoram, por milênios sem conta, em caliginosas regiões do mundo espiritual, por certo não desistiram da aspiração de conquistar o mundo e expulsar a luz para sempre, se possível. Tudo farão para obter esse galardão com o qual sempre sonharam, muito embora a nós outros não nos assista o direito de duvidar de que lado ficará a vitória final.

Nesse ínterim, porém, valer-se-ão de todos os meios, de todos os processos, para alcançarem seus fins. É claro, também, que não se empenham apenas no setor político-militar, por exemplo, como Hitler, mas, também, procuram conquistar organizações sociais e religiosas que representem núcleos de poder. É evidente a obra maligna e hábil que se realizou com a Igreja, infiltrando-a em várias oportunidades e em vários pontos geográficos, mas sempre nos altos escalões hierárquicos, de onde melhor podem influenciar os acontecimentos e a própria teologia.

O Movimento Espírita precisa estar atento a essas investidas, pois é muito apurada a técnica da infiltração. O lobo adere ao rebanho sob a pele do manso cordeiro; ele não pode dizer que vem destruir, nem pode apresentar-se como inimigo; tem de aparecer com um sorriso sedutor, de amizade e modéstia, uma atitude de desinteresse e dedicação um desejo de servir fraternalmente, sem condições e, inicialmente, sem disputar posições. Muitas vezes, esses emissários das sombras nem sabem, conscientemente, que estão servindo de instrumento aos amigos da retaguarda. A sugestão pós-hipnótica foi muito bem aplicada por Espíritos altamente treinados na técnica da manipulação da mente alheia. É a utilização da fraqueza humana de que falava Hitler.

A estratégia é brilhantíssima e extremamente útil, como, por exemplo, a da "atualização" e da "revisão" das obras básicas da Codificação, a da criação de movimentos paralelos, o envolvimento de figuras mais destacadas no movimento em ardilosos processos de aparência inocente ou inócua. Estejamos atentos, porque os tempos são chegados e virão, fatalmente, vigorosas investidas, antes que chegue a hora final, numa tentativa última, desesperada, para a qual valerá tudo. Muita atenção. Quem suspeitaria de Adolf Hitler quando ele compareceu, pela primeira vez, a uma reunião de meia dúzia de modestos dirigentes do Partido dos Trabalhadores?

(*REFORMADOR*, DE ABRIL DE 1976.)

4.3 A reforma da Reforma

Há algum tempo, numa conferência de ministros protestantes em Miami, o reverendo Dr. Howard M. Ervin, de 48 anos, aproximou-se de um colega pastor, que lhe colocou as mãos sobre a cabeça. Imediatamente o Dr. Ervin sentiu como se "uma série de descargas elétricas lhe circulassem pela espinha abaixo".

Na manhã seguinte, o Dr. Ervin, ainda profundamente impressionado pela experiência, acordou "encharcado de suor". "Ainda não sabia" — diz ele — "que se tratava do calor do Espírito Santo." Mas seu depoimento prossegue: logo que saiu do chuveiro, sentiu como se uma multidão de palavras estivessem rolando dentro dele. E pensou: "Meu subconsciente está regurgitando coisas que eu tenho ouvido por aqui". Subitamente, porém, teve a visão de uma tira onde estavam impressas as sílabas "Sa-da-ma-li". Pronunciando essas, outras sílabas vieram aos seus lábios, até que formavam o que lhe pareceu uma prece em língua desconhecida. "Mais tarde" — diz ele —, "levantei as mãos e comecei a louvar o Senhor naquelas palavras que Ele me havia dado — e minha linguagem ganhou asas. Ele estava apenas venerando Jesus".

Com essa curiosa narrativa, começa o interessante artigo publicado em 16 de maio de 1964, na grande revista americana *Saturday Evening Post*. Graças à gentileza de um leitor amigo — e noto, com satisfação, que estou fazendo muitos amigos entre os leitores —, tomei conhecimento mais pormenorizado das curiosas experiências mediúnicas que estão ocorrendo, já há algum tempo, nas igrejas protestantes, principalmente nos Estados Unidos. Ao fenômeno, que está levantando certa celeuma nos meios religiosos mais tradicionalistas, deu-se o nome de *glossolalia*.

Nos *Atos dos apóstolos*, capítulo 2, encontramos a narrativa do acontecimento ao qual remontam as atuais experiências nas igrejas americanas:

E quando se completavam os dias de Pentecoste, estavam todos juntos num mesmo lugar. E, de repente, veio do céu um estrondo, como do vento que assoprava com ímpeto e encheu toda a casa onde estavam assentados. E lhes apareceram repartidas umas como línguas de fogo, que repousaram sobre cada um deles. E foram todos cheios do Espírito Santo e começaram a falar em várias línguas, conforme o Espírito Santo lhes concedia que falassem.

O leitor espírita não terá dificuldade em reconhecer aí o fenômeno da xenoglossia, em que o médium fala em linguagem que desconhece. Ernesto Bozzano tem sobre o assunto uma das suas magistrais monografias. No caso das igrejas protestantes, porém, a coisa ainda está algo confusa, pois evidentemente não têm conhecimento adequado do fenômeno aqueles que o estão provocando. No entanto, os fatos espíritas estão acontecendo, como sempre, independentemente do conhecimento que deles tenham as pessoas. É disso um exemplo vivo outro pastor, o reverendo Frank A. Downing, de 40 anos, da Igreja Batista Belvedere de Baltimore. Esse clérigo começou um dia a orar e passou, sem o saber, a dizer palavras desconhecidas. Uma noite, acordou às três horas e não conseguiu reconciliar o sono. Levantou-se, ajoelhou ao lado da cama, quando luzes intensas começaram a brilhar agitadamente diante dos seus olhos fechados. Pareceu-lhe que as luzes tinham uma certa forma e então ele pediu assim: "Senhor, se sois vós que tentais falar comigo, acalmai essas luzes de modo que eu possa vê-las". "Instantaneamente" — prossegue o Reverendo — "as luzes se organizaram numa legenda que claramente dizia isto: Não tema. Apenas creia e você dará testemunho e fará maravilhas em meu nome". Em seguida, a visão desapareceu. O pastor tomou a *Bíblia* de sua mesa de cabeceira e escreveu as palavras que acabara de ler daquela estranha maneira. Somente quando voltou à cama é que percebeu que, apesar de não ter ligado a luz elétrica, o aposento estava iluminado em torno da cama e aos poucos a luz se foi retirando até mergulhar o quarto todo na sombra novamente.

Coisas dessa ordem estão acontecendo com centenas de ouros clérigos e milhares de leigos de todas as denominações religiosas da crença protestante nos Estados Unidos — diz o articulista Mc-Candlish Phillips. O movimento, segundo esse autor, está sendo denominado de *"Charismatic Renewal"*, ou seja, "Renovação Carismática", o que seria, pois, uma renovação da graça divina.

Mas não apenas se fala em línguas desconhecidas, também se verificam fenômenos a que o autor do artigo chama supernaturais, desde "a visão profética até as curas miraculosas de doentes".

A questão é que nada existe aí de miraculoso: estamos simplesmente diante de fenômenos mediúnicos. A mediunidade está de fato explodindo em toda a parte, em cumprimento às profecias, segundo as quais derramaria Deus o seu espírito "sobre toda a carne".

O movimento começou realmente a tomar forma em 1956, com cerca de vinte ministros protestantes. Em 1960, ampliou-se na Califórnia e, nos últimos tempos, tem adquirido extraordinário impulso, não apenas nos Estados Unidos, como na Europa, especialmente na Inglaterra.

Na igreja primitiva, como se vê no Evangelho e em outras fontes autênticas, foi comum a ocorrência desse fenômeno, como também do chamado "dom da profecia", ou "a cura pela imposição das mãos". Esse termo, profecia, talvez precise de um comentário à parte.

Não resta dúvida hoje, pelo menos para os espíritas, de que os grandes profetas foram médiuns, que recebiam suas instruções espirituais e as transmitiam ao povo. As mediunidades eram várias: alguns emprestavam seu corpo para que Espíritos desencarnados falassem por eles; outros escreviam suas mensagens; outros ouviam-nos e reproduziam o que escutavam, e havia aqueles que viam e descreviam as imagens que lhes eram apresentadas. *Isaías* no capítulo 8, diz assim: "E o senhor me disse: Toma um livro grande e escreve nele em estilo de homem". Que é isso senão a ordem de um Espírito superior para que o médium procurasse transmitir pela escrita, de maneira inteligível aos homens, a mensagem captada das esferas superiores?

Os fenômenos mediúnicos estão ligados indissoluvelmente a toda a história da humanidade. De maneira especial eles aparecem na *Bíblia*, onde constituem, por assim dizer, o próprio fio que mantém ligados os inúmeros episódios da fascinante história religiosa da tradição judaico-cristã.

Embora de tempos em tempos, no decorrer dos séculos de Cristianismo, as comunidades cristãs tenham testemunhado esse fenômeno, nos últimos cinquenta anos somente as igrejas protestantes pentecostais conservavam a antiquíssima tradição de "falar línguas estranhas". Agora, entretanto, o movimento assumiu proporções tais que alguns mais conservadores estão já temerosos de que a coisa se configure numa espécie de heresia em estado embrionário. É, aliás, o que acha o bispo episcopal James A. Pike, da Califórnia, que proíbe a prática da glossolalia na sua diocese. Outros acham que é tudo "obra do demônio".

A despeito dessa oposição dentro da própria comunidade protestante, a prática se avoluma e se espalha. Como diz o reverendo John J. Weaver, de Detroit, "ministros de todas as denominações estão recebendo o dom do Espírito Santo em nossa catedral".

É uma pena que não haja por parte desses fenômenos um estudo metodizado de alguém que tenha conhecimento doutrinário prático do fato espírita, a fim de disciplinar e orientar todas essas mediunidades no nascedouro. Tal como se acha — é o que me parece —, a prática pode criar problemas sérios, pois que muita gente está lidando com recursos e faculdades que mesmo os espíritas ainda conhecem relativamente pouco. A mediunidade é uma coisa muito séria e seu exercício envolve conhecimentos, responsabilidades e riscos que exigem uma constante vigilância. Grande dose de humildade, paciência e estudo.

É claro, porém, que esses movimentos não ocorrem por acaso: sente-se neles o trabalho coordenado de Espíritos interessados em chamar a atenção para o fenômeno. Posso aqui aventar uma hipótese (o leitor também deverá ter a sua): Acredito que se deseje demonstrar com isso que a prática da mediunidade não é incompatível com as crenças ortodoxas. Em outras palavras: o protestante pode exercer sua mediunidade curadora ou psicográfica ou xenoglóssica e continuar na sua crença de que está sob a influência do Espírito Santo. Nos tempos bíblicos, os grandes condutores religiosos acreditavam estar dialogando diretamente com Deus. São inúmeros os exemplos na *Bíblia* e nem por isso podiam ou deviam ser considerados espíritas.

Com o desenvolvimento desses trabalhos, essa experiência trará certas perplexidades aos praticantes das crenças ortodoxas, porque, do intercâmbio mais constante e mais estreito com os Espíritos, começarão a descobrir que, ao contrário do que pensam e pregam seus teólogos, os seres desencarnados não foram despachados para o inferno sumariamente, nem se acham no gozo das delícias do céu. Descobrirão também que o Espírito não é criado novinho em folha para cada nascimento, mas que reencarna tantas vezes quantas necessário for ao seu desenvolvimento. Obviamente, essas descobertas colocarão as crenças protestantes numa encruzilhada da qual não poderão recuar e diante da qual terão de fazer uma irrecusável opção: ou continuam diante da luz sem querer vê-la, ou abrem os olhos para espiarem, àquela nova luz, os escombros dos seus mais queridos dogmas. Isto, porém, ainda é cedo para prever-se. É até possível que surja dentro do Protestantismo uma decidida reação contra essa prática e o resultado será fácil de imaginar-se: ou emerge uma nova seita daqueles que insistem na prática da glossolalia ou o movimento carismático perde o seu "momentum" e expira naturalmente, esvaziado do seu impulso inicial de "novidade".

No entanto, é preciso ressaltar que muitos ministros protestantes, como também sacerdotes católicos, reconhecem que o Cristianismo hoje contido nessas duas correntes do pensamento religioso está realmente mumificado, desvitalizado. Nunca o Cristianismo andou tão necessitado de uma nova "reforma". Aliás, senão para uma reforma, pelo menos para uma "revisão", uma nova tomada de posição, qual, no momento, ocorre no Concílio Vaticano II.

Essa necessidade de reformulação manifestou-a muito bem um pastor presbiteriano citado por Phillips no seu artigo. Dizia ele:

> De minha parte, vim caminhando através das fileiras do ensino conservador e o meu coração desfalece porque os cristãos conservadores, às vezes, chamam a isto (ao movimento carismático) fanatismo. Digo-lhes, porém, que, a não ser que nos tornemos fanáticos, teremos um Cristianismo defunto!

Enquanto a controvérsia prossegue, o movimento vai ganhando novos adeptos, e as congregações que começam a praticá-lo experimentam a grata surpresa de verificar o extraordinário interesse dos crentes, que começaram a afluir em massa às igrejas.

Uma senhora protestante, em casa, de súbito sente necessidade de orar, o que faz em inglês e "em línguas desconhecidas". Em seguida, tem a visão nítida de um avião que capota no momento da aterrissagem e se envolve em chamas. Por vinte minutos ela continua orando, até que se sente perfeitamente bem. Três horas depois, seu marido chega em casa, pois ele estivera no acidente. Antes que ele lhe conte o desastre, ela disse:

— Um momento, deixe-me contar o que aconteceu.

Por isso, eu dizia que muitas mediunidades estão se desenvolvendo, embora não de maneira orientada, como deveria ser, o que é arriscado.

O aspecto mais controvertido do movimento, entretanto, segundo o articulista, parece ser o da cura espiritual. Muitos clérigos e leigos estão praticando a imposição de mãos e a prece diante do doente. E o que é mais notável: curas extraordinárias estão ocorrendo.

Quanto ao estranho linguajar, já houve quem o estudasse criteriosamente. Um grupo de linguistas no Canadá examinou umas gravações feitas pelo Dr. Bredesen. A conclusão foi a de que os sons se aproximam de "algumas línguas malaio-polinésias", mas acharam também "altamente improvável que aquilo fosse linguagem humana". O Dr. Bredesen ouviu de um deles que se tratava, não obstante, de uma inegável experiência espiritual.

— Se fosse tolice, por que não diriam logo? — concluiu o Dr. Bredesen.

Já existe até um livro que estuda o fenômeno. Chama-se *Tongues Speaking — An Expriment in Spiritual*

Experience, de autoria do reverendo Morton T. Kelsen, reitor da Igreja Episcopal de São Lucas, na cidade de Monróvia, na Califórnia.

O autor desse livro, ao que tudo indica, está pouco informado acerca do fenômeno, pois não encontrou outra explicação a não ser a teoria junguiana do "consciente coletivo".[18] Segundo C. G. Jung, a mente humana está em permanente contato com um vastíssimo reservatório de experiência coletiva.

Nem sempre, porém, a prece em línguas é realmente enunciada em palavras desconhecidas. Uma senhora que trabalhou no México, como missionária, veio ao Dr. Ervin e lhe pediu que orasse pela sua saúde. O clérigo orou no que lhe parecia ser uma língua desconhecida. Quando terminou, a mulher lhe disse que ele acabara de dizer, em espanhol o seguinte: "Deus tenha compaixão desta alma". "E eu não sei espanhol" — diz o Dr. Ervin.

Os pastores favoráveis ao movimento têm bons argumentos para justificá-lo, dizendo, por exemplo, que, sendo "verdadeiro que Jesus continua vivo e todo poderoso, a Igreja deve proclamá-lo e arrebatar a iniciativa aos fortes movimentos do mundo pagão. Não se pode negar — continua — o caráter supernatural do Cristianismo". Outro acha que deve existir alguma diferença "entre a igreja de Jesus Cristo e o Rotary Club". Há os que acham que o movimento está surgindo exatamente no momento em que deveria surgir para renovar o interesse na fé cristã.

"Estamos no fim de uma Era" — diz o Dr, John Mackay, presidente emérito do Seminário Teológico de Princeton. "Forças revolucionárias, vulcânicas, estão em ação e a nossa gente não quer enfrentar essa realidade. Simplesmente não

---

18 N.E.: O termo correto utilizado pela Psicologia Analítica é inconsciente coletivo. O consciente coletivo é conceito referente à Sociologia.

queremos encarar esse problema no exato momento em que o vulcão está em erupção."

Para encerrar o interessante trabalho, o autor cita uma frase favorita do Dr. Mackay: "O homem que tem uma experiência nunca está à mercê do que tem um argumento".

E a experiência é essa, amigo leitor, o fenômeno mediúnico está, agora, dentro das muralhas do Protestantismo. Onde vai dar essa trilha, não podemos prever, mas, certamente podemos supor que grandes coisas estão por vir. Ao que tudo indica, uma nova reforma se prepara para as igrejas reformadas.

(*REFORMADOR*, DE JANEIRO DE 1965.)

4.4 A *Bíblia* não proíbe a mediunidade

Durante muitos séculos, a ortodoxia religiosa, tem invocado dispositivos bíblicos para condenar ou até mesmo tentar impedir a comunicação com seres desencarnados, por meio da mediunidade. Essa atitude "oficial" está aparentemente escorada no versículo 17 do capítulo 22 do *Êxodo* que, numa simples e sumária frase, diz o seguinte: "Não deixarás com vida a feiticeira".[19] Entendem os estudiosos que essa pequenina frase tenha também servido de apoio à nefasta doutrina da Inquisição, que tantas vítimas do "ódio teológico" espalhou pelos campos imensos da História. Essa norma fatal encontra-se no contexto do "Código da Aliança", colocado imediatamente após o Decálogo. O final do capítulo 20 e os três capítulos seguintes são um desenvolvimento, uma espécie de regulamentação das normas básicas contidas no Decálogo. É curioso, no entanto, observar que os chamados "dez mandamentos" nada

---

[19] Nota do autor: Usaremos neste trabalho o texto da *Bíblia de Jerusalém*, na sua versão espanhola de responsabilidade conjunta da Desclée de Brouwer S.A., da Bélgica, e das Ediciones Nauta, de Barcelona, Edição 1969.

dizem sobre feiticeiros e adivinhos e, quanto à pena de morte, são enfáticos e definitivos: "Não matarás".

Como foi, então, que a impiedosa condenação das "feiticeiras" se alojou no texto?

Em primeiro lugar, precisamos compreender bem o sentido das palavras. Nos tempos bíblicos, e mesmo nos que são representados no Novo Testamento, mediunidade era palavra inexistente. Os fenômenos psíquicos explodiam sem controle, sob todas as formas. Conforme a maneira sob a qual se manifestavam, recebiam um nome diferente: feitiçaria, adivinhação, augúrio, profecia, encantamento, magia, nigromancia e muitas outras modalidades intermediárias e complementares. Quando os textos bíblicos começaram a ser vertidos em grego, a palavra hebraica *nabi* foi traduzida pelo termo *prophetes*. A questão é que profeta, literalmente, é aquele que prediz acontecimentos futuros. A transferência do texto hebraico para o grego obscureceu, dessa forma, o verdadeiro sentido da expressão *nabi*, e *profecia* passou a significar toda e qualquer manifestação psíquica, o que é bastante impreciso.

Estudando as origens da palavra *nabi*, a *Enciclopédia britânica* se sente algo perplexa. Primeiro, ao informar que sua origem é obscura, mas que suas derivações significam "intensa excitação", reportando-se a uma palavra assíria cujo sentido é "cair em transportes", ou seja, em transe. Conclui daí a *Enciclopédia* dizendo que tais conexões tornam "etimologicamente improvável" o significado da palavra. No entanto, temos excelentes razões para pensar de maneira inteiramente diversa. A palavra, hebraica está perfeitamente identificada com suas origens etimológicas, pois que a profecia é uma forma de mediunidade e se manifesta exatamente pelo fenômeno da excitação espiritual ou mais especificamente, do transe mediúnico.

Não obstante, a mediunidade profética é apenas uma das muitas modalidades que compõem o quadro das faculdades psíquicas. Se usarmos apenas esse termo para descrever tais fenômenos, estaremos em erro, por generalizar, para toda sorte de manifestação, uma expressão que se aplica apenas a uma delas. Em outras palavras: todo profeta genuíno é médium, mas nem todo médium é profeta, tanto no sentido grego como moderno da palavra, ou seja, aquele que prediz acontecimentos futuros.

Isso é tão verdadeiro que o excelente dicionário *Funk & Wagnalls* coloca a questão nos seus verdadeiros termos, com extraordinária lucidez ao declarar que no contexto bíblico profetizar é "pronunciar verdades religiosas sob inspiração divina não necessariamente predizer acontecimentos futuros, mas admoestar, exortar, confortar etc.

De qualquer forma, a palavra *profeta* e suas associadas *profecia* e *profetizar* ficaram consagradas numa amplidão de significado, que suas origens não justificam, ou seja, foram forçadas a significar muito mais do que primitivamente queriam dizer. Isto nos leva, com o conhecimento de que hoje dispomos, a propor uma correção ao texto bíblico, substituindo tais palavras pelas que a terminologia moderna consagrou, como: médium, mediunidade, manifestação mediúnica etc. Se não podemos ainda introduzir no texto bíblico tais correções, pelo menos conservemos em mente essas informações, para que possamos entender a narrativa no seu exato significado, em face das conquistas da Doutrina Espírita.

Dessa forma, palavras como feiticeiro, mago, adivinho, nigromante, encantador foram empregadas, através dos séculos, para rotular manifestações desconhecidas e mal estudadas da psique humana e que, pelo seu halo de fantástico, se tornavam, na melhor hipótese, suspeitas e, na pior, apavorantes e dignas da condenação mais dura da sociedade uma vez que o homem sempre temeu aquilo que desconhece.

Vemos, então, sob os mais estranhos e terríveis nomes, manifestações que hoje sabemos serem simples formas de mediunidade e, como tal, suscetíveis de estudo e compreensão. Matar o médium somente porque ele surge sob o nome de feiticeiro é irracional, tanto quanto matá-lo, persegui-lo ou prendê-lo porque, por seu intermédio, os Espíritos dos "mortos" se manifestam para darem o seu recado.

No entanto, o versículo 17 do capítulo 22 do *Êxodo* manda matar os médiuns. É necessário buscar a razão de tão drástico e desumano procedimento, e isso faremos a seguir, procurando colocar-nos no contexto daqueles recuados tempos e das motivações dos homens que introduziram a norma na lei mosaica.

O quadro é este: Moisés acabava de liderar seu povo para fora do Egito, retirando-o de uma escravidão longa e aviltante. Na realidade, aquela massa de gente não era ainda um povo no sentido em que hoje entendemos essa palavra, mas apenas uma multidão, um ajuntamento de famílias e indivíduos frouxamente ligados por algumas tradições e hábitos comuns, mas certamente infestados de ideias estranhas a essas tradições, contraditórias e conflitantes. Moisés era mais que um líder religioso, pois o era também político e militar. Além disso, foi ainda, o profeta da sua gente isto é, seu médium. Por intermédio dele é que os poderes espirituais instruíam e dirigiam o povo nas suas grandes decisões e indecisões. Achava-se em pleno curso o processo de aglutinação daquela multidão heterogênea, com a qual um guia espiritual, falando em nome de Jeová, havia proposto um contrato, um acordo: em troca de fidelidade incontestável ao monoteísmo, Jeová tomava o povo sob sua proteção, como seus filhos prediletos, aos quais destinava um território fértil, onde poderiam fundar uma nação rica e poderosa. Fidelidade a troco de apoio. O monoteísmo é a ideia predominante em longos anos de pregação. Jeová não somente estimula a crença, mas ameaça, com punições terríveis aqueles que se desviarem desse preceito básico. Mesmo assim, há evidências dramáticas de lapsos bastante sérios. Testemunho disso, por exemplo, é a cena em que, Moisés, num impulso de desespero e de ira, quebra as pedras nas quais acabara de ser inscrito o Decálogo, uma vez que, após breve afastamento, encontrou o povo recaído na idolatria. A crença no Deus único não estava, portanto, mesmo a essa altura, suficientemente consolidada no espírito da multidão errante.

Por outro lado, preparavam-se os hebreus para tomar e ocupar terras estrangeiras habitadas por povos estranhos que praticavam cultos diferentes e viviam sob outras tradições e diferentes hábitos e costumes. Que controle poderiam ter os líderes hebreus sobre sua gente, depois que se radicassem na Terra da Promissão e entrassem em comércio contínuo, permanente com os povos vencidos? Daí por que o livre exercício das faculdades psíquicas tornou-se mais que uma questão religiosa, um problema de segurança nacional. Grupos judeus que adotassem práticas mediúnicas locais estariam, sem dúvida, expostos à influência de estranhos guias, portadores de ideias diferentes que se chocariam com as que Moisés vinha ensinando, ao longo dos anos, à sua gente.

Em lugar do Deus único, viriam incutir a idolatria e espalhar o tumulto do campo cuidadosamente preparado por Moisés no espírito de seus patrícios. Era imprescindível, pois, regulamentar, com extremo rigor, o exercício da mediunidade.

É preciso ainda considerar, nesta altura, um ponto de extrema importância, que tem sido pouco apreciado. Moisés foi profeta de grande porte, ou seja, médium. Inegavelmente, foi a profecia — leia-se mediunidade que criou a nação judaica, como afirma a *Enciclopédia britânica*. Os profetas foram os "salvadores de seu povo", insiste a *Britânica*. E a tradição continuou e se consolidou. Depois de Malsãs, praticamente todos os líderes político-religiosos de Israel foram médiuns, escolhidos mediunicamente ou assistidos — e muitas vezes duramente interpelados — por vigilantes equipes espirituais, interessadas em dar forma e conteúdo à primeira nação fundada no princípio do monoteísmo.

É estranho, por conseguinte, que, a despeito da suposta e tão proclamada *proibição*, toda a história de Israel seja, espiritualmente orientada por intermédio da mediunidade de seus profetas e videntes. A moral judaica, que o Ocidente herdou, se apoia num documento incontestavelmente mediúnico: o Decálogo, recebido por Moisés, seja por psicografia ou por escrita direta. A evidência disso está em que, depois de quebradas as pedras, Moisés teve de retirar-se novamente para a solidão do deserto, no alto da montanha, para receber outra vez o texto, certamente porque era incapaz de reproduzi-lo com seus próprios recursos. A *Bíblia* é, assim, a narrativa de como um grupo de Espíritos desencarnados guiou uma nação inteira de irmãos encarnados, levantando-a da escravidão até ao estabelecimento de um Estado livre e consolidado. Não são apenas ensinamentos religiosos que chegam do mundo espiritual, mas também observações e instruções de caráter político e até militar. Parece que a ideia era criar uma nação monoteísta, como sementeira e modelo das futuras nações da Terra. Isso é tanto mais verdadeiro que, ao decidir interferir pessoalmente nos negócios humanos, Jesus escolheu o povo de Israel como campo de trabalho.

Diante disso, é claro que a mediunidade devesse ser cuidadosamente regulamentada e policiada, para não tumultuar os planos. Do contrário, cada médium teria o seu guia diferente, ideias e conceitos diferentes, e seria impraticável fundir aquela massa toda numa só peça. Mas, inegavelmente, foi a mediunidade que colocou Israel no painel da História.

É, pois, totalmente inconsistente a afirmativa de que a Bíblia proíbe o exercício da mediunidade; o texto apenas o restringe e regulamenta.

Para comprovação disso, não precisamos buscar outras fontes; ela se encontra claramente na *Bíblia* mesma.

Passado o período mais crítico do *Êxodo*, em que a existência de falsos guias poderia pôr em perigo a segurança do povo, vemos uma história bem diferente no *Deuteronômio*. Lemos aí, no capítulo 18, versículos 9 e seguintes, estas instruções:

> Quando entrares na terra que Javé, teu Deus, te deu, não aprenderás a cometer abominações como as de tais nações. Não há de haver em ti ninguém que faça passar seu filho ou sua filha pelo fogo, que pratique adivinhação, astrologia, feitiçaria ou magia; nenhum encantador, nem quem consulte espetros, nem adivinho, nem evocador de mortos. Porque todo aquele que faz estas coisas é uma abominação para Javé, teu Deus, e por causa dessas abominações desaloja Javé, teu Deus, a estas nações diante de ti. Hás de ser totalmente fiel a Javé, teu Deus. Porque essas nações que vais desalojar escutam astrólogos e adivinhos, mas a ti Javé, teu Deus, não permite semelhante coisa. Javé, teu Deus, suscitará dentre vós, dentre teus irmãos, *um profeta como eu, a quem ouvirás*. É exatamente o que pediste a Javé, teu Deus, no Horeb, no dia da Assembleia, dizendo: "Para não morrer, não voltarei a escutar a voz de Javé, meu Deus, nem verei mais esta grande chama"; então, javé me disse: "Está bem o que disseram. Eu suscitarei um profeta *semelhante a ti*,

porei minhas palavras na sua boca e ele lhes dirá tudo o que eu mandar.[20] Se alguém não ouvir minhas palavras, as que este profeta pronunciar em meu nome, eu mesmo pedirei contas a ele. Mas, se um profeta tiver a presunção de dizer em meu nome uma palavra que eu não o tenha mandado dizer, e se falar em nome de outros *deuses*, esse profeta morrerá". Talvez digas no teu coração: "Como saberemos que tal palavra não foi dita por Javé? Se esse profeta fala em nome de Javé e o que diz permanece sem efeito e não se cumpre, então é porque Javé não disse tal palavra: o profeta a pronunciou por presunção; não hás de temê-lo".

Analisemos o texto em suas óbvias implicações. O povo judeu está prestes a entrar na posse da terra prometida e o Espírito manifestante o previne contra as falsas práticas e os falsos profetas, mas, definitivamente, não proíbe o exercício da mediunidade; ao contrário, estabelece claramente que o povo continuará a ser orientado do mundo espiritual pela boca de novos profetas, que Deus suscitará. Tais profetas, no entanto, ou seja, médiuns, serão recrutados no selo da própria gente judia. Será um profeta *como eu*, isto é, como o próprio Moisés. Surge, então, o problema crítico da autenticidade. Como poderá o povo saber se o médium é falso ou se está apoiado por um genuíno mandato divino? O Espírito que fala em nome de Javé ensina que se conhecerá o médium pelas suas obras (Jesus diria mais tarde que se conheceriam as árvores pelos seus frutos). Se o que o médium anunciar se realiza, então ele tem o suporte divino, se não se realiza, é falso e deve ser excluído do convívio do povo. Não seria legítimo também o

---

[20] Nota do autor: Esse texto tem sido, às vezes, interpretado como um anúncio da vinda do Cristo, opinião da qual não partilha o autor deste artigo. Deus não estabeleceria testes de autenticidade para Jesus, como o texto indica. Mesmo, porém, admitida aquela interpretação, não fica prejudicada a tese proposta no artigo, como se verá mais adiante.

médium que pregasse em nome de "outros deuses", pois era necessário preservar a ideologia religiosa da nascente nação. O teste da mediunidade autêntica era, pois, duplo: fidelidade absoluta à doutrina religiosa de Javé e realização, no plano humano, dos acontecimentos anunciados em estado de transe. É fácil concluir pela segurança desse duplo critério, pois nem um nem outro isoladamente seria suficiente para autenticar a mediunidade do "profeta".

E foi assim que, ao correr dos séculos, a *Bíblia* passou a representar um repositório precioso de fenômenos mediúnicos da mais extensa variedade: psicografia, psicofonia, materializações, escrita direta, desdobramentos espirituais, transfiguração, xenoglossia, sonhos premonitórios, transporte e tantos outros.

Em *Gênesis*, capítulo 41, o faraó é avisado, por meio de um sonho premonitório, dos anos de penúria que iriam desabar sobre o Egito. José interpreta o aviso corretamente e, conquistando a confiança do faraó, acabou sendo seu principal ministro.

No capítulo 3 do *Primeiro livro de Samuel*,[21] Eli é informado, por intermédio da nascente mediunidade de Samuel, que havia caído em desgraça porque não repreendera devidamente seus filhos pelo mau procedimento que haviam demonstrado. Ainda nesse mesmo livro, capítulo 9, versículo 17, Saul é apontado mediunicamente como futuro rei de Israel. Assim que Samuel pousou nele os seus olhos, Javé — isto é, o Espírito guia — lhe disse ao ouvido: "Esse é o homem de quem te tenho falado. Ele reinará sobre o meu povo". O capítulo 28, ainda nesse mesmo livro, nos conta, com nitidez e sem artifícios, todo o desenrolar de uma sessão mediúnica, na qual Saul — cuja mediunidade, aliás havia sido bruscamente retirada — busca desesperadamente falar

---

[21] N.E.: No artigo original publicado em *Reformador* de maio de 1972 consta a referência como *Primeiro livro dos reis*.

com o Espírito Samuel, que pergunta secamente: "Para que me consultas se Javé *já te abandonou* e *passou para outro?*". Em seguida, anuncia o fim de Saul na batalha a ser ferida, o que realmente se deu.

Em Daniel, capítulo 5, a mão materializada de um Espírito escreve na parede da sala do festim uma mensagem em língua desconhecida. Como profeta e, portanto, médium, Daniel também é chamado a interpretá-la e anuncia corajosamente o fim do império de Baltazar.

Estes são alguns dos muitos exemplos, mas a tessitura mediúnica se espalha por todo o *Velho Testamento* e alcança, também o *Novo*, que conta não apenas os fenômenos produzidos por Jesus, como também os que se seguiram à crucificação especialmente. Neste último caso, nos *Atos dos apóstolos*, que documentam a insofismável orientação mediúnica nos primeiros movimentos da Igreja primitiva, da mesma forma pela qual havia sido orientado o povo de Israel nos velhos tempos.

Dessa maneira, não precisamos nem tocar nesse manancial de revelações mediúnicas que iluminou a Idade de Ouro da Profecia, quando viveram os grandes de Israel: Isaías, Jeremias, Ezequiel, Daniel etc. Esses espíritos desassombrados levantavam a voz mesmo contra os poderosos da época, pregavam a palavra de Deus, anunciavam glórias e desgraças, mas havia um tema constante na pregação desses homens: a vinda do Messias, minuciosamente descrito e ansiosamente esperado. Tantos foram os sinais revelados proficamente que o povo não poderia deixar de reconhecê-lo, mas, quando os tempos chegaram e veio Jesus, poderosos interesses contrariados conseguiram seu intento de assassinar o Messias sonhado, com o que, por sua vez também, se cumpriram as predições que anunciavam o seu fim trágico.

Podemos, pois, afirmar com absoluta segurança que sem mediunidade não haveria *Bíblia*. Como aceitar, assim, a proibição do seu exercício?

Há mais, porém. Se alguma dúvida ainda persistisse quanto ao funcionamento vigiado das faculdades psíquicas, bastaria o texto preservado no capítulo 11 de *Números*. Novamente, precisamos descrever o *background* dos acontecimentos, para entender bem o que aconteceu. O povo de Israel "proferia queixas amargas aos ouvidos de Javé". Já há muito andavam pelo deserto, em desconforto e pobreza e enjoados do maná; pediam carne e peixe, dos quais se lembravam dos tempos de cativeiro no Egito. Ouvidas as queixas impertinentes, Moisés também se irritou e sentiu todo o peso da sua própria responsabilidade na difícil liderança daquela gente turbulenta. E, por sua vez, lamentou-se diante de Javé, vergado ao peso das suas aflições e angústias: "Não posso carregar sozinho com todo esse povo: é demasiado pesado para mim. Se continuas a tratar-me assim, mata-me, por favor, se é que mereço a graça diante de ti, para que não vejas mais minha desventura".

Javé lhe ordena, então, que reúna setenta anciãos de Israel na Tenda das Reuniões. "Eu baixarei para falar contigo" — diz o Espírito —; "tomarei parte do espírito que há em ti e o porei neles, para que levem contigo a carga do povo e não tenhas que levá-la sozinho." Em outras palavras: o Espírito propunha difundir mais a mediunidade — que até então pesava exclusiva sobre Moisés — entre outros membros da comunidade, para que se aliviasse a carga do grande profeta.

Assim foi feito.

Saiu Moisés e transmitiu ao povo as palavras de Javé. Em seguida, reuniu setenta anciãos do povo e os colocou em redor da tenda. Baixou Javé na nuvem e lhe falou. Em seguida, tomou do espírito que havia nele e deu dele aos setenta anciãos. E assim que pousou sobre eles o espírito, se puseram a profetizar, mas não mais voltaram a fazê-lo.[22]

Há, porém, uma sequência extremamente valiosa para os objetivos deste trabalho. Vamos reproduzir o texto:

> Haviam ficado no acampamento dois homens, um chamado Eldad e outro Meldad. Pousou também sobre eles o espírito, pois que, ainda que não tivessem saído da tenda,[23] estavam também entre os escolhidos. E profetizavam no acampamento. Um jovem correu a avisar Moisés: "Eldad e Meldad estão profetizando no acampamento". Josué, filho de Nun, que estava a serviço de Moisés desde sua mocidade, respondeu e disse: "Meu senhor Moisés o proíbe." Respondeu-lhe Moisés: "Que zelos são esses por mim? *Quem me dera que todo o povo de Javé profetizasse*, porque Javé lhas daria o seu espírito!" Em seguida, Moisés voltou ao acampamento com os anciãos de Israel (NÚMEROS, 11: 26 a 30).

Vejamos, pois, o que aí está. O guia espiritual de Moisés, falando sempre em nome de Javé, determina que sejam convocados setenta anciãos, aos quais, em memorável sessão, distribui faculdades mediúnicas, a fim de que pudessem, nesse campo, colaborar com Moisés e aliviar a carga de responsabilidades do líder. Dois desses homens, embora capazes do exercício da mediunidade, deixaram de comparecer

---

[22] Nota do autor: Há aqui uma divergência. A tradução portuguesa da *Bíblia*, certamente feita da *Vulgata*, diz que profetizaram e *não* cessaram de o fazer, ao passo que a *Bíblia de Jerusalém* informa que *não* mais voltaram a fazê-lo, acrescentando, em rodapé, que a faculdade foi dada temporariamente.

[23] Nota do autor: Certamente o texto indica que eles não sairiam de suas tendas particulares para irem à Tenda das Reuniões.

à Tenda das Reuniões, mas, como estavam preparados, igualmente receberam Espíritos, do que Moisés foi imediatamente avisado. É notável, neste ponto, observar que o próprio Josué estava na crença de que Moisés proibia a manifestação mediúnica e não hesita em antecipar-se ao Mestre e declarar isso ao jovem. No entanto, Moisés sai com a desconcertante afirmativa de que gostaria que todo o povo de Israel fosse investido da faculdade de profetizar, isto é, exercer alguma forma de mediunidade, para que o Espírito de Deus se espalhasse por toda parte.

De modo que, na próxima vez em que alguém disser que a *Bíblia* proíbe o intercâmbio com os "mortos", você pode informar com segurança que isso não corresponde à realidade dos textos. O contato com os irmãos desencarnados não é proibido: ao contrário, é desejado. O que se exige, porém, de quem se dedica a essas tarefas, é boa moral, experiência, conhecimento — e para isso foram escolhidos setenta anciãos — e boa dose de senso crítico, para examinar e testar o que dizem os Espíritos manifestantes e não aceitar cegamente o que nos transmitem, porque entre eles muitos falsos profetas se imiscuirão. Estes conselhos e observações milenares estão igualmente contidos no contexto da Doutrina Espírita codificada por Kardec, da mesma forma que foram lembrados nas epístolas de Paulo e no *Evangelho segundo João*. Kardec preferia colocar nove verdades sob suspeição do que acolher uma falsidade.

Vemos, assim, que, em essência, a mediunidade tem sido uma só, ao longo dos milênios e que, portanto, um só deve ser o cuidado com que a praticamos. Em todos os tempos, o médium tem sido o mensageiro dos irmãos espirituais desencarnados, intermediário entre uma forma de vida e outra, entre um mundo e outro, entre uma faixa vibratória e outra. Os cuidados com esse delicado instrumento de comunicação devem ser os mesmos, para que não se percam nem o instrumento nem o conteúdo da mensagem.

Muita gente, antes de Kardec, assistiu ao exercício dessa maravilhosa faculdade, mas foi o Mestre de Lyon o primeiro a estudá-la e catalogá-la, de modo a tirar dela todo o proveito de que é capaz, identificando-lhe as imensas possibilidades, tanto quanto os riscos que pode oferecer.

(*Reformador*, de maio de 1972.)

4.5 A doutrinação: variações sobre um tema complexo

Em *Memórias de um suicida*, um dos grandes livros da literatura mediúnica, narra o autor espiritual, no capítulo "A comunhão com o Alto", a dramática procura de médiuns que, pela sua dedicação integral e espontânea, socorressem alguns dos trágicos transgressores das leis sagradas da vida.

Chegara a um impasse o processo de recuperação. A despeito do desvelo e competência dos técnicos e mentores da organização espiritual especializada do tratamento dos suicidas, um grupo deles se mantinha irredutivelmente fixo nas suas angústias. Os casos estavam distribuídos, segundo sua natureza, a três ambientes distintos: o hospital propriamente dito, o isolamento e o manicômio.

Uns tantos desses, porém, "permaneciam atordoados, semi-inconscientes, imersos em lamentável estado de inércia mental, incapacitados para quaisquer aquisições facultativas de progresso".

Tornara-se, pois, urgente despertá-los para a realidade que se recusavam, mais inconsciente do que conscientemente, a enfrentar. Trata-se aqui de um conhecido mecanismo de fuga defensiva. Inseguro e temeroso diante da dor que ele sabe aguda, profunda e inexorável, o Espírito culpado se aliena, na esperança de pelo menos adiar o momento duro e fatal do despertamento.

Em casos como esses é necessário, quase sempre, recorrer à terapêutica da mediunidade. O Espírito precisa retomar a sua marcha e o recurso empregado com maior eficácia é o do choque, a que o autor de *Memórias de um suicida* chama de "revivescência de vibrações animalizadas". Habituados a tais vibrações mais grosseiras, mostravam-se eles inatingíveis aos processos mais sutis de que dispõem os técnicos do Espaço. Para que fossem tocados na intimidade do ser, era preciso alcançá-los "por meio da ação e da palavra humanas". Como estavam, não entendiam a palavra dos mentores e nem mesmo os distinguiam visualmente, por mais que estes reduzissem o seu teor vibratório, num esforço considerável de automaterialização.

Em suma, decidiu-se encaminhar os mais necessitados a um grupo mediúnico na Terra. Desdobra-se, então, um trabalho longo, penoso e difícil. Onde localizar um grupo desses, seguro de seus métodos, doutrinariamente esclarecido, sério, fraternal e integrado no espírito do Evangelho?

Movimentam-se os órgãos próprios da vasta e bem estruturada instituição — a Legião dos Servos de Maria. É nomeada uma comissão que se responsabilizará pela tarefa de levar à face da Terra aqueles seres tão batidos pela desgraça. Entram em ação todos os dispositivos de segurança e de informação. Na Seção de Relações Externas são consultadas as indicações sobre grupos espíritas que possam oferecer as condições desejadas para o delicado trabalho. Verifica-se a existência de grupos em Portugal, na Espanha e no Brasil. Decide-se por este último e, em seguida, são examinadas as "fichas espirituais dos médiuns" que compõem os grupos sob exame. É no Brasil que se localiza "magnífica falange de médiuns bem-dotados" para a delicada tarefa.

Nessa mesma noite, partem os dirigentes para o plano terrestre, com o encargo preliminar de selecionar os médiuns e, por conseguinte, os grupos mediúnicos aos quais levariam os doentes espirituais a tratamento. A colaboração a ser solicitada envolvia também entendimentos com os guias e mentores e certamente teria que ser inteiramente voluntária, pois seria inadmissível forçar a difícil tarefa.

A entrevista com os médiuns foi planejada para a noite, enquanto estavam parcialmente libertos pelo sono fisiológico e mais protegidos, magneticamente, pelos seus respectivos guias. Quatro cidades seriam visitadas de cada vez, em busca de socorro e colaboração mediúnica. Selecionados os instrumentos, haveria uma reunião coletiva na Espiritualidade para distribuição das tarefas.

Os médiuns foram avisados de que teriam que contribuir "com grandes parcelas de suas próprias energias para alívio dos desgraçados que lhes bateriam à porta". Por certo, sentiriam o reflexo desse estafante trabalho, a ser realizado com não pequenos sacrifícios. Seriam assaltados por angústias, mal-estar, perda de apetite, insônia e até redução de peso físico, mas estariam sob a proteção adicional da instituição que ora lhes buscava o auxílio indispensável. Estavam sendo entrevistados apenas aqueles médiuns mais dotados e cujas faculdades se apoiavam na luminosa moral cristã e a quem o autor espiritual chama de "iniciados modernos". Doze povoações foram visitadas no interior do Brasil e vinte médiuns consultados, um a um. Pois, a despeito da cuidadosa seleção prévia — entrevista apenas com os médiuns que ofereciam as condições mínimas exigidas —, apenas quatro senhoras concordaram sem restrições, entregando-se literalmente, de corpo e alma, à tarefa. Dos médiuns masculinos, somente dois se dispuseram a colaborar, "sem rasgos de legítima abnegação, é certo, mas fiéis aos compromissos de que se investiram, assemelhando-se ao funcionário assíduo à repartição por ser esse o dever do subordinado". Ou seja: por obrigação e não por amor. Os restantes dezesseis médiuns foram desobrigados, por se mostrarem desencorajados diante da magnitude e responsabilidade do sacrifício.

Os mentores espirituais trabalhariam, pois, com número reduzido e com mais escassas possibilidades de atendimento, mas era preciso fazer algo por aqueles réprobos. Dessa forma, sem serem de todo negativos, os resultados dos contatos eram algo decepcionantes. E isso, notem bem, no Brasil, que "fora assinalado como ambiente preferível, onde se localizavam médiuns ricamente dotados, honestos, sinceros, absolutamente desinteressados!"

Começa então o ajustamento dos seis aparelhos mediúnicos, por meio da ação fluídica e magnética, a fim de torná-los perfeitamente aptos para o trabalho especializado, ante o qual se haviam comprometido. Alongaríamos demais este comentário se fôssemos aqui reproduzir o meticuloso procedimento clínico-espiritual a que foram submetidos os médiuns. O objetivo era ajustá-los perfeitamente para que funcionassem satisfatoriamente no momento culminante do processo: a sessão mediúnica, cujo preparo é também descrito com minúcias surpreendentes. Os Espíritos em tratamento foram então reunidos e receberam longa preleção acerca da importância da reunião e do que se esperava de cada um.

"A azáfama do plano espiritual" — diz o autor — "era intensa. Quanto à parte que tocava ao homem executar parecia diminuta, conforme foi fácil observar".

Todos estão a postos, afinal. Uma parcela considerável de responsabilidade cabe, daí em diante, àquele que tem a seu cargo os trabalhos do grupo mediúnico. Dele se exigem, como condição essencial, "elevadas disposições para o Bem". A narrativa torna-se fascinante neste ponto. Os mentores espirituais da casa, harmoniosamente articulados com os técnicos espirituais visitantes, responsáveis pelos doentes, se incumbem de tarefas que nos são quase inconcebíveis. Cabe-lhes:

> recolher as vibrações dos pensamentos e das palavras do presidente, desenvolvidos durante o magno certame; associá-los aos elementos quintessenciados de que dispõem, de envolta com as ondas magnéticas dos circunstantes encarnados; elaborá-los e transfundi-los em cenas, dando-lhes vida e ação, concretizando-os, materializando-os até que os infelizes assistentes desencarnados sejam capazes de tudo compreender com facilidade.

E à medida que se sucedem os doentes desencarnados, os técnicos espirituais presentes cercam o dirigente encarnado dos trabalhos de toda atenção e cuidado, a fim de que, por descuido, invigilância ou perturbação, não ponha a perder tão elaborado processo de planejamento.

Num, grupo que frequentamos, um dos médiuns viu, em retrospecto, tarde da noite, depois de recolhido ao leito, todo o trabalho de preparação da sessão. Duas figuras espirituais veneráveis circularam pelos móveis já posicionados e manipularam dispositivos especiais que eles ligavam às cadeiras dos médiuns e demais assistentes. Mais tarde, foi revista a cena da nossa chegada ao recinto do trabalho, que ficara isolado, mergulhado na penumbra durante cerca de uma hora antes do início da sessão. Ao tomarmos as posições em torno da mesa, todos foram ligados àqueles dispositivos, sendo que a pessoa incumbida do trabalho de dialogar com os Espíritos recebeu tais conexões na cabeça, partindo os fios fluídicos na direção do alto.

Convém assinalar logo, porém, que a pessoa que dirige a palavra aos seres desencarnados não se coloca em posição destacada e superior, como sumo sacerdote de um novo culto. No grupo mediúnico equilibrado todos são importantes e ninguém é importante. Paulo de Tarso já sabia disso, há mais de mil e novecentos anos.[24] Para que o grupo funcione bem, todas as peças devem estar ajustadas como as de um relógio, no qual a falha de um parafuso aparentemente sem importância perturba ou impede o funcionamento do mecanismo todo. O chamado "doutrinador" poderia, talvez, ser comparado aos ponteiros que indicam, pela sua palavra, o andamento do trabalho, no desenrolar do diálogo; mas que seria dele sem a corda que impulsiona a máquina, sem as engrenagens que transmitem o movimento ou o mostrador que lhe diz onde se encontra na face do relógio? Não podemos esquecer, por outro lado, que o doutrinador é também um médium que precisa colocar-se em sintonia com seus amigos espirituais mais esclarecidos, a fim de que possa desempenhar-se a contento de suas tarefas. Nada o credencia como um elemento à parte no grupo, com poderes especiais, portador de virtudes excepcionais.

Numa conversa reproduzida por André Luiz, em *Missionários da luz*[25] diz o instrutor Alexandre, falando sobre os doutrinadores: "Ajudando entidades em desequilíbrio, ajudarão a si mesmos; doutrinando, acabarão igualmente doutrinados".

Esse pensamento poderá servir de ponto de partida e apoio para algumas meditações acerca do problema, ainda pouco explorado, do papel do doutrinador.

---

[24] Nota do autor: I Coríntios, 12: 13 e 14.

[25] Nota do autor: Cap. 17, "Doutrinação" — FEB.

Antes de ir adiante, uma tentativa de definição. A expressão doutrinador, de uso corrente na prática espírita, parece algo inadequada, ou, pelo menos, incompleta, sendo admitida apenas à falta de outra mais precisa. Isso porque, na realidade, aquele que se incumbe de falar aos Espíritos manifestantes não está limitado exclusivamente a doutrinar, isto é, instruí-los quanto à Doutrina Espírita em particular. Seu objetivo é bem mais amplo e menos específico, dado que, antes de qualquer instrução ou doutrinação propriamente dita, o Espírito em crise necessita de acolhida paciente, amorosa, compreensiva, de socorro mais urgente e imediato, de tratamento de emergência que o coloque em condições de pelo menos compreender a sua posição. Por outro lado, parece igualmente inadequado posicionar aquele que dialoga com os Espíritos manifestantes como diretor ou dirigente dos trabalhos. Ele não passa de um dos componentes do grupo com atribuição específica, tal como os médiuns — psicofônicos, psicográficos, videntes ou de cura — e os que emprestam ao grupo o apoio silencioso, sem mediunidade ostensiva. De todos eles, indistintamente, precisa o grupo. Todos devem estar sintonizados com o mundo maior e harmonizados entre si mesmos, inteiramente voltados para as tarefas de que foram incumbidos.

As informações que hoje temos, com riqueza de pormenores, sobre o relacionamento entre o mundo dos desencarnados e o nosso, confirmam e ampliam o que os princípios da Codificação deixaram estabelecidos. O chamado dirigente é apenas a pessoa que no plano dos encarnados coordena os trabalhos que ali se desenrolam. Mantém-se usualmente em estado de vigília e alertamento para melhor acompanhar o que ocorre à sua volta, dado que qualquer forma de mediunidade que provocasse seu alheamento poderia dificultar sua atuação. Por isso, deve estar sempre atento às sugestões e recomendações que recebe por via intuitiva dos verdadeiros dirigentes do grupo, que são os Espíritos mais experimentados do mundo invisível. Dessa forma, o doutrinador não é, usualmente, dotado de mediunidade ostensiva. Quando muito, dispõe de alguma vidência ou audição. A via de comunicação mais intensamente utilizada pelos seus mentores é a da intuição, que, com a prática, se desenvolve de maneira satisfatória. É preciso, para tanto, preparar-se continuamente, por meio da prece, da purificação interior, da meditação, a fim de conseguir captar os "flashes" rápidos que recebe do mundo espiritual, enquanto atende seus companheiros desencarnados. É claro também que, no decorrer das tarefas mediúnicas, o padrão vibratório de todos os componentes do grupo é elevado pela concentração e pela atuação dos técnicos espirituais, a fim de afinar os trabalhadores encarnados com os desencarnados, buscando estabelecer entre eles uma aproximação que possibilite o intercâmbio.

Afinal, que nome proporíamos em lugar de doutrinador ou dirigente? Instrutor? Monitor? Bem, é preciso confessar que a esta altura tão generalizado se encontra o uso da palavra *doutrinador* que a discussão se torna algo acadêmica. O objetivo desta digressão foi apenas mostrar que o trabalho do doutrinador nos grupos mediúnicos não é propriamente o de transmitir aos Espíritos desajustados instruções doutrinárias pura e simplesmente, consistindo antes em acolher irmãos mergulhados na dor, na revolta, na angústia, na ignorância, na alienação, na desorientação e, até, muitas vezes, na total inconsciência de si mesmos. Muitos desses Espíritos, senão a maioria deles, precisam de primeiros socorros urgentes. Trazem angústias e desordens seculares, às vezes, que não se apagam com um passe de mágica. Precisam de tempo para se colocarem em condições de receber instruções e esclarecimentos que os habilitem ao prosseguimento da jornada evolutiva. No estado de choque emocional em que estão se tornam, às vezes, inacessíveis até mesmo à voz do doutrinador, prosseguindo como surdos no alucinante monólogo da dor, girando incessantemente em torno de um núcleo interior.

Os grupos mediúnicos que se dedicam, pois, ao trabalho de atendimento espiritual, funcionam como postos avançados de pronto-socorro, ambulatórios de primeiros cuidados, recebendo seres que se desequilibraram seriamente e se perderam pelos escuros desvãos de regiões onde imperam a revolta, o ódio, a dor, a aflição em graus superlativos. Por isso, os povos da língua inglesa chamam a essa atividade de *rescue work*, ou seja, trabalho de resgate. É realmente o que se passa. Por mais graves que sejam as faltas cometidas pelo Espírito, chega afinal o momento do resgate. Abnegados e competentes companheiros do mundo espiritual descem então às furnas da dor para trazê-lo aos postos de atendimento. Não é fácil esta missão, porque aqueles que adquiriram domínio sobre a vítima não desejam liberá-la de maneira alguma e se defendem e reagem com inaudita violência. Tais seres, secularmente endurecidos no mal, dispõem de poderes consideráveis, comandam organizações inteiramente voltadas à prática da violência e da opressão organizadas, a serviço das suas paixões incontroladas. É difícil e arriscada a retirada de alguém que esteja aprisionado nesses autênticos infernos. O trabalho é realmente de resgate.

Trazidos, pois, aos grupos mediúnicos, os pobres irmãos que já perderam a noção do tempo e, muitas vezes, até a consciência de si mesmos, não oferecem condições de diálogo fácil. Não estão ainda em posição de serem doutrinados.

A doutrinação: variações sobre um tema complexo

Mais difíceis, porém, são aqueles que exercem no mundo das trevas essa terrível liderança de opressão. São Espíritos prepotentes, acostumados ao mando incontestado, inteligentes, sutis, envolventes, violentos, que há séculos não experimentam um sentimento de piedade, de afeição ou de paz. Vivem num processo contínuo de alucinação, inteiramente voltados para o livre exercício de suas paixões. Têm, no entanto, nítida consciência de suas responsabilidades. Conhecem as Leis divinas e sabem como, onde e por que as estão desrespeitando. Sabem das consequências da rebeldia e sabem que um dia, afinal, não importa quando, terão de enfrentar a dura realidade do resgate. Nada disso, porém, importa, porque enquanto se acharem envolvidos no processo da vingança, do ódio, da violência, estão ao abrigo da dor maior do arrependimento. Sabem disso muito bem. Suas organizações são fundadas em estrito regime disciplinar e hierárquico e sabem que, enquanto ali estiverem, estarão sob a proteção da própria violência. Enquanto infligem a dor aos outros, esquecem-se das próprias, num processo de autoanestesia da sensibilidade. Protegem-se a todo custo de qualquer aproximação amorosa de qualquer movimento conciliador de qualquer socorro por meio da prece. Quando as equipes do bem conseguem resgatar algum tutelado que considerem importante, ou interferir de maneira decisiva nas suas atividades, dificultando-lhes o trabalho impiedoso e os planos de longo curso, ficam alucinados de ódio e se atiram com todos os seus recursos à vingança, à tentativa de aniquilamento e destruição dos que ousaram perturbar o andamento de suas tarefas. Ai daquele que se atreve a interromper um processo de obsessão, ou a subtrair uma vítima inerme das garras do seu verdugo implacável!

Nesse estado de exaltação e rancor é que costumam manifestar-se por intermédio de médiuns dedicados. Por isso, os grupos mediúnicos precisam estar muito bem preparados e protegidos pela prece, pelas boas intenções, pelo sentimento de fraternidade. Têm de contar com muito boa assistência das mais elevadas entidades espirituais e com a presença de Espíritos que conheçam profundamente os mecanismos que se põem em movimento para que se realize uma sessão espírita.

O trabalho do doutrinador é, então, altamente crítico. Sua atitude mental e emocional, sua posição espiritual, seus conhecimentos doutrinários, sua familiaridade com os processos mediúnicos são de vital importância, dado que por um simples descuido, muitas dores angustiantes podem ter o seu fim adiado por tempo indeterminado.

Em primeiro lugar, o doutrinador nunca sabe que tipo de Espírito se aproxima, em que condições e com que problemas. Desconhece, de início, suas intenções e propósitos. Sabe, por outro lado, que o ser manifestante pode levar a grande vantagem inicial de estar na posse de conhecimentos do lado espiritual da vida de que ele, doutrinador, não dispõe. Se persegue, oprime, ou obsidia alguém que o grupo foi incumbido de tentar socorrer, o perseguidor vem munido de fatos que os encarnados desconhecem. Sabe dos antecedentes do processo, está convencido da legitimidade de seu direito de perseguir e odiar. De certa forma, não deixa de ter alguma razão, porque a Lei divina que protege a todos nós foi desrespeitada por aquele que o feriu no passado. Foi aquele mesmo que agora o grupo pretende proteger, e para quem se pede perdão e piedade, que lhe roubou a esposa, que o arruinou, que o levou ao crime, à vergonha, à miséria, à desonra. Foi aquele que lhe tirou a vida, que o traiu na sua confiança, que o levou ao desespero e ao suicídio.

Os primeiros apelos ao perdão não lhe fazem o menor sentido. No seu raciocínio deformado, o próprio Deus permitiria a vingança, porque se Deus não o quisesse nada daquilo seria possível. Ou, então, ele não acredita na Justiça divina e resolveu tomar a vingança em suas próprias mãos. Não venham, pois, pedir perdão para quem o arrasou. Precisavam ver que monstro foi aquele que agora comparece em lágrimas para implorar socorro!...

De outras vezes, o processo da perseguição e da opressão tornou-se, por assim dizer, impessoal. O Espírito violento e arbitrário não se interessa pessoalmente pela sua vítima. Ele faz parte de uma organização com objetivos bem demarcados e com planejamentos a longo prazo; recebe uma tarefa específica que lhe cumpre desempenhar com dedicação e rigor, seja quem for a vítima, porque do bom desempenho do seu trabalho depende sua promoção na escala hierárquica da organização a que serve, como em qualquer instituição humana que premia aqueles que lhe são úteis e fiéis. Recebem condecorações e galgam postos importantes à medida que se destacam no trabalho bem feito, ou seja, quanto mais eficientes forem nas odiosas e lamentáveis tarefas a que se entregam. A estes também não adianta o apelo à clemência. São frios executores de um planejamento global. Não se sentem nem mesmo responsáveis ou culpados pela dor que infligem, porque, segundo dizem, apenas cumprem ordens superiores. Se há culpa, não lhes cabe nenhuma parcela e sim aos seus mandantes. Foram treinados para isso e condicionados a esse procedimento. Dão sempre as mesmas respostas e têm atrás de si a segurança que julgam incontestável da terrível organização a que pertencem.

Quanto aos que planejam, colocados, evidentemente, em plano superior de inteligência e conhecimento, também não se julgam responsáveis. São meros teóricos. Não executam ninguém, não julgam ninguém, limitam-se a traçar os programas estratégicos de ação; não descem aos pormenores da execução propriamente dita.

Há, ainda, os terríveis juristas do Espaço. Estes também, autoritários e seguros de si, exoneram-se facilmente de qualquer culpa porque, segundo informam ao doutrinador, cingem-se aos autos do processo. Na sua opinião, qualquer juiz terreno, medianamente instruído, proferiria a mesma sentença diante daqueles fatos. Todo o formalismo processualístico ali está: as denúncias, os depoimentos, as audiências, os pareceres, os laudos: — as perícias os despachos e, por fim, a sentença — invariavelmente condenatória. E até as revisões, e os apelos, quando previstos nos "códigos" pelos quais se orientam (ou melhor: se desorientam).

Muitos se dizem trabalhadores fiéis do Cristo e lutam denodadamente pelo restabelecimento de sua "verdadeira igreja". Citam os mesmos textos evangélicos para dizer coisas diametralmente opostas à Lei universal do amor e da tolerância que o Cristo pregou. Se advertidos quanto à violência que empregam, invocam invariavelmente a cena da expulsão dos mercadores do templo.

É difícil o trato com esses irmãos desesperados. Não podemos recebê-los como celerados, mas como companheiros doentes que se comprometeram profundamente ante as Leis de Deus. Não podemos responder à sua violência com a nossa. Por outro lado, muitos são os que se tornaram inacessíveis à linguagem de excessiva doçura, pois algumas verdades precisam e devem ser ditas a eles. Mas como? Que verdades? O que lhes convém dizer? De que maneira? Pouco sabemos deles, a não ser o que eles próprios revelam no diálogo penoso e fragmentário que se desenvolve. O melhor é deixá-los falar por algum tempo, depois de recebê-los amorosamente, com o Espírito desarmado e atento, tranquilo e vigilante. Pouco a pouco, vão revelando suas motivações e impulsos. Qual o momento de interferir com uma palavra mais firme? Será agora, desta primeira vez, ou convém esperar um pouco mais? Devemos dar-lhe um passe? Qual o melhor momento para a prece? Quais são as razões profundas à sua dor?

No fundo há sempre a dor que eles, naturalmente, não admitem. Mas, fogem dela, procurando esconder-se de si mesmos. Quando lhes dizemos que a razão do sofrimento está no seu próprio passado, reagem energicamente à ideia de uma incursão pelos porões da memória, porque regra geral sabem muito bem que lá é que se escondem as raízes profundas das suas angústias e não se julgam ainda preparados para identificá-las. E se no fundo do ser está a dor, lá também está o amor, porque são legião aqueles de nós que nos despenhamos nos abismos da dor pelo amor frustrado, traído, maculado e de lá saímos pelo amor restaurado, compreendido, redimido. Que tremenda força tem esse sentimento que constitui a essência mesma de Deus! Nos corações mais duros, mais frios, mais implacavelmente voltados ao ódio, remanesce sempre, invariavelmente a chama adormecida de amores milenares talvez esquecidos, quase sempre soterrados nas cinzas dos séculos, mas ainda, vivos. Cabe-nos descobrir naquele mar tormentoso de paixões desencadeadas o remanso tranquilo no qual se depositou o amor. Se tivermos paciência e sabedoria para esperar o momento certo e soprar amorosamente o coração chagado pela angústia, veremos que debaixo da cinza dormitam fagulhas que um dia reacenderão aquela chama dourada do amor que aquece sem queimar, e que ilumina sem ofuscar. Há sempre, alhures, naquele tumulto interior, a memória querida de uma dedicada, mãe, de um filho inesquecível, de uma esposa muito amada, de um irmão, de um amigo que parecia esquecido.

A despeito disso, o Espírito atormentado se defende, porque, consciente ou inconscientemente ele sabe que, se "fraquejar", ou seja, se abrir a menor fresta à penetração da luz, todo o seu interior se iluminará, e ele não poderá mais impedir que as suas pesadas culpas se identifiquem e se apresentem diante da sua consciência atribulada.

Cabe ao doutrinador dizer a palavra oportuna, no momento exato. Precisa ser doce e humilde, mas também positivo e firme. Sua própria autoridade moral é importante, porque o Espírito que o enfrenta respeita-o por isso, mas quem de nós na Terra, nas lutas contra imperfeições e mazelas que remanescem teimosamente, tem condições morais para impor-se ao pobre irmão que sofre? Muitas vezes ele sabe de nossas fraquezas tanto quanto nós. Ele nos vigia, nos observa, nos analisa, nos estuda, de uma posição vantajosa, para ele, na invisibilidade. Segue-nos nas nossas atividades diárias, acompanha-nos ao trabalho. Vê como agimos com os semelhantes e por aí afere a nossa personalidade e propósitos. É fácil para ele apurar se no nosso relacionamento humano agimos dentro da mesma moral que pregamos a ele. Ele percebe mais as nossas intenções, a intensidade e sinceridade do nosso sentimento do que o mero som das palavras que pronunciamos. Se estivermos recitando lindos textos evangélicos sem a sustentação da afeição legítima, ele o saberá também. E, é preciso ter muito amor a dar, para distribuí-la assim, indiscriminadamente, a qualquer companheiro espiritual que se manifeste. Muitas vezes, o médium doutrinador, não se encontra na sua vida de encarnado cercado pelo sentimento de afeição de familiares e companheiros. Tem seus parentes, vive rodeado de conhecidos no ambiente de trabalho, mas não conta com grandes afeições e dedicações. A sustentação do seu teor vibratório no campo do amor deverá vir de cima e, para isso, precisa estar ligado aos planos superiores que o ajudam e assistem a distância. Sem amor profundo, pronto na doação, incondicional, legítimo, sincero, é impraticável o trabalho mediúnico realmente produtivo e libertador. Esse dispositivo emocional, afetivo, precisa estar solidamente conjugado com boa dose de conhecimento doutrinário, adquirido não apenas na prática prolongada, na observação atenta dos fenômenos e mecanismos envolvidos, mas também no estudo repetido, contínuo dos textos elucidativos da Doutrina Espírita. Ninguém deveria aventurar-se a esse trabalho sem preparo prévio. É claro que um coração amoroso, habituado a doar-se sem reservas ao semelhante, supre em grande parte o despreparo doutrinário. Numa situação mais crítica, porém, diante de um Espírito mais artificioso, intelectualmente bem preparado e amoral, podem resultar embaraços bastante penosos para o doutrinador, os quais, de tão sérios, às vezes chegam a acarretar a desagregação do grupo.

Acontece, também, que alguns dos Espíritos que se apresentam diante de nós conhecem-nos do passado mais recente ou mais remoto, de outras encarnações alhures. Sabem de nossas tendências, conhecem mais de nossa história pregressa do que nós mesmos e fazem bom uso de seus conhecimentos. Vendo-nos hoje, a falar-lhes como santarrões, que ainda não somos, vêm-lhes à lembrança as figuras hediondas que fomos do passado. Odeiam-nos, às vezes, pelas nossas crenças ou descrenças, pela oposição em que nos colocamos no passado, ou no presente. Esses ódios e rancores são particularmente dramáticos quando estamos em campos religiosos opostos. Poucas paixões são tão persistentes e nefastas como essas. Permanecemos, com frequência, agarrados durante séculos inteiros às mesmas ideias religiosas, insuscetíveis de evolução, refratários a elas, inimigos delas. E os que nos conheceram como "bons" religiosos no passado, isto é, fanáticos, e nos veem hoje ligados a um movimento "herético', como classificam o Espiritismo, nos detestam veementemente, mesmo que nada lhes devamos em termos cármicos. O ódio deles é pronto, verbal, agressivo, irracional. Estão convictos de defenderam a pureza dos dogmas a que se aferraram tenazmente e tudo e todos quantos se lhes oponham devem ser removidos a ferro e fogo, a qualquer custo, por amor do Cristo, dizem, de quem se julgam trabalhadores fiéis. Quantas vezes, mergulhando no passado distante, acabam descobrindo que ajudaram a cravar um prego nas mãos do Mestre, de quem se julgavam defensores intransigentes!

Chega, então, o momento difícil e doloroso da crise. Desarma-se subitamente toda a estrutura da proteção, da defesa. O Espírito não pode mais fugir de si mesmo. A tarefa que vê à frente é gigantesca, pois aquele que desceu para os abismos, espalhando dores e espinhos, tem de retraçar os seus passos. E não encontrará pelos caminhos de retorno, outra coisa senão espinhos e dores. Mesmo assim, tem de palmilhá-lo inapelavelmente, pois não há outro roteiro...

O primeiro impulso de ódio é ainda contra o doutrinador. Ele é o agente da sua dor, é aquele que teve a audácia de despertá-lo e, como qualquer um de nós, ele reage contra aquele que o sacudiu e o arrancou da anestesia cômoda, do sono profundo que o isentava da dor. Terminou a fuga e o primeiro momento é absorvido pela revolta. Depois, vem o duro choque da realidade, o arrependimento, a terrível sensação de esmagamento ante a magnitude de suas culpas e das tarefas de recuperação que o esperam. É um ser arrasado, um trapo humano que não pode mais fugir de si mesmo nem desaparecer no não-ser. Ele sabe que a vida contínua inexoravelmente.

É chegado o momento em que o doutrinador tem de se portar com a maior grandeza e tato. Tem de evitar o agravamento das dores, a implantação do desânimo, o esmagamento pelo rolo compressor do arrependimento. Não pode o doutrinador apresentar-se como cobrador da lei, nem como aquele que venceu, afinal. Ao irmão que ali está, mais do que nunca deve servir, oferecer o braço amigo, ainda que também fraco e imperfeito; colocar à disposição do companheiro tão fundamente atingido o abrigo precário e provisório de seu próprio coração, assegurar-lhe o amparo de companheiros mais esclarecidos e competentes, mostrar-lhe que o caminho é longo, mas é possível, é necessário, é o único; que ele terá repouso e instrução. Será preparado para as tarefas que o esperam, reencontrará afeições profundas que pareciam esquecidas. Não se deve afligir ante a aspereza da dor, porque as Leis divinas não dosam o resgate acima das nossas resistências e possibilidades. Que chegou, afinal, e graças a Deus, o momento da Verdade, quando os nossos passos deixam de nos aprofundar nos escuros caminhos da angústia, para nos dirigirem à escalada na direção da paz. Tenha o irmão confiança em si e nos poderes superiores que velam por nós todos. É também chegado o momento da prece de recomendação, de despedidas e, antes oramos para encontrar o caminho de seu coração, agora oramos para que ele o siga amparado pelos que o amam, e há tanto tempo esperam por ele. Há sempre uma mãe carinhosa ali, ou um filho esquecido, ou uma companheira amada que os séculos guardaram para nós.

E enquanto agradecemos a Jesus por mais um Espírito que, por nosso intermédio, se entregou aos trabalhadores da luz, voltamo-nos para outro médium para receber novo irmão desarvorado a deblaterar enraivecido e alucinado, sem saber ainda que está desesperado pela salvação. Talvez Jesus permita que possamos recolhê-lo também. Recomeça o ciclo:

vigilância, paciência, ternura, compreensão, fidelidade, lealdade, humildade, amor, amor, amor...

É o que o mundo espiritual espera de nós. Lembremo-nos disso, quando nos sentarmos em torno da mesa de trabalho. E o Cristo não se esquecerá de nós.

(*REFORMADOR*, DE FEVEREIRO DE 1975.)

4.6 O sonho profético de Lincoln

Sobre o sonho há muitas teorias em circulação e muitas mais já recusadas, em vista das fantasias que as caracterizavam. Freud colocava o sonho como realização de um desejo, quase sempre recalcado para os porões do inconsciente. O simbolismo e a confusa linguagem do sonho não seriam mais que artifícios do inconsciente para burlar a vigilância da censura. Essa teoria não explica, no entanto, o sonho profético, isto é, aquele que antecipa, às vezes nos seus mínimos pormenores, acontecimento futuros. Há uma coletânea variada de sonhos premonitórios na literatura que estuda os fenômenos psíquicos e mesmo na psicologia clássica.

Para nós, espíritas, o sonho se apresenta sob dois aspectos distintos: ainda que, por vezes, dificilmente identificáveis isoladamente: um grupo de sonhos se prende à atividade e aos problemas do corpo físico. A pessoa que adormece com sede, por exemplo, sonha estar bebendo água. Nisso, é realmente a satisfação de um desejo. O outro grupo de sonhos diz respeito à atividade espiritual. O sono fisiológico proporciona certa liberdade ao Espírito que, desprendido do corpo material, vaga pelo mundo que lhe é próprio, seu hábitat natural. Ali vive ele a parte oculta — porque inconsciente — da sua existência. Ali, encontra-se com outros Espíritos, conversa, aprende, ensina, trabalha, sofre e ama. Algumas imagens dessa atividade são transmitidas ao cérebro físico sob forma de sonho. Situado, porém, numa dimensão que o coloca acima dos conceitos humanos de espaço e tempo, o Espírito baralha a transmissão dessas imagens, no esforço de traduzir em linguagem humana — sons e imagens — aquilo que não é som nem imagem, apenas uma sequência de sensações.

Nessa posição especial, fora do tempo, não é difícil admitir que o Espírito possa ter, às vezes, a visão de um acontecimento que na dimensão humana é ainda futuro. (O leitor interessado nessas especulações deverá procurar o notável livro [não espírita] *An Experiment with Time,* de J. W. Dunne que apresenta uma engenhosa teoria matemática para o problema tempo-espaço). Um exemplo bem conhecido e bem documentado de sonho premonitório ocorreu com o grande Presidente Lincoln. Consta de todas as suas melhores biografias. Tomemos, porém, a de Carl Sandburg (*Abraham Lincoln — The War Years –* 3º v.).

Na segunda semana de abril de 1865 — escreve Sandburg — Lincoln contou à sua esposa Mary Todd Lincoln e ao seu amigo Ward Lamon o seguinte: há cerca de dez dias, fora dormir muito tarde e cansado, pois estivera esperando notícias importantes do *front.* Não fazia muito tempo que se deitara, quando adormeceu profundamente. Começou logo a sonhar. Parecia haver, um silêncio mortal em torno dele. De repente, ouviu soluços abafados, como se muita gente estivesse chorando. No seu sonho, ele deixou a cama e vagou pelos aposentos do andar térreo da Casa Branca. Os soluços continuavam, mas ele não via ninguém, à medida que passava de sala em sala. Os aposentos estavam bem iluminados, os objetos lhe eram familiares, mas onde estava aquela gente que chorava? Que significava aquilo tudo? Decidido a desvendar o mistério, Lincoln, sempre em sonho, continuou caminhando até chegar ao *"east room".*

Lá encontrou uma perturbadora surpresa: diante dele havia um caixão, onde repousava um cadáver. Havia uma guarda de honra e uma verdadeira multidão chorava em torno.

— Quem morreu? — perguntou Lincoln a um dos soldados.

— Foi o Presidente — respondeu. — Foi morto por um assassino.

Como sabe o leitor, Lincoln foi assassinado por John Wikes Booth, no Forel Theatre, em Washington, na noite de 14 de abril de 1865. Morreu na manhã seguinte.

(*REFORMADOR*, DE MAIO DE 1968.)[26]

4.7 Dramas do Além

No seu livro *God Bless the Devil*, Luís J. Rodriguez alude aos terríveis dramas que se desenrolam no mundo espiritual em trágicas estórias verídicas que nem a imaginação do romancista seria capaz de criar na ficção. A literatura espírita tem oferecido algumas dessas estórias, nas quais, presos por terríveis compromissos, tantos Espíritos atravessam várias encarnações atormentando-se mutuamente até que se convençam de que a paz interior é alcançada por meio do amor e não do ódio e da vingança.

Às vezes nos é permitida a oportunidade de levantar uma ponta do véu que encobre um ou outro desses dramas, certamente para instrução nossa; para que compreendamos bem que o nosso futuro aqui na Terra ou no mundo espiritual depende do que fizermos no presente.

Não podemos fugir às nossas responsabilidades nem às consequências dos nossos atos.

---

[26] N.E.: Extraído do *Diário de notícias* de 4 abr.1968.

A *Revista espírita* de novembro de 1862 traz um caso desses. Havia nos subterrâneos da Torre de São Miguel, em Bordeaux, alguns cadáveres mumificados que pareciam estar naquela condição havia pelo menos dois séculos. Um deles chamava particularmente a atenção de todos. Era o de um homem e as contorções e o desespero que se imobilizaram no seu cadáver indicava o gênero de morte que o acometeu: fora enterrado vivo e sofrera a agonia do túmulo fechado sob a terra.

Em 9 de agosto de 1862, os dirigentes do Centro Espírita Saint-Jean d'Angely procuram saber, dos orientadores desencarnados, se poderiam evocar o Espírito que animara aquele corpo retorcido. Ante a resposta afirmativa, foi feita a evocação, manifestando-se um Espírito que declarou chamar-se Guillaume Remone. Fora realmente enterrado vivo, em 1612, e estava preparando-se para renascer. Confessou-se autor da morte da esposa, por sufocação, no leito em que dormiam. O crime não fora punido pela lei humana, porque a morte da mulher foi dada como natural. Razão do crime: ciúme, pois o marido assassino surpreendera a companheira em falta. Falando sobre o transe da morte, diz o Espírito que, naquele momento, nada pensara. "Morri enraivecido, batendo nas paredes do caixão e querendo viver a todo custo. Durante 15 a 18 dias ficara preso ao corpo físico. Depois de desprendido, viu-se cercado de uma porção de Espíritos, como eu, cheios de dor, não ousando levantar para Deus o coração ainda ligado à Terra e desesperançado de receber perdão". Fora um homem pobre, honesto e bem reputado pelos vizinhos, mas se deixara cegar pela paixão. No mundo espiritual revia o Espírito da esposa e, por mais que pretendesse fugir dela, estavam sempre face a face, torturando-se mutuamente.

Procurou-se, a seguir, trazer à reunião o Espírito da senhora Remone. Embora já encarnada, era possível a sua manifestação enquanto seu corpo físico dormia. Vivia, então, uma nova existência, na cidade de Havana, em Cuba. Estava com 11 anos e pertencia a uma família abastada que os Espíritos não permitiram fosse identificada. Lembrava-se da sua dramática vida na França. Também teria sua provação, pois fora culpada e da sua culpa nascera o assassínio. Na existência cubana, passaria pela aflição de perder a fortuna da família e ter uma paixão ilegítima e sem esperança, "junto à miséria e a duros trabalhos". Amaria um sacerdote, "sem esperança de correspondência".

Por fim, compareceu também o Espírito do homem que arrastara a Sra. Remone ao adultério e o Sr. Remone ao assassínio. Era ainda um folgazão irresponsável, ao qual jamais ocorria a ideia de repesar e reparar suas antigas faltas. Sabia que sua amante havia sido assassinada?

— Eu era um pouco egoísta e me ocupava mais de mim que dos outros. Quando soube de sua morte, chorei sinceramente, mas não procurei a causa.

Sua atividade no mundo espiritual se resumia em divertir-se pregando peças aos descuidados. Seu nome: Jacques Noulin. Sensibilizara-se, no entanto, ante os conselhos e sugestões do dirigente dos trabalhos, e, após uns dias de ausência e meditação, manifestou-se outra vez, com novas disposições e com a honesta intenção de regenerar-se. Confessou que, a despeito da fanfarronada, não se sentia feliz.

— Eu era muito infeliz. Vejo-o agora. Mas eu me sentia feliz como todos aqueles que não olham para cima. Não pensava no futuro; era, quando na Terra, um ser despreocupado, não me dando ao trabalho de pensar seriamente. Como deploro a cegueira que me fez perder um tempo precioso!

Sabemos que muita gente acha simplesmente fantásticas, quando não ridículas, essas estórias. Não importa, pois também sabemos que nos restará o argumento final e irrespondível: todos nós morremos um dia. Para os que estudaram os ensinamentos dos Espíritos, o mundo póstumo não será território desconhecido — será como um país que aprendemos a amar sem conhecer, de tanto ouvir falar nele e conversar com seus habitantes. Para aquele que não crê nem na sobrevivência do seu próprio Espírito ou que está envolvido em fantasias, a surpresa será grande e a adaptação lenta, penosa e difícil, pois é duro enfrentar uma realidade que nem por um momento jamais admitimos possível.

(*Reformador*, de fevereiro de 1970.)[27]

4.8 Universidade da realidade espiritual

A história mais repetida e estranhamente a mais ignorada do mundo é a da continuidade da vida após a morte. Nenhum outro aspecto do conhecimento humano tem sido tão repisado e, consequentemente, tão combatido como os depoimentos acerca da sobrevivência do Espírito. Se fosse possível empilhar num só lugar todos os relatos escritos para demonstrar essa verdade elementar, teríamos uma verdadeira montanha. É bem claro que ao lado dessa se ergueria outra, produzida por aqueles que desejam "provar" o contrário, ou seja, que o Espírito não existe e que, portanto, não pode sobreviver à morte do corpo físico.

Muitas tentativas de demonstrar a realidade do Espírito falham porque os autores do relato não sabem expor os seus casos, ou se têm condições, digamos, artesanais

---

[27] N.E.: Extraído do *Diário de notícias*, 2 mar. 1969.

para transferir o pensamento ao papel, não têm uma boa concepção do problema como um todo e se perdem ao procurar transmiti-lo ao leitor.

Os problemas nesta área são inúmeros. Se o depoimento é de um espírita, o leitor cético ou descrente toma-o com todas as reservas possíveis, porque parte do princípio de que o autor é parcial ou está despreparado para a observação fria dos fenômenos. Se o autor é ligado a alguma religião ortodoxa, sua visão é deformada pelos seus dogmas e preconceitos. Se é exageradamente místico, envolve sua mensagem em símbolos, em visões e em frases obscuras, que a tornam incompreensível.

É, pois, uma satisfação encontrar um livro sério e de ideias bem dosadas como este *Telephone between Worlds*, escrito por James Crenshaw, jornalista profissional dos bons. Uma pena que, pela menos aqui no Brasil, ao que eu saiba, o livro tenha passado despercebido. Vê-se pelas indicações impressas que a obra alcançou bastante êxito nos Estados Unidos, uma vez que teve duas edições em 1950, uma em 1952 e outra em 1953, pelos editores DeVorss, de Los Angeles.

Telephone between Worlds (*Telefone entre mundos*) nos traz, mais uma vez, a comprovação do princípio da universalidade dos ensinos espirituais a que aludia Kardec. Em outras palavras: sempre que a fonte das comunicações é boa e segura, os ensinamentos transmitidos são concordantes e de elevado teor moral e doutrinário.

Ao escrever o seu livro, Crenshaw era repórter veterano, com mais de 25 anos de experiência na grande imprensa americana, em que conquistou lugar de relevo e respeito pela sua acuidade intelectual e probidade profissional. Desde 1935 vinha coletando dados acerca dos fenômenos psíquicos, estudando com atenção e espírito crítico a mediunidade de um jovem chamado Richard Zenor. Crenshaw também acha, como seu eminente colega inglês Hannen Swaffer, que a maior notícia da nossa época é a da sobrevivência do Espírito.

———•———

Seu livro começa com a observação de que "costumava ser socialmente inaceitável para qualquer pessoa demonstrar interesse nítido ou sério pelos fenômenos psíquicos ou pela teoria da comunicação entre este mundo e o mundo póstumo".

Tenho minhas dúvidas de que essa restrição social tenha desaparecido pelo menos nos Estados Unidos, ainda hoje. É certo que ninguém vai prender ninguém por acreditar em Espíritos, nem vai botar na cadeia ou no sanatório os que manifestarem a convicção de que a vida continua depois da morte. É inegável, porém, que em muitos círculos sofisticados da sociedade, o homem convicto da realidade espiritual ainda é uma espécie de raridade. Muitos julgam difícil admitir um bom profissional ou um vitorioso homem de negócios que também creia nos Espíritos e com eles mantenha excelentes relações de amizade. As coisas para a pessoa despreparada parecem irreconciliáveis: um bom médico espírita, um rico banqueiro espírita, uma mulher de sociedade espírita, ou jovem universitário espírita. No entanto, estes são os pioneiros de uma nova era que vem por aí, pois não existe a menor incompatibilidade em conseguir conciliar o sucesso profissional, do ponto de vista humano, com a certeza de que a vida continua após a morte. Pelo contrário: a luta pela vida entre os homens adquire um sentido e uma razão de ser, assume uma nova perspectiva quando colocamos no contexto da imortalidade do ser. Não precisamos renunciar às nossas crenças para alcançar êxito profissional; antes pelo contrário, nossas crenças quando bem escoradas na Doutrina Espírita, nos dão todos os elementos de que necessitamos para um equilíbrio lógico e racional entre os problemas humanos e os espirituais.

Dessa forma, embora Crenshaw coloque no passado as restrições sociais feitas aos que aceitam a realidade póstuma, preenche algumas páginas para explicar-se perante o público leitor, dizendo, entre outras coisas, que tem sido durante a maior parte de sua vida um repórter, para o qual são importantes a precisão e a simplicidade do relato. Espera ele — escreve à página 14 da "Introdução" — que tais características não tenham ficado submergidas apenas porque o assunto agora é o fenômeno psíquico. Reconhece, no entanto, a dificuldade em vazar em palavras pensamentos que realmente se situam além de qualquer forma verbal. "As palavras — anota ele com grande elegância e precisão — são, pela sua própria natureza, símbolos relativos e ambíguos das nossas ilusões locais, e não expressões universais de uma ilimitada realidade".

Por outro lado, a aceitação do fenômeno psíquico para muita gente depende ainda do pronunciamento de uma autoridade científica ou religiosa que o confirme, pois nos acostumamos a pensar dentro das trilhas habituais, ignorando as Verdades não reconhecidas, que para muitos simplesmente não existem. "Um comandante militar que partisse do princípio de que nenhuma nova tática ou mecanismo bélico precisasse ser considerado, a não ser aqueles que constam dos seus livros técnicos, certamente iria ao encontro do desastre" (p. 15).

O que, acima de tudo, me parece notável neste livro de James Crenshaw é que ele não se limita a estudar a mediunidade de Richard Zenor, ou seja, os fenômenos, as múltiplas facetas das suas faculdades, o que seria muito natural num repórter que, nesse caso, estaria apenas interessado nos fatos, para contar a história de um médium aos seus leitores.

Crenshaw deseja muito mais do que isso. Tanto que o seu livro não é a história do médium Richard Zenor e sim o estudo criterioso e inteligente de uma mensagem espiritual de elevado teor transmitida por meio de Zenor.

É evidente que, para chegar ao ponto de confiar na segurança dessa mensagem, o autor procurou certificar-se da autenticidade do instrumento mediúnico. A investigação não exclui esses cuidados; ao contrário, se apoia neles. Durante cerca de doze anos examinou com muita atenção o seu médium. Chegou mesmo a viver em sua companhia durante um ano, para observá-la melhor, tendo chegado "a conhecer sua personalidade perfeitamente distinta das personalidades que se manifestam por meio de sua mediunidade..."

Não deixa de acrescentar, também, que nenhum de nós, nem mesmo os elevados Espíritos que se manifestam em Zenor, somos a fonte final da Verdade, uma atitude sensata e plenamente aceitável por aqueles de nós que estudamos a Doutrina. Ainda há pouco falávamos em universalidade e este é um ponto que nunca cessou de me impressionar ao longo de todos estes anos que venho dedicando ao estudo do Espiritismo. Tal como Kardec dizia, os Espíritos esclarecidos apresentam sempre a mesma versão da vida espiritual, a mesma concepção do universo, a mesma visão grandiosa de Deus, a mesma admiração terna e respeitosa pelos ensinos de Jesus. Ainda que essas concepções venham às vezes coloridas suavemente por nuanças pessoais, é fácil encontrar nelas a substância de uma realidade superior que se confirma na repetição, ainda que seus aspectos possam apresentar-se de maneira tão variada. Na verdade a repetição é apenas aparente, porque todos os grandes Espíritos nos vêm falar da mesma realidade, mas cada um deles traz uma versão diferente, concordante sem ser igual. Isto nos dá uma pálida ideia da grandeza imensa da Criação, do maravilhoso e perfeitíssimo mecanismo das suas Leis, do quanto ainda precisamos crescer espiritualmente para conseguir absorver um pouquinho mais dessas Verdades divinas que nos cercam, que nos guiam, que nos esperam. Como é pequeno o ser humano e, ao mesmo tempo, como é grande, quase imenso, nas suas potencialidades de inteligência e ele amor.

Os caminhos estão abertos diante de nós. O que nos falta é um pouco de humildade intelectual. "O caminho" — diz Crenshaw à página 16 —, "pode tornar-se agradável e alegre se ouvirmos com atenção o conselho daqueles que nos precederam." O problema é que nós achamos que não precisamos de ajuda porque somos muito sábios e competentes.

Permita-me o leitor uma digressão. Ainda há pouco, uma revista de grande tiragem anunciava a nova concepção dos cientistas acerca da criação do mundo. Segundo a revista, para os existencialistas "este assunto é uma tranquilidade, mas para os espiritualistas é a negação absoluta" (*Manchete*, de 16 dez. 1972). Analisemos, porém, o problema. Imaginou-se, a princípio, que as galáxias, como as estrelas, tivessem surgido "da concentração do gás primitivo de hidrogênio por efeito da gravidade". A questão é que os cálculos não confirmaram essa hipótese, levando a uma "dificuldade imprevista". Para encurtar a história algo complexa, chegaram os craques da Ciência à conclusão de que as galáxias somente poderiam ter sido formadas "se já estivessem pré-formadas, pré-desenhadas ou pré-planejadas na matéria". Veja o leitor como eles passam perto da Verdade e não a veem. Saem então para especulações meramente materialistas, porque não estão preparados para admitir que um poder superior criou aqueles moldes, aquelas matrizes, aqueles campos magnéticos dentro dos quais as galáxias se organizaram. É verdade, sim, como suspeitam, que as galáxias estavam pré-formadas, pré-desenhadas, pré-planejadas; mas, QUEM as formou, desenhou ou planejou? Dizer que se encontravam pré-formadas com antimatéria não explica coisa alguma: é apenas um artifício, porque restaria a insistente pergunta: Quem as formou com a antimatéria?

Mas voltemos ao livro de Crenshaw. Diz ele, já agora iniciando a narrativa propriamente dita, que Thomas Edison andou realizando experiências, tentando estabelecer comunicação entre o mundo material e o póstumo por meio de um mecanismo que ele esperava descobrir e aperfeiçoar. A ideia é a de que a diferença entre esses dois mundos é uma questão de grau e não de espécie. Ou por outra, os dois mundos são fundamentalmente a mesma coisa em estágios vibratórios diferentes, o que está confirmado na Doutrina Espírita. Dessa forma, a ideia de criar um sistema de comunicação entre inteligências situadas em diferentes graus de consciência não parece a muitos pensadores uma coisa absurda.

A minha dúvida somente está na maneira pela qual esse aparelho seria utilizado. Numa civilização materialista e imediatista como aquela em que vive hoje o mundo, um método de comunicação instrumental entre Espíritos encarnados e desencarnados traria um impacto perturbador de consequências imprevisíveis. A primeira coisa a esperar-se haveria de ser uma Companhia Telefônica do Além, com toda uma estrutura empresarial e até ações em Bolsa, e a óbvia conclusão de "telefonemas" ou comunicações pagas por meio de um monopólio multinacional. Não creio que a humanidade tenha preparo espiritual para isso. Por outro lado, dizem-nos os Espíritos que no futuro os dois mundos ficarão praticamente fundidos num só, à medida que o homem for se elevando na sua escalada espiritual. Assim sendo, esperemos que a fatalidade de comunicação entre os dois mundos venha naturalmente, no contexto da evolução espiritual, em vez de surgir de uma engenhoca eletrônica a que dariam provavelmente o nome de *espiritofone*.

O certo é que no estágio atual da população da Terra — encarnada e desencarnada — é bom que o médium humano seja o único instrumento disponível. Com todas as suas imperfeições e limitações ou por causa delas mesmo, o médium vem servindo melhor do que qualquer industrialização da mediunidade, ideia que nos assusta um pouco.

Richard Zenor é um desses instrumentos humanos de comunicação, um telefone entre dois mundos. Desde os quatro anos tinha visões e contatos com seus companheiros invisíveis aos demais membros de sua família. Mais tarde começou a cair num estado semelhante ao coma, que nada mais era que um transe profundo, do qual acabava por despertar. Sua mãe, porém, bastante compreensiva para esses aspectos da personalidade de seu filho, sabia que os fenômenos resultavam de um estado psíquico especial e não de uma psicose. Em vez de punir o garoto ou interná-lo numa instituição inadequada, levou-o a um grupo mediúnico, em que ele começou imediatamente a se evidenciar como médium de voz direta. Logo em seguida, outras formas de mediunidade se desenvolveram em Richard, como materialização, levitação e transporte. Sua irmã encontrou, certa vez, ao lado do menino, a forma humana de um amigo "morto", completamente materializada. De outra vez, seu pai foi salvo de uma explosão numa mina, porque o garoto teve a visão antecipada do acidente. Ficou também registrada, desde cedo, sua faculdade de deslocar-se para fora do corpo físico e ir a distância observar coisas e pessoas.

Ao cabo de algum tempo, os Espíritos iniciaram com o menino o processo de manifestação por incorporação ou psicofonia, na terminologia espírita. Revelavam esses seres inteligência e maturidade espiritual muito acima do que seria de esperar-se de uma criança da idade de Richard que, inclusive, discorria em línguas que desconhecia por completo. Na verdade, Richard, no estado de vigília, jamais falou outra língua que não fosse o inglês. Para os que não estão acostumados às manifestações mediúnicas, é de fato curioso verificar, como muitos o fizeram, que as vozes que usavam suas cordas vocais e seus lábios para falar referiam-se a ele na terceira pessoa: "o menino", "as mãos do menino", e outras expressões desse tipo. O que se afigura perfeitamente lógico para aqueles que estão habituados ao fenômeno é motivo de espanto para os que tomam com ele os primeiros contatos.

Essa delimitação entre a personalidade de Zenor e as de seus manifestantes é sempre extremamente nítida e bem marcada. Para ilustrar a afirmativa, o autor do livro conta dois episódios interessantes. O primeiro é o do casamento do médium. Uma jovem viúva o procurou para tentar uma comunicação com o "falecido" marido, um certo Mr. Turner. Este compareceu e conversou com ela de modo a não deixar dúvida acerca da sua identidade, pelo conhecimento que revelou de pormenores dos negócios de família. Aliás, logo de início, ele observou que, segunda via, ela acabara por comprar mesmo aquele colar de contas de que ele não gostava.

A Sra. Turner voltou a falar com o Espírito de seu marido de outras vezes, mas, pouco a pouco e com muita habilidade, ele foi deixando de dar conselhos de ordem material, porque certamente entendia que a responsabilidade de cuidar desses aspectos cabia a ela, exclusivamente. Mais tarde, quando se desenvolveu entre o médium e a viúva um sentimento mais profundo de afeição e se decidiram a casar, o Espírito do ex-marido tomou uma atitude que o autor chama em inglês de *unthinkable*, ou seja, inadmissível no mundo material, mas perfeitamente lógica para ele:

— Estou satisfeito. Agora que há quem tome conta de você, posso seguir em frente.

O outro incidente ocorreu em 1943. A residência do casal — já se haviam casado Richard e a antiga Sra. Turner — pegou fogo e eles lutaram para extinguir as chamas com uma dessas mangueiras de regar jardim, tudo isso sem perderem o fio de uma complicada discussão metafísica. Como é que os seus guias espirituais, que lhes haviam tantas vezes prometido ajuda, não podiam proteger o lar em que viviam?

As razões podem ser muitas e as explicações também. O fogo afinal de contas, não destruiu a casa, pois acabou dominado, o que pode ter sido um sinal de proteção espiritual. Por outro lado, os Espíritos não tiram as dificuldades do nosso caminho, o que seria o mesmo que nos mandarem para a escola e resolverem todos os problemas e exercícios por nós. Acresce ainda que, como criaturas imperfeitas que somos, vivemos num mundo imperfeito, sujeitos às suas inevitáveis mazelas. Esses episódios, no entanto, revelam, acima de tudo, a perfeita separação das personalidades. A despeito das palavras de profunda sabedoria que por seu intermédio eram pronunciadas, a personalidade de Richard Zenor era inteiramente diversa daqueles que se manifestavam nele. Zenor estava "sujeito aos mesmos erros filosóficos e enganos que nos perseguem a todos".

———•———

A mediunidade de Zenor é tranquila. "Qualquer pessoa, ao observar a mudança em Richard Zenor do seu papel de ser humano normal" — escreve Crenshaw — "para o de instrumento de comunicação, nada veria de muito espetacular. Ele se senta de modo descontraído numa cadeira, fecha os olhos, concentra-se por alguns momentos e parece cair num sono profundo. Isso é tudo, exceto que os médicos têm observado que seu pulso e as batidas do coração param por um segundo ou dois no momento preciso da mudança, enquanto algumas outras alterações também são notadas" (p. 13).

Daí em diante, a personalidade manifestante é inteiramente distinta da personalidade do médium. Se é o Espírito um chinês, lá estarão os gestos típicos, as mesuras facilmente reconhecíveis por aqueles que estão familiarizados com essas expressões. Igualmente autênticos são os maneirismos de um sacerdote tibetano, de um místico hindu, de um índio americano, ou de um soldado russo, ou de qualquer outra personalidade, cada uma apresentando-se com a sua maneira de ser.

———•••———

Do capítulo terceiro em diante, iniciado à página 32, o livro se dedica mais a relatar a filosofia e os ensinamentos que decorrem das manifestações dos Espíritos por intermédio da mediunidade de Richard Zenor. Quanto ao mundo espiritual, diz o autor, não pode ser em essência muito diferente do nosso, porque é formado de pessoas que foram daqui para lá. Por um tempo mais longo ou mais breve, tais pessoas conservam os hábitos mentais que levaram daqui. "Têm as mesmas preferências e antipatias, os mesmos preconceitos e aversões, os mesmos apetites e limitações e, com frequência, as mesmas ocupações e, mais frequentemente ainda, a mesma religião."

É necessário, pois, adverte Crenshaw, evitar o erro de supor que a gente se torna dono de toda a verdade simplesmente porque deixou o mundo físico pelo mundo espiritual. "Alguns têm mais autoridade que outros. Alguns são mais descritivos do que outros. Alguns são mais genéricos, outros mais específicos e particularizados. Alguns são afetados por superstições e tradições locais".

Os próprios Espíritos não pretendem possuir toda a sabedoria e conhecimento; muitos, no entanto, têm das leis naturais e da natureza do universo uma visão muito mais ampla do que aqueles que se acham ainda demasiadamente presos aos esquemas terrenos.

De acordo com o ensino desses Espíritos mais esclarecidos, a consciência divina, fonte da sabedoria total, está presente em todas as esferas. Essa luz, que parece emanar de um foco central, se filtra por todo o universo e inúmeros Espíritos nos ajudam a dispersar os empecilhos que nos separam dessa imensa fonte de amor e paz, mas cabe a cada um de nós o trabalho de realizar em nós as condições que nos permitam caminhar no sentido de um progressivo entendimento.

Nos "planos" espirituais imediatamente ligados à Terra, as condições são ainda mais próximas e há aspectos mecânicos e materiais que no Brasil se tornaram conhecidos e familiares pelos livros de André Luiz.

> Há regiões purgatoriais, densamente habitadas por indivíduos ainda obcecados pelas suas preocupações terrenas e que recriam réplicas dos seus próprios estados mentais e vivem e sofrem nesses estados. Os frustrados, os arrependidos, os que vivem com fobias, os que se preocupam demais, os odientos, os que buscam vingança e os desiludidos, todos esses constroem seus próprios mundos à parte...
> Por exemplo, o assassino esmagado pelo remorso cria sua própria punição, aprisionando-se em suas formas-pensamento, que podem ser uma constante reapresentação do seu crime ou uma completa e vívida exibição de quadros mentais de seus piores temores de punição adequada. Em outro caso, uma mulher longamente preocupada com o horror de ficar velha pode

encontrar-se numa atmosfera de velhice e decadência, com sua própria imagem constantemente reproduzida diante de si mesma, mostrando sua beleza transformando-se em feiura.

Esses pobres infelizes, porém, não estão sendo punidos por Deus, mas por si mesmos.

E sempre a punição corresponde exatamente ao crime, porque eles próprios julgaram a si mesmos, pelo estado de suas consciências, que os prende na aura infernal de seus erros, enganos ou frustrações, até que o peso da sua experiência possa ser absorvido e eles possam mover-se novamente na direção da luz. O princípio é o mesmo tanto na Terra como acima dela, pois sabemos que a substância dos nossos pensamentos é que compõe os nossos mundos íntimos, desde o estado de felicidade ao de desespero, na medida em que decidimos livremente, pelo nosso aprendizado e compreensão, realizar o que desejamos.

———•———

Por intermédio da mediunidade de Richard Zenor operam vários Espíritos incumbidos de diferentes tarefas, além dos que se manifestam ocasionalmente para transmitir mensagens a um parente ou amigo encarnado. Um desses guias espirituais, dono de uma sabedoria tranquila e intemporal, deu o nome de Agasha. Viveu sua última existência — a doutrina exposta no livro é reencarnacionista — há cerca de sete mil anos na região que hoje é conhecida pelo nome de Egito. Agasha declara ter sido ali dirigente religioso e espiritual de um pequeno grupo humano. Segundo ele conta, havia uma grande rivalidade entre a população que habitava o Vale do Nilo e a que vivia no Delta, não apenas por motivo de ordem religiosa como política. Até mesmo lutas armadas ocorreram entre essas facções. Como chefe de um dos muitos grupamentos humanos de então, Agasha percebeu a inutilidade e a estupidez das desavenças e tomou a iniciativa de organizar uma espécie de Nações Unidas do Egito, conseguindo congregar 37 governos independentes numa federação. Como esses homens representavam comunidades em que prevaleciam diversificadas ideias religiosas, foi necessário fundir essas crenças num único sistema religioso e filosófico que fosse aceitável a todos. A tarefa, que parecia impossível, foi realizada por meio de uma síntese que admitia a existência de um Espírito universal (Deus) e a mesma oportunidade de evolução para o indivíduo, à medida que cada um procurasse harmonizar-se com aquele Espírito. Era praticada, também, a comunicação com seres mais evoluídos do mundo espiritual.

Agasha foi o líder dessa nova teocracia e por seu intermédio — mediunidade, talvez — foi possível entrar em contato com um elevado Mestre espiritual, que transmitia seus ensinamentos. Um desses guias espirituais chamava-se Amon e, mais tarde, com a corrupção e decadência religiosa que se implantou no Egito, passou a ser adorado como deus, completamente fora do contexto inicial de sua pregação.

Naturalmente, a história de Agasha não pôde ser comprovada por meio de documentos históricos; diz ele, porém, que em futuro relativamente próximo serão descobertos relatos que comprovam e detalham a unificação de seitas a que ele se refere. Acrescenta mesmo que uma placa comemorativa e simbólica da união das 37 seitas, contendo o desenho de uma pirâmide, seria descoberta não muito longe do Cairo e não muito distante das principais pirâmides egípcias. Informa ainda Agasha que uma das principais figuras no esquema dessa descoberta será um egípcio rico e influente, que naquele tempo da unificação foi seu filho. Nessa oportunidade serão descobertas informações, documentos e objetos que comprovam a existência de uma civilização altamente evoluída no Vale do Nilo. Confirmando Edgar Cayce, Agasha informa também que essa civilização mostrará suas conexões com a perdida Atlântida.

Esperemos os acontecimentos. O que importa, porém, não é tanto a história de Agasha, mas a sua filosofia espiritual. A pedra fundamental dessa filosofia é a doutrina da responsabilidade pessoal. Para cada ação, ensina ele, há uma reação igual em sentido contrário. É a lei de causa e efeito ou do carma. Disso decorre, como não podia deixar de ser, a doutrina universal da reencarnação, dado que somente através de inúmeras existências, encadeadas umas nas outras, seria possível pôr em prática o princípio da responsabilidade pessoal dentro de um esquema de igual oportunidade evolutiva para todos, o que Crenshaw denomina "democracia espiritual".

Assim, o estado do Espírito no mundo póstumo pode ser resumido da seguinte forma:

1 – Depois de deixar o corpo físico, o Espírito não fica adormecido, indefinidamente, à espera de um Juízo Final. Todos os dias são dias de julgamento para cada Espírito.

2 – O Espírito não passa do plano terreno para um estado de eterna desocupação, repouso e felicidade, nem para o estado de eterna punição. Tais situações são meros estados de consciência e não são mais que interrupções temporárias do desenvolvimento espiritual.

3 – Ao deixar o corpo, o Espírito não se torna de repente um mestre de todos os segredos do céu e da terra, capaz de responder a qualquer pergunta.

Dentro desse esquema se desenvolve a filosofia de Agasha, com amplos e evidentes pontos de contato com a Doutrina dos Espíritos. Vejamos, por exemplo, a sua concepção do mal:

A desarmonia, num ambiente universal de harmonia, tem que ser uma condição temporária. Não importa quão longa possa parecer-nos a condição a suportar dentro dos limites da nossa consciência; a pressão da luz universal acabará por dispersar as trevas da desordem. Se isto se dará, cedo ou mais tarde, dependerá da purificação da consciência do homem de acordo com as leis dos ciclos (reencarnação), da lei da compensação do carma, da ação e reação e da lei da evolução, por meio do desenvolvimento consciente.

Aqui encontramos os principais conceitos da Doutrina Espírita, conjugados com a lei da progressiva conscientização formulada pelo Dr. Gustave Geley.

Por todo o livro lemos conselhos e observações de profundo significado e grande importância. Aqui está, à página 143, por exemplo, um desses textos que nos leva a extensas meditações:

> Cabe-nos fixar permanentemente em nós, que palavras vãs, pensamentos destrutivos, atos injuriosos e impulsos de ódio são indefectivelmente acompanhados de distúrbios na atmosfera eletro-mental e reagirão inevitavelmente como um *boomerang*[28], ao passo que uma atitude positiva e a materialização de todos os princípios belos, construtivos e bons igualmente trazem uma justa recompensa.

Vejamos mais um trecho tomado ao acaso:

> A reencarnação é um mecanismo que assegura continuidade do aprendizado e ilimitada oportunidade de entendimento. Seus ciclos de causa e efeito operam inexorável e continuamente, até que o indivíduo finalmente escapa da roda da experiência por força do seu próprio entendimento. Esse processo

---

[28] Nota do autor: Abrasileirado para bumerangue, é uma arma de arremesso que volta exatamente ao ponto de origem, depois de curvas caprichosas.

exige, de modo geral, um número quase incontável de vidas, até que a compreensão do sentido da experiência ergue a alma do tumulto da expressão material.

Mais adiante, o pensamento é ampliado na explicação de que a lei de causa e efeito, embutida no mecanismo da reencarnação, tem, na verdade, a característica do "olho por olho", com a única diferença de que as punições são infligidas por nós mesmos. Escreve Creenshaw, escorado em Agasha:

> Na sua forma mais simples a lei se resume em que ninguém pode causar mal a outrem ou até a si mesmo sem produzir mal idêntico a si mesmo ou uma lição apropriada, pela qual fará uma "revisão" nos seus conceitos. Assim sendo, apreendemos muito diretamente os efeitos e o sentido das nossas expressões imperfeitas e os nossos desentendimentos da Lei.

Por outro lado, "Deus ajuda aqueles que ajudam a si mesmos, mas Ele também ajuda aqueles que ajudam os outros". E é por isso que somos inapelavelmente os construtores do nosso próprio futuro, e é por isso que a Lei divina do amor é a Lei maior do universo.

O capítulo 12 examina as previsões de Agasha e seus companheiros espirituais, segundo os quais atravessaremos uma época de grandes aflições — "o período mais difícil da história, em milhares de anos" —, mas que uma era de felicidade virá a seguir.

Informa também Crenshaw, lá nas últimas páginas do livro, depois de relatar muitas profecias dos mestres que operam por intermédio de Zenor, que descobertas arqueológicas na Palestina revelarão documentos relativos aos verdadeiros ensinos de Jesus na sua forma original e simples. Dizem os guias de Zenor:

> Ficará provado que Jesus pregou as leis da reencarnação e a responsabilidade individual, como também a importância da comunhão e da comunicação espirituais e a realidade dos mundos póstumos, com as suas glorificadas "mansões" e complexa atividade (p. 196).

Ensina Agasha:

> Jesus foi um exemplo vivo do que ensinava. Ensinou aos homens a amarem-se uns aos outros, mas também ensinou que os homens haveriam de cometer muitos enganos e que Deus não os condenaria, mas lhes daria outras oportunidades para aprenderem.

E, assim, mais uma vez podemos verificar que a fonte do amor e da sabedoria é a mesma e que as palavras que os mensageiros de Deus nos trazem podem ser diferentes, mas que um só é o sentido final do que ensinam; que muitos são os caminhos, mas que cada um de nós deve fazer a sua escolha livremente e responsavelmente.

Mais uma vez, pois, levantemos nossos olhos agradecidos para a figura de Kardec que, em colaboração fiel com seus amigos do mundo espiritual, conseguiu construir, de maneira tão singela e tão pura, esse monumento de Verdades eternas a que chamou Espiritismo.

(*REFORMADOR*, DE MARÇO DE 1973.)

4.9 Espiritismo sem sessão espírita?

Encontramos, às vezes, confrades que não gostam de frequentar sessões espíritas. As razões que os levam a essa decisão — creio eu — são respeitáveis, pois cada um de nós sabe de si e do que, modernamente, se convencionou chamar de suas motivações.

É preciso, entretanto, examinar de perto essa posição e ver o que contém ela de legítimo, não apenas no interesse da Doutrina que todos professamos, mas também no interesse de cada um.

De fato, há alguns problemas ligados à frequência de trabalhos mediúnicos. O primeiro deles — e dos mais sérios — é o da própria mediunidade, essa estranha faculdade humana sobre a qual ainda há muito o que estudar. Outra dificuldade ponderável é a organização de um bom grupo que se incumba, com regularidade e seriedade, das tarefas a que se propõe.

Há outros problemas e dificuldades de menor importância, mas creio que basta considerar aqui apenas esses dois — o que não é pouco.

A análise das questões mais complexas quase sempre começa pelas definições acacianas e de vez em quando é bom agente recorrer a velhos conceitos para iluminar obstáculos novos.

O Espiritismo doutrinário nasceu das práticas mediúnicas, delas se nutre e delas depende, em grande parte, o seu desenvolvimento futuro. O intercâmbio, entre o mundo espiritual e este, somente assumiu expressão e sentido filosófico depois que Kardec ordenou e metodizou os conhecimentos adquiridos no contato com os nossos irmãos desencarnados. Parece claro, também, que o equacionamento e a solução das grandes inquietações humanas vão depender, cada vez mais, da exata compreensão do mecanismo das relações entre esses dois mundos que, no final de contas, não são mais que um único, em planos diferentes. Logo, a prática mediúnica é, não apenas aconselhável, como indispensável ao futuro da humanidade.

Convém pensar também que a própria dinâmica da Doutrina Espírita exige esse intercâmbio espiritual, em primeiro lugar para que se observe e estude o fenômeno da mediunidade, suas grandezas, os riscos que oferece, as oportunidades de aprendizado e progresso que contêm, não apenas para o médium, mas para aquele que assiste aos trabalhos e deles participa.

É claro que a mediunidade tem um mecanismo muito complexo e até agora poucos foram os cientistas dignos desse nome que se dedicaram, realmente, a fundo e com a mente desarmada de preconceitos, ao estudo dela. Mas se não a observarmos em ação, como poderemos almejar compreendê-la um dia? Só aprendemos a nadar pulando dentro da água sob a orientação de quem já tenha, a respeito, noções satisfatórias. Se é incompleto o conhecimento sem a prática mediúnica, também o é o exercício desta sem o estudo daquilo que já se sabe sobre o fenômeno.

Evidentemente, precisamos estar atentos ao puro mediunismo sem objetivos mais elevados, como também ao animismo de certos médiuns mais interessados nas suas próprias ideias que na transmissão daquilo que recebem dos companheiros desencarnados.

Há riscos, sim. De mistificações por parte de pobres irmãos carecentes de entendimento. De aceitação de inverdades sutilmente apresentadas sob fascinantes roupagens. De aflições — embora passageiras — causadas pelo desfile das angústias de irmãos sofredores.

Será, porém, que isso constitui motivo para nos privarmos das recompensas do aprendizado, das alegrias que experimentamos ao encaminhar às trilhas da paz um Espírito em crise?

Espiritismo sem sessão espírita?

Há um universo a explorar. Há uma humanidade inteira clamando por ajuda, esclarecimento, compreensão e caridade no chamado mundo espiritual. Seus dramas e suas angústias não são puramente individuais. O Espírito que erra, invariavelmente prejudica a alguém mais. Os erros que cometemos, prendem-nos a uma cadeia de fatos e de seres que se estende pelo tempo afora. Nunca o drama de um Espírito é apenas seu. Há sempre, nesta vida ou em algumas das anteriores, elos que nos ligam a outros seres e a outras dores. Aquele que odeia, muitas vezes já está maduro para o perdão — basta uma palavra serena de esclarecimento, um gesto de tranquila compreensão para libertar, não apenas o seu espírito da tormenta do ódio, mas também o irmão que lhe sofre as agressivas vibrações, provocadas por antigas mágoas. Aos que ainda desejam vingar-se de antiquíssimas ofensas, mostramos a inutilidade do seu intento e os novos problemas com que virão agravar o seu futuro. Ao que ainda se prende a superadas teologias, ajudamos a compreender a nova realidade que tem diante de si. A todos os que erraram, consolamos com a nossa própria imperfeição e com a certeza da recuperação. Os que já atingiram elevados patamares de conhecimento e amor, ouvimo-los com admiração e proveito. Muitos nos buscam apenas para trazer notícias das suas próprias conclusões, da nova compreensão diante desse mistério sempre renovado da vida.

Multidões de seres que aqui viveram inúmeras vezes, como criaturas encarnadas, lá estão à espera de ajuda e, no entanto, são tão poucos os grupos que se dispõem a esse trabalho que tão altos dividendos paga em conhecimento e progresso espiritual.

No exercício constante dessa atividade, vemos, cada vez melhor, a solidez inabalável da Doutrina que nos legaram os Espíritos, por intermédio da lúcida inteligência de Kardec.

Crentes ou descrentes, católicos ou protestantes, todos nos vêm confirmar as Verdades mestras do Espiritismo: a de que o Espírito sobrevive à morte física, de que reencarna, de que progride e aprende, tanto na carne como no Espaço; de que as leis universais são perfeitas, iniludíveis, mas flexíveis, pois exigem a reparação, ao mesmo tempo que fornecem os recursos para o reencontro do Espírito com o seu próprio destino. Nos dramas a que assistimos nas sessões mediúnicas, aprendemos a contemplar a transitoriedade do mal, a amarga decepção do suicida, a crueza do arrependimento daquele que desperdiçou o seu tempo na busca ansiosa das ilusões mundanas, a inutilidade das posições humanas, o ônus terrível da vaidade, a tensa expectativa de um novo mergulho na carne redentora, na qual o Espírito fica, pelo menos, anestesiado nas suas angústias.

Lições terríveis ministradas com lágrimas e gritos de desespero por aqueles que assumiram débitos enormes diante da Lei; lições de doce tranquilidade e de serena humildade dos que já superaram as suas fraquezas e vêm, sem ostentação, apenas para mostrar como é o Espírito daquele que já venceu a si mesmo na milenar batalha contra suas próprias deficiências. Muitas e variadas lições, aprendizado extenso e profundo para todos os que desejarem realmente apressar os passos e encurtar a caminhada que leva a Deus. Por que, então, desprezar esse trabalho magnífico que tanta recompensa nos traz e também aos nossos irmãos do outro lado da vida?

Quanto à organização dos grupos não será tão difícil assim. Há estudos sérios e muito seguros de orientação doutrinária a respeito. É bom que o grupo seja pequeno, de preferência familiar, composto de pessoas que se harmonizem perfeitamente e que estejam interessadas num trabalho sério e contínuo. Que não se deixem desencorajar por dificuldades ou pela aparente insignificância dos primeiros resultados, nem se deixem fanatizar ou fascinar por pseudoguias. Aos poucos demonstrada a seriedade de propósito, os trabalhos irão surgindo sob a orientação de Espíritos esclarecidos. A cada bom grupo de seres encarnados dispostos à tarefa, corresponderá um grupo equivalente de Espíritos, num intercâmbio salutar de profundas repercussões, pois que Espiritismo é doutrina, mas é também, prática mediúnica, e todos nós, ainda que nem sequer suspeitemos disso, temos compromissos a executar, ajustes a realizar com irmãos que nos aguardam mergulhados em ódios e incompreensões, que se envenenam a si mesmos e a nós próprios.

"Lamentar a desgraça" — dizia Horace Mann — "é apenas humano; minorá-la é divino".

(*Reformador*, de fevereiro de 1966.)

5
Paulo de Tarso

5.1 Esforços esparsos unificados

Escrevendo certa vez aos Coríntios (II Coríntios, 6. 11 e seguintes) dizia Paulo:

> Coríntios! temo-vos falado com toda a franqueza; nosso coração se abriu de par em par. Não está fechado o nosso coração para vós; os vossos, sim, é que estão fechados para nós. Correspondei-nos; falamo-vos como a filhos; abri-vos também. Não vos junteis aos infiéis. Pois que relação há entre a retidão e a iniquidade? Que união, entre a luz e as trevas? Que harmonia, entre o Cristo e Belial? Que participação, entre o fiel e o infiel? Que conformidade entre o santuário de Deus e o dos ídolos? Porque nós somos santuário de Deus vivo.

Divergências e desvios doutrinários começavam a infiltrar-se sutilmente no meio dos seus amados coríntios e ele não podia estar pessoalmente entre eles para aconselhar, advertir, corrigir e ensinar. A segunda carta, tanto quanto a primeira, ou qualquer outra do Apóstolo dos Gentios, revela o seu carinho pelos inexperientes cristão das primeiras comunidades, seu cuidado em preservar a pureza da doutrina do Cristo. Já naqueles tempos tão recuados, o gênio multiforme de Paulo podia claramente discernir os dois conceitos fundamentais em que se apoiam os impulsos ideológicos do homem: o movimento e a doutrina. A doutrina é a alma do movimento, o seu conteúdo, a sua substância, o seu ideário, a sua filosofia. O movimento é estrutura de apoio, o instrumento, a ferramenta de trabalho, o corpo físico da doutrina. O corpo precisa mais da alma do que a alma do corpo. A doutrina pode sobreviver sem o movimento, preservada no coração dos homens de boa vontade ou em papiros, pergaminhos, livros e folhetos, e um dia tornar a eclodir para reiluminar o mundo que nos cerca; mas o movimento esvaziado da parte doutrinária perde-se completamente em desmandos e se avilta, convertendo-se em núcleo de poder, nada mais. O exemplo da História é dramático e veemente. A Igreja dos Apóstolos é o casamento sagrado entre movimento e doutrina. A doutrina atuante se apoia em estruturas ainda embrionárias, mas firmes na sua concepção, harmonizadas no coração de seus componentes. A Casa do Caminho é o centro nervoso daquele movimento doutrinário ou, se quiserem, da doutrina cristã pura em movimento. A doutrina viva e a sua ferramenta de trabalho estão unidas, como corpo e alma, num só propósito: implantar na Terra a filosofia do amor, em substituição à prática desumana do olho por olho, dente por dente. Para isso era preciso amar e instruir a todos, indistintamente. Esse mesmo conceito básico fundamental, o Espírito de Verdade repetiria a Kardec em mensagem subscrita em Paris, em 1860 (*O evangelho segundo o espiritismo*,

cap. VI, q. 5, p. 124 da 57. ed. da FEB): "Espíritas! amai-
-vos, este é o *primeiro mandamento*; instruí-vos, este o *segundo*. No Cristianismo se encontram *todas* as Verdades; são de origem *humana* os erros que nele se enraizaram".

A Casa do Caminho praticava o amor e procurava instruir, pois só na disseminação da palavra do Mestre que partira havia esperança de propagar o amor, que sempre foi a tônica da pregação de Jesus, através dos milênios. Amar é o primeiro mandamento, aquele que não exige condições, não se esconde em ressalvas, nem se mancha de insinceridade: é o amor sem reservas, sem desejo de recompensas, nem de gratidões, nem de reconhecimentos; amor, puro e simples, que em si mesmo encontra a sua razão de ser. Esta é a força que impulsiona e sustenta a doutrina; o resto, como dizia o Cristo, é comentário. Recebendo Estêvão doente, ardendo em febre, Pedro cuidou primeiro de amá-lo e servi-lo; só depois o instruiria. A instrução é a segunda parte da equação da Verdade. Apoia-se no movimento, na organização. Alguém tem de transmitir a alguém o conhecimento adquirido, sob alguma forma, em algum lugar, no tempo certo. O amor sem o conhecimento é muitas vezes inativo, com frequência incompleto, inconsciente de seus objetivos, limitado pelo desconhecido, e comprometido com o egoísmo ou pela ausência de uma formulação consciente de sua força e de suas possibilidades. O conhecimento sem o amor é instrumento perigoso. Porque tanto serve para oprimir como para libertar, para construir, como para destruir, para levantar das suas angústias o que sofre ou para mergulhá-lo mais fundo nelas.

— No Cristianismo se encontram todas as Verdades.

Eis uma declaração de tremenda responsabilidade, partida de quem dispõe de plena autoridade para fazê-la. Todas as Verdades. Estarão, porém, essas Verdades no *movimento cristão?* Certamente que não, pelo menos em sua totalidade, e o Espírito falou em todas. O movimento cristão hoje — vamos examiná-lo mais de perto — é um dos grandes centros de poder político, econômico e social. Sabendo disso, o Espírito de Verdade acrescentou que "são de origem humana os erros que nele se enraizaram". Há, pois, erros que criaram raízes profundas ao longo do tempo. Existe ainda amor no Cristianismo? Sim, muito amor na *doutrina cristã*. Para se certificar disso basta abrir em qualquer ponto a mensagem do Cristo preservada nos Evangelhos. Enquanto escrevo isto, abro, "ao acaso", a *Bíblia de Jerusalém* e leio, em *Mateus* (19:16 e seguintes), o episódio do jovem rico que desejava seguir o Mestre, encantado que se achava com a figura e a pregação de Jesus. Que lhe competia fazer? Era muito simples, ensinou-lhe o Cristo:

— Não matarás, não cometerás adultério, não roubarás, não levantarás falso testemunho, honra teu pai e tua mãe e ama o teu próximo como a ti mesmo.

O jovem disse que isso tudo ele observava e perguntou:
— Que me falta?

Faltava a renúncia. Teria de vender tudo quanto possuía e distribuir o produto pelos pobres. Assim teria um tesouro no céu.

— Em seguida, vem e segue-me.

A conclusão é melancólica: "Ao ouvir estas palavras, o jovem retirou-se tristemente, *porque possuía* muitos *bens.*"

O Cristo não exige a sua presença, nem o censura porque ainda não está pronto para atender ao chamado. Deixa-o partir, certamente com uma prece e um bom pensamento. Quando e onde o jovem rico ouviria novamente o chamado? Também o Cristo não lhe diz que ele não está preparado. Apenas lhe demonstra, sutilmente, sem ferir, que ele ainda não tinha o amor implantado no coração. Assegurou ele ao Mestre que cumpria toda a lei, até mesmo aquela que mandava amar o próximo como a si mesmo, mas, quando se tratou de converter o amor platônico em ação, falhou. É fácil amar a humanidade, disse alguém, mas é difícil amar aquele que está ao nosso lado. Está perto demais.

Tudo isso era preciso ensinar. Amar e *instruir*.

O amor está, pois, intacto e vivo na *doutrina* cristã, mas só restam dele vestígios no *movimento* cristão. Não procuremos somar tudo numa palavra só — Cristianismo —, que estaríamos cometendo grossa injustiça em relação Àquele que nos trouxe pessoalmente a sua mensagem. O Cristianismo atual — o movimento, bem entendido — está interessado nos processos modernos da massificação, do proselitismo que se traduza em crescimento estatístico, adotando técnicas publicitárias bem estudadas para arregimentar as multidões, porque o poder vem delas. Acreditamos na sinceridade de muitos desses líderes, que procuram almas para o Cristo e realmente encaminham muitas para as especulações superiores do bem, mas discordamos dos processos utilizados que se apoiam em técnicas de venda, como se o Cristo e sua mensagem fossem produtos de consumo. Jesus não é mercadoria para se vender às multidões que, impressionadas pelo impacto da palavra vibrante dos grandes líderes e oradores, levantam a mão em sinal de adesão, mas continuam presas às suas insuficiências, sem nenhum esforço para se libertarem delas. São muitos hoje os que *entram* para o Cristianismo, mas são poucos os que permitem que o Cristianismo *entre neles*, porque não aprenderam a fazer a distinção entre *doutrina* e *movimento*.

Por isso não cremos em movimentos de massa em termos de Espiritismo. Muitos são os que nos acusam de elitistas, ou seja, iniciados presunçosos de um círculo fechado, voltado para dentro, e hostis ao mundo que nos cerca. Nada disso. Assim como entramos, todos podem entrar. Tanto o movimento como a Doutrina Espírita estão abertos a todos, como estava e sempre esteve o verdadeiro Cristianismo. O Espiritismo não busca adesões em massa simplesmente para engrossar fileiras e fortalecer as suas estatísticas. O Espiritismo não busca ampliar-se quantitativamente, fazendo concessões doutrinárias e posicionais; aspira, antes, apurar-se qualitativamente. Daí a insistência incansável no estudo da Doutrina. A estrutura do movimento é apenas a manifestação exterior, a materialização de uma contraparte muito mais sutil, que são os princípios doutrinários, ensinados pelos livros básicos e complementares da codificação de Allan Kardec.

Pregamos, sim, a Doutrina Espírita a quem quiser ouvir, a quem desejar ler, mas estamos longe do desejo insaciável de arrastar multidões que, como o jovem de que nos fala Mateus, não estejam ainda prontas para a renúncia. Aos que hoje nos perguntassem o que lhes competiria fazer para seguir os ensinamentos de Kardec, poderíamos repetir o Cristo e recitar-lhes o Decálogo. E se nos dissessem que isso já fazem e nos perguntassem o que lhes faltava, responderíamos com uma pergunta:

— Estais prontos para a renúncia?

Não tanto a renúncia ao dinheiro que o Cristo pediu ao jovem, mas ao poder, ao brilho, à glória. Para o Espiritismo moderno, seria esta a alternativa escolhida. Aqueles que aderem ao movimento espírita precisam estar bem certos de que já aderiram à sua doutrina, porque o movimento pode ser hoje, e é, especialmente no Brasil, um novo núcleo de poder que se acumula. E está ainda em muitos de nós, pobres seres imperfeitos, a sede do mando, o desejo da manipulação das massas para a satisfação pessoal da triste e miserável vaidade pessoal de seres que ainda não sabem ser grandes, porque ainda não aprenderam a ser humildes. A renúncia do poder, sim; o domínio sobre as próprias paixões, tão facilmente redespertadas porque apenas dormem em nós, mas ainda não se extinguiram. Para isso é preciso começar pelo amor fraterno, incondicional, porque, amando de verdade, não precisamos dominar. O trabalho na seara espírita é uma bênção, mas também um teste, porque representa um crédito de confiança que o mundo espiritual nos concede. Respondemos ao apelo dos nossos amigos maiores que *sim*, que estamos em condições de vender os nossos bens terrenos, ou seja, livrar-nos de nossas paixões inferiores e segui-los. Será, porém, que conseguiremos cruzar a ponte que une os dois ciclos evolutivos de nossas vidas? A ponte está ali e é só atravessá-la para encontrar os primeiros clarões da redenção e da paz. Conseguiremos fazê-lo? Certamente, se não buscarmos dominar e sim servir.

Há riscos enormes para nós; não nos outros, mas em nós mesmos, porque ainda somos aqueles que vieram de erros clamorosos e que buscam repetir-se. Quantas vezes, no passado, tomamos de assalto estruturas de poder, sem a mínima intenção de servir aos outros, mas com a de curvar-nos servilmente às nossas próprias paixões insaciáveis?

Parafraseando a expressão famosa de John Kennedy, deveremos nos perguntar não o que pode o Espiritismo fazer por nós, para nos projetar, para nos proporcionar poder de opressão e condução das massas (quem somos nós, para conduzir alguém?), mas o que podemos nós, a despeito dos aleijões espirituais que se mostram a cada momento, fazer de bom pelo Espiritismo. Se não pudermos ainda ajudar, pelo menos não atrapalhemos. Se não soubermos ainda o que fazer, tenhamos a humildade comovente de Saulo que, num momento de grandeza, saltou por cima dos séculos e se transformou de perseguidor implacável que buscava as massas porque lhe davam poder, no último dos servidores do Cristo. Sua renúncia total e imortal ficou condensada numa só pergunta que ressoa até hoje:

— Senhor, que queres que eu faça?

Certamente que o Cristo não deseja o nosso personalismo, nem a nossa vaidade, nem a ânsia do poder. Ele quer trabalhadores que se amem e que procurem instruir-se nas grandes Verdades da vida. Onde estão essas Verdades? Segundo sua própria palavra autorizada, estão *todas* no Cristianismo.

O mundo espiritual nos tem advertido inúmeras vezes e amorosamente que são muitos os que, ainda seriamente comprometidos com um passado de erros, tentarão se apossar do movimento para usá-lo, abandonando a doutrina à sua própria sorte, como já o fizeram alhures, com a doutrina cristã, que, em vez de estar no apogeu da sua prática, está precisando ser restaurada por um novo movimento. É preciso, no entanto, uma parada para meditação. Quando lemos essas advertências amigas do mundo espiritual, pensamos sempre, cegamente seguros de nós mesmos:

— Isto não é comigo... É com os outros.

Acontece que pode ser com a gente mesmo, porque ainda somos aqueles que trazemos as taras e os carmas de muitas falhas passadas. Fomos fanáticos, impulsivos, dominadores, agnósticos, brilhantes figuras vazias de compreensão e amor, ignorantes dos ensinamentos evangélicos, julgando-nos superiores a eles, "libertados" de crendices infantis, desobrigados da prática da caridade, interessados apenas em nós mesmos, na nossa projeção, no nosso poder, nas nossas paixões. Fomos tudo isso. Fomos? Ou será que ainda não somos assim? Estaremos realmente curados, prontos para abandonar tudo e seguir o Cristo? Estaremos curados do autoendeusamento? Estaremos preparados para deixar viver os que não pensam como nós?

É preciso estudar bem as nossas verdadeiras e íntimas intenções, para que não sacrifiquemos a doutrina ao movimento. Paulo nos adverte para que não nos juntemos aos infiéis. E se um dia descobrirmos que os infiéis somos nós mesmos? A voz amiga do Apóstolo nos alerta, através de dezenove séculos, que não existe relação entre a retidão e a iniquidade, que não há união entre a luz e as trevas, que não pode existir harmonia entre o Cristo e Belial, nem participação entre o fiel e o infiel, ou conformidade entre o santuário de Deus e o dos ídolos, porque somos nós mesmos o santuário do Deus vivo. Seremos, sim, sempre que o puro amor governar os nossos impulsos, mas é preciso, estarmos bem certos de que estamos realmente do lado da retidão e não da iniquidade, na luz e não nas trevas. É hora de conclamar todos os trabalhadores da seara, ajustar, as diferenças naturais devidas às nossas impurezas e não a imperfeições da doutrina que professamos. É claro que em nossas mãos o movimento pode falhar e prejudicar novamente a implantação da doutrina do amor na Terra. Outros nos virão substituir, porque os planos divinos não se apoiam irremediavelmente nas nossas imperfeições. A ponte continuará lançada entre a luz e a treva e outros irão atravessá-la, mas nós teremos perdido a nossa oportunidade.

— Não vos junteis aos infiéis — dizia Paulo.

Sim, mas não é para desprezá-los, como impuros e irrecuperáveis; é para não seguir os caminhos da infidelidade. Paulo não os desprezava; ao contrário, ia buscá-los corajosamente nas sinagogas, nas praças, à beira dos caminhos, no recesso de seus lares. Ao dizer da impossibilidade de participação entre o fiel e o infiel, afirmava a impraticabilidade de uma conciliação, enquanto cada um não respeitasse a posição do outro. No momento, porém, em que os corações se abrissem um para o outro e se entendessem, um novo mundo se revelaria aos olhos do infiel. Mesmo, porém, que não fosse ainda possível o entendimento, que pelo menos prevalecesse o amor e que cada um seguisse o seu caminho. O Cristo não obrigou o jovem a voltar sobre seus passos e vender suas coisas. Ele sabia muito bem que não chegara a hora; ainda não estava maduro para a renúncia. O jovem queria juntar-se ao *movimento* cristão, mas não estava *doutrinariamente* preparado. O Cristo não tentou "vender-lhe" a adesão a qualquer preço, apenas para engrossar fileiras. Nem *pretendeu fazer-lhe* concessões. As condições eram aquelas. Com suas inúmeras concessões posteriores, o Cristianismo tornou-se movimento poderoso que em dois séculos empolgou até o Império Romano, mas, à medida que avultavam as estatísticas, crescia o poder e ampliava-se a máquina política, econômica e social de compressão em nome do Cristo, a doutrina abandonou mansamente o movimento, tal como se retira o espírito de um corpo que não mais lhe serve aos propósitos. A doutrina continuou viva no coração de muitos, pois a alma é imortal. Ela até mesmo se *reencarnou* no Espiritismo, em nova — e última — tentativa de reimplantar o amor na Terra. A doutrina vai seguir em frente. Estamos prontos para ir com ela, ou preferimos novamente a opção trágica de ficar com o corpo de um movimento que, crescendo em poder, pode esvaziar-se de amor?

A hora é de exames de consciência, para todos nós. Estamos nos lembrando agora daqueles que há um quarto de século procuraram unificar os esforços esparsos, dando estrutura ao movimento, para que a doutrina do amor se ampliasse por toda parte. Estejamos certos, porém, de que eles queriam o movimento sujeito à doutrina pura e não como força em si mesmo, para atrair corações ainda não bem estabilizados na renúncia ao exercício do poder. Estejamos vigilantes e em prece, para não sermos daqueles que se juntam ao movimento espírita, mas aos quais ainda falta a adesão à Doutrina Espírita, que ensina o amor, a tolerância, o entendimento. Dizia o Cristo a João (12:35):

> Contudo por algum tempo estará a luz entre vós. Caminhai enquanto tendes a luz para que não vos surpreendam as trevas; o que caminha nas trevas não sabe aonde vai. Enquanto tendes a luz, crede na luz, para que sejais filhos da luz.

"E dito isto" — conclui *João* —, "caminhou Jesus e se ocultou de sua vista".

Será que aprendemos a lição? É tão simples: caminhar humildemente e de coração grato, enquanto temos a luz que nos ilumina o caminho. Com o tempo virão as trevas e aquele que anda pela escuridão não sabe aonde vai. Enquanto podemos ver-nos e reconhecer-nos na luz que nos cerca, esqueçamo-nos das nossas trevas interiores e talvez até consigamos expulsá-las de nós. Enquanto temos a luz. Procuremos antes o que nos une e não o que nos separa. Enquanto temos luz.

Somente assim seremos, um dia, filhos da luz. Ou será que deixaremos partir o Cristo e ocultar-se das nossas vistas?

(*REFORMADOR*, DE OUTUBRO DE 1974.)

5.2 Manhã de primavera em Corinto

Respeitáveis razões de natureza política, que não são de nossa competência apreciar aqui, impedem a óbvia e econômica solução — já que se está, por exemplo, no Cairo — de voar diretamente a Tel Aviv, em Israel, passando da Terra dos Faraós para a da *Bíblia* em menos tempo do que tomaria uma viagem Rio–São Paulo. Para contornar o impedimento, o jeito é traçar no tormentoso mapa do Oriente Médio e adjacências um triângulo em que um dos vértices seja, por exemplo, Chipre ou Atenas. Entre essas alternativas e outras, preferimos Atenas. Não — pelo amor de Deus — que a Grécia seja apenas um trampolim geopolítico que nos permite conviver por alguns dias com árabes e judeus alternadamente. A Grécia é um sonho bom, do qual a História ainda não acordou, de todo, e creio que jamais acordará. Porque ali os mais nobres filósofos, estadistas, médicos e historiadores pensaram, para nós, um pouco de todos os grandes problemas do ser e do mundo em que vivemos.

E assim, nos primeiros dias de maio de 1977, o jato egípcio nos deixa no aeroporto de Atenas, em plena primavera.

Fascinam-me aqueles belos caracteres da língua que falou Aristóteles. Embora sem entender muito do que dizem, encontro aqui e ali palavras familiares — como *taripha*, escrita, naturalmente, no taxímetro do carro que me leva ao hotel.

Ainda naquela tarde perambulamos pela cidade limpa e civilizada, como convém aos herdeiros políticos de Péricles. No dia seguinte, rumo à Acrópole e ao museu. Busco, porém, em todo o esplendor daquelas ruínas, além dos marcos de uma época extinta, "a presença do apóstolo Paulo", aliás, uma grande presença em Atenas. Lá está o "Poço de S. Paulo", ao pé da Acrópole. Também tem o seu nome a moderna avenida que passa pouco adiante. O padroeiro católico da cidade é S. Dionísio, que, como sabemos, foi praticamente o único ateniense, além de Dâmaris, que ouviu Paulo com respeito e atenção. Ali está o Areópago, onde ele falou do Deus desconhecido. Imagino-o, magro e ascético, vestido de uma túnica pobre, as sandálias rotas, a passear o olhar incendiado e o coração algo desencantado por aqueles mármores brancos e puros convertidos em estátuas, monumentos e edifícios. Tanto fausto e beleza física e tanta especulação vã naqueles cérebros privilegiados e *blasés*...

Emmanuel (in *Paulo e Estêvão*) nos dá conta da amarga decepção que o valoroso trabalhador do Cristo experimentou ali, onde a semente generosa parece ter caído sobre aqueles mármores tão belos quão frios, e, a não ser uma ou outra que alcançou uma frincha rumo ao solo, como no caso de Dionísio, no solo mesmo feneceu a maior parte. A inteligência de muitos era farta, mas estava sem luz o coração, talvez porque fossem felizes demais como criaturas humanas, saudáveis e folgazãs. Será que lhes faltava um pouco que fosse de dor? Não sei. Talvez, porque a doutrina da renúncia e do amor, que não medrou na Grécia luminosa e feliz, germinou e explodiu em luzes nas profundezas das catacumbas romanas, que ainda há pouco também visitara.

Minha ideia fixa, no entanto, era ver Corinto, e quase entro em pânico quando me informam que o 1º de Maio, feriado nacional também lá, caindo num domingo, nos deixaria na segunda-feira sem guias, sem transporte, sem restaurantes, sem nada. Como seria a sonhada viagem a Corinto, se na quarta-feira, dia 4, partiria para Tel Aviv? Tentei arranjar alguém que, pelo menos, fosse comigo de ônibus e me mostrasse: ali é Corinto, mas fui logo dissuadido pelo inflexível gerente do hotel informando-me que o sindicato dos guias não permitiria fosse a séria profissão exercida amadoristicamente. Ofereceram-me, alternativamente, uma viagem pelas ilhas, pois os navios, ao que parece, não ligavam muito para essa questão de feriados. Mas eu queria mesmo Corinto. E para encurtar uma longa história, dia 3, pela manhã, uma belíssima manhã grega e primaveril, o ônibus da empresa de turismo nos deixava, à beira da estrada, em frente as ruínas da velha Corinto. Ali estava ela, afinal.

Para o turista desatento seria apenas um monte desarrumado de pedras, onde aparece, aqui e ali, o esboço de um templo, o traçado de uma rua ou os alicerces de algumas casas. A custo consigo conter as emoções que me sacodem, pois identifico as cenas iniciais de *Paulo e Estêvão*, quando Emmanuel descreve a covarde agressão sofrida pelo velho Jochedeb ben Jared, pai de Abigail e Jeziel, o futuro Estêvão. Por ali andou o Apóstolo dos Gentios e mais Timóteo, Lucas, Silas, Áquila e Prisca. Chegou a ser, a famosa cidade, um dos mais importantes centros de cultivo e irradiação do Cristianismo nascente. Nela, Paulo escreveu, pregou, ensinou, curou. E ausente, mais tarde, para os adeptos que nela operavam escreveria duas das suas grandes cartas, inclusive para disciplinar melhor o exercício da mediunidade que começava a transviar-se e para combater dissensões que surgiam e ameaçavam erigir-se em seitas: a de Paulo, a de Pedro, a de Apolo...

Desligo-me do grupo de turistas, para melhor sentir Corinto na sua intimidade, procurando recapturar os ecos distantes das emoções que em seu seio foram vividas e sofridas. Por toda parte aquele verde absurdo do mato rasteiro salpicado de florezinhas amarelas e discretamente perfumadas, que o guia ainda há pouco dizia serem camomilas. O campo estende-se além das ruínas e atrás de uma construção moderna, mais ao longe, ergue-se, imponente, a grande altura, o monte Acrocorinto. Lá em cima — não há tempo para subir —, naqueles tempos idos, fervilhava de gente, pois o culto da deusa descera ao nível mais baixo, quando a prostituição exercida — dizem — por mais de mil mulheres era ao mesmo tempo ritual religioso e fonte de renda.

Manhã de primavera em Corinto

A manhã é clara e fresca, luminosa e perfumada; e aquelas pedras falam. Ainda lá está a plataforma de onde não apenas Paulo, mas qualquer orador se dirigia ao público que se movimentava na praça fronteira. Seria a praça que o pai de Estêvão atravessava quando foi agredido? Parece que sim, pois as ruínas em volta lembram os modernos "boxes" de certos mercados: pequeninas construções onde artesãos e agricultores ofereciam seus produtos ao público. Tenho de subir *à bema* (palavra grega para degrau, assento, tribuna, púlpito, trono), uma espécie de sacada ou patamar protegido noutro tempo por colunatas; resta agora apenas uma parte do piso, por onde caminho em extrema agitação emocional. Lá em cima, numa pedra tombada, está escrito em grego e em inglês o versículo 17, do capítulo 4, da *Segunda epístola*, em que Paulo nos lembra que pouco importa a pequena tribulação do momento, quando nos aguarda a glória futura da paz:

— Com efeito, a leve tribulação de um momento nos produz, sobre toda a medida, um enorme caudal de glória eterna.

Daqui — penso eu — falou Paulo, de pé sobre estas pedras, os olhos postos naquela praça onde eram muitos os que passavam sem lhe dar ouvidos, enquanto outros ouviam-no, mas sem compreender direito qual era a sua mensagem.

Viera do desencanto de Atenas. Lucas, em *Atos* (18:1), nos fala da sua chegada a Corinto, onde encontrou Áquila e Prisca, que, como tantos, haviam sido expulsos de Roma, ante as perseguições desencadeadas pelo imperador Claudius. Emmanuel nos enriqueceu generosamente, com o conhecimento de inúmeros outros pormenores importantes, ao relatar um pouco da comovente história desse casal que tão cedo dedicou-se ao trabalho devotado na seara de Jesus.

Já vinham eles de perseguições outras, desde a primeira hora, quando o próprio Paulo as iniciara na velha Palestina.

Foram companheiros do futuro Apóstolo nos "anos ocultos" no deserto de Dan. Sonhavam os mesmos sonhos e entregavam suas vidas pelos mesmos ideais.

Mas como seria Corinto?

———— • ————

Antes de apanhar o ônibus que nos levaria ainda a Epídauros, adquiro alguns *slides* e um interessante livrinho em inglês, do erudito Otto Meinardus, que, como ministro da Igreja Americana de S. André, em Atenas, pesquisou e escreveu seu valioso estudo sob o título *St. Paul in Greece* (*S. Paulo na Grécia*, edição Lycabettus Press, 1972, Atenas).

Meinardus não dispõe, evidentemente, das informações que Emmanuel nos trouxe, e por isso seu livro apresenta algumas lacunas e falhas, mas sua obra é honesta e tão rica quanto possível ante a exiguidade dos fatos disponíveis e a despeito da abundância de material especulativo. Diz ele haver nada menos que 84 livros e um número incalculável de artigos sobre Paulo. Muitos desses títulos ele cita como fontes de consulta no final de seu trabalho.

Corinto era uma cidade cosmopolita de costumes extremamente corrompidos, como nos assegura Renan (*S. Paulo* — Série *Origens do cristianismo*, edição Lello, Porto).

Era capital romana da província da Grécia, então chamada Acaia. Graças à facilidade de comunicação, tanto com a capital do Império quanto com o Ocidente, Corinto era importante ponto estratégico para divulgação das ideias cristãs. Havia lá considerável número de judeus, muitos dos quais fugiam das perseguições de Claudius. Aliás, havia muitos judeus na Grécia. Tinham mesmo uma sinagoga em Atenas e outra em Arges, segundo nos assegura Philon, mas a maior delas era mesmo a de Corinto.

É importante observar, neste ponto, que a cidade estava predestinada à missão de criar e desenvolver influente e dinâmico núcleo cristão, pois quando, num momento de passageira depressão, Paulo parece algo desencantado com às possibilidades e perspectivas do Cristianismo na Grécia, o próprio Cristo lhe transmite uma palavra inequívoca de estímulo, como documentam os *Atos* (18:9 e 10): "Não temas! — disse-lhe o Mestre, numa visão. — Continua a pregar e não te cales, porque estou contigo e ninguém te porá a mão para fazer-te mal, pois tenho um povo numeroso nesta cidade".

Que significaria isto, senão que haviam sido reunidos, naquele ponto, muitos que traziam na sua programação espiritual o compromisso de prepararem-se para as tarefas da consolidação do Cristianismo nascente?

Segundo Meinardus, Corinto era bastante diferente de Atenas, no sentido de que não era uma cidade provinciana grega, mas a capital de uma província romana, o que fazia enorme diferença. Sua localização geográfica lhe assegurava condição privilegiada para transações comerciais internacionais. Depois de destruída por Lucius Mummius, em 146 a. C., foi reconstruída por Júlio César em 44, tornando-se conhecida então como Laus Julia Corinthiensis, onde gregos, judeus e orientais se misturavam com os romanos colonialistas. É fácil, pois, imaginar como em seu perímetro circulavam aventureiros de toda a sorte e dinheiros de muitas nações.

— A viagem a Corinto — dizia um provérbio da época, colhido por Estrabão de Amasia — não é para qualquer homem.

Muitos, pois, eram os que se perdiam nos desatinos que nela se praticavam, o que Paulo deixa claramente expresso no longo trecho da *Primeira epístola*, versículos 9 a 20, do capítulo 6, e na segunda, capítulo 12, versículos 20 e 21, que termina assim: "Temo que em minha próxima visita o Senhor me humilhe por vossa causa e tenha de chorar por muitos que anteriormente hajam pecado e não tenham feito penitência por seus atos de impureza, fornicação e libertinagem".

Ao restaurar a cidade em 44, os romanos levaram para lá seus deuses. E para eles construíram templos imponentes, como o de Apolo, o qual, ainda nos tempos de Paulo, segundo Meinardus, seria um dos monumentos marcantes do local.

A cidade controlava a rota marítima que passa pelo estreito istmo que liga a Grécia Central à do Sul: o porto de Lecaion, no Golfo de Corinto, de um lado, e o de Cencreia, no mar Egeu, do outro. O atento leitor de Emmanuel há de lembrar-se que para Cencreia fugiu Abigail, quando o seu mundo doméstico desmoronou com a morte do pai e a escravização de Jeziel, seu irmão.

No tempo de Paulo, os navios eram retirados da água e arrastados por terra sobre roletes de madeira ou sobre enormes carretas. Tanto Alexandre, o Grande, como Júlio César (aliás, o mesmo Espírito em diferentes encarnações) e ainda Calígula, pensaram em rasgar o utilíssimo canal que somente no século XIX foi possível construir, sendo ultimamente ampliado, creio que com novo tratado às condições da moderna tecnologia das comunicações, pois levaram-nos a vê-lo.

Renan informa que, depois de arrasada por Mummius, Corinto ficou um deserto durante cem anos, e assim continuou até à reconstrução; e que o seu repovoamento trouxe tanta gente, e tão heterogênea, que os coríntios "permaneceram durante muito tempo estranhos à Grécia, que os olhava como intrusos". Os espetáculos públicos, ainda no dizer de Renan, eram os jogos brutais dos romanos, em lugar do elegante atletismo da tradição cultural grega. Era, pois, uma cidade internacional, rica, movimentada, brilhante, nada típica da civilização grega, na qual se incrustara.

— O traço dominante e que tomou o seu nome proverbial — escreve Renan — era a extrema corrupção de costumes.

Isso contrastava fortemente com os hábitos simples e joviais das demais cidades helênicas, e Paulo, portanto, precisou enfrentar dificuldades consideráveis para manter o núcleo cristão de Corinto ao abrigo da perniciosa influência daquela devassidão, transformada em ritual religioso e favorecida por desmedida tolerância.

Quanto aos muitos judeus então existentes, não poucos traziam já de Roma suas preferências pelo Cristianismo, tanto que Suetônio, na sua *Vida de Claudius*, escreve famosa passagem dizendo que "sob a instigação de certo Crestos se estavam tornando cada vez mais turbulentos" e acabaram banidos de Roma. Acrescenta Meinardus, citado por Paulo Orósio, historiador espanhol do século V, que a expulsão verificou-se no ano nono do reinado de Claudius, isto é, entre janeiro de 49 e janeiro de 50. Esses, por certo, compunham aquele grupo que o Cristo confiou ao ministério apostólico de Paulo, estimulando-o a que prosseguisse destemidamente na pregação àquela sua gente reunida providencialmente pelas contingências da vida.

O autor de *St. Paul in Greece* situa nesse período a chegada de Áquila e Prisca a Corinto. Paulo ficaria lá durante um ano e meio, e seus incansáveis pés devem ter percorrido muitos e muitos quilômetros pelas redondezas. Mesmo hoje, por estradas asfaltadas, em ônibus velozes, a viagem de Atenas a Corinto é longa. Vejo o Apóstolo a caminhar por aquelas áridas e desoladas paragens em busca do coração e da inteligência dos gregos... Seria, por certo, uma figura esquálida e maltratada, sustentada apenas pelo ideal que mantinha acesa a chama sagrada da sua vontade férrea de servir ao Cristo, segundo o compromisso que assumira quando ainda emborcado na areia de Damasco, anos antes.

Roland Baiton, autor de *Here I Stand*, escreveu que, perguntado, certa vez, sobre a aparência que a seu ver teria o Apóstolo, respondeu Lutero com um riso afetuoso:

— Acho que ele se parecia com um camarão magricela, assim como Melanchthon.

Daniel-Rops estima que Paulo haja percorrido cerca de 20.000 quilômetros em 13 anos. E ele não sabe da viagem à Espanha, que Emmanuel nos assegura! (Ver, a respeito, *A igreja dos apóstolos e dos mártires*, Rops, Livraria Tavares Martins, Porto, 1960).

Dois ingleses ilustres — Malcolm Muggeridge e Alec Vidler —, que decidiram refazer todo o percurso de Paulo pelo mundo afora, ficaram impressionados com a tremenda resistência física e moral do valente servidor do Cristo. O livro deles, muito dialogado, é leitura fascinante. Chama-se *Paul, envoy extraordinary* (edição Collins, Londres, 1972). E, bem entendido, fizeram as conexões por avião, ônibus, automóvel ou trem.

Foi em Corinto que se deu o curioso julgamento de Paulo pelo procônsul Gálio, irmão de Sêneca, o famoso filósofo romano (nascido, aliás, em Córdova, na Espanha). Conta Emmanuel que Gálio ouviu os acusadores com um ouvido só, reservando o outro, que mantinha tampado com um dedo, para a defesa. O sábio Procônsul não via crime algum no Apóstolo e a sentença foi tão bem recebida que o povo deu uma surra em Sóstenes, o acusador, à vista do próprio juiz, enquanto alguém de coração generoso recolheu

Paulo para dar-lhe proteção, depois de ter este interferido a favor do adversário.

Sem decidir a questão, Meinardus informa que o julgamento de Paulo pode ter sido realizado junto à famosa bema, que até hoje se acha defronte a ágora, como testemunha silenciosa e venerável de muitos séculos de sublimes renúncias, de atrocidades e vandalismos inomináveis. Há quem creia, porém, que o julgamento possa ter ocorrido num dos templos locais.

Paulo nunca mais se esqueceria dos seus amados coríntios. Visitou-os novamente mais tarde e para eles escreveu duas das suas mais notáveis epístolas. O ensaio sobre a caridade, constante do capítulo 13 da *Primeira*, é, na opinião de Muggeridge, "uma das mais encantadoras e maravilhosas coisas jamais escritas".

— Diria mesmo — prossegue ele, adiante, no seu diálogo com Vidler — que esta é uma das mais sublimes expressões de Paulo. Não acho que ele tenha jamais alcançado ponto tão elevado quanto este.

Emmanuel nos diz que o guia espiritual de Paulo era Estêvão, incumbido da missão pelo próprio Jesus. Embora Paulo, com a potência de seu gênio, pudesse perfeitamente ter produzido tão elevada manifestação do pensamento, não seria desdouro para ele acreditar que não era estranha a esse valiosíssimo documento a inspiração da antiga vítima, designada como seu guia.

Comentando a admiração de Muggeridge, Vidler declara não acreditar que Paulo tenha escrito tanto de um só impulso, ditando tudo no calor do momento; ao contrário, deve ter meditado maduramente sobre o texto sublime. Na verdade, porém, a inspiração mediúnica tem dessas coisas, que saem perfeitas, a despeito de aparente improvisação.

Seja como for, Corinto foi, sob muitos aspectos, um teste para o Cristianismo nascente. Nela a doutrina de Jesus confrontava o pensamento greco-romano, o entrechoque de muitas correntes exóticas que para a sua área convergiam, a mistura de raças, crenças e descrenças, o politeísmo, o ateísmo e a ortodoxia judaica. Tornou possível demonstrar que, mesmo vivendo em meio à corrupção a mais desenfreada, os verdadeiros cristãos podem sustentar-se na fé e na prática das simples, mas austeras virtudes da ética do Evangelho do Cristo. Em Corinto se praticou a mediunidade a serviço de Jesus e lá verificou-se que a mediunidade também pode transviar-se, como os homens, ao embalo de paixões mal controladas.

Era por tudo isso que eu desejava tanto ver Corinto, antiga principal cidade da Acaia, e assim se explicam as fundas emoções que pude viver, enquanto à minha volta muitos turistas viam apenas umas pedras envelhecidas e desarrumadas na luminosa e idílica paisagem daquela primavera grega.

Justo onde pisaram os pés daqueles desbravadores dos caminhos da luz, curvei-me para colher raminhos humildes de camomila perfumada, porque assim podia disfarçar melhor as lágrimas, que não desejava conter...

(*REFORMADOR*, DE DEZEMBRO DE 1978.)

5.3 Paulo e Estêvão: dois episódios para meditação

Acabo de ler mais uma vez — creio que pela terceira ou quarta — esse manancial de amor cristão que é *Paulo e Estêvão*, de Emmanuel, confiado à mediunidade do nosso Chico. Quantas lições de renúncia, de sabedoria e bom senso naquelas páginas impregnadas com as fundas emoções dos primeiros tempos! Quantas dores, quantas alegrias, esperanças e vitórias... Quantas lutas memoráveis de heróis da paz e do amor!

A narrativa começa no ano 34, em Corinto, com a tragédia que se abateu sobre a família do futuro mártir da nascente doutrina e vai até o ano 64, quando, no cumprimento de ordens expressas de Tigelino, tomba, de cabeça decepada, o corpo cansado do velho Apóstolo dos Gentios. Trinta anos de dores e perseguições inomináveis, mas também de alegrias inesquecíveis, de consolações celestiais, de visões grandiosas, de trabalhos redentores. Às vezes, encruzilhadas perigosas, nas quais o movimento nascente arrisca-se ao extravio, impulsionado pelas paixões que por tanto tempo remanescem no fundo de todos nós.

A mais séria e ameaçadora dessas encruzilhadas está narrada no capítulo quinto. Para entender bem a importante lição que encerra, temos de buscar as causas do episódio que iria desenrolar-se.

Ia já adiantado o apostolado de Paulo que, com alguns companheiros, saíra pelo mundo a semear a nova doutrina. Por toda parte surgiam pequenas comunidades cristãs, que se reuniam em modestíssimas instalações improvisadas ou em residências cedidas pelos primeiros conversos. Já tivera o Apóstolo a visão universalista da doutrina de Jesus, entendendo-a como mensagem endereçada a toda a humanidade e não apenas à comunidade judaica. Sabia ele no seu coração que o Messias prometido e anunciado viera para todos. Sabia que o Cristianismo estava destinado a ser uma doutrina universal e não mais uma seita judaica. Por muito respeitáveis que fossem os textos da Lei e dos Profetas — e o são até hoje —, o Evangelho, que já existia nas anotações de Levi, não seria apenas um apêndice dos antigos textos, mas a sequência natural de uma história majestosa, na qual se desdobrava o processo evolutivo do ser humano.

Paulo não conviveu com o Cristo enquanto o Mestre andou pela Terra. Em vez de amá-lo à primeira vista, como tantos, envolvera-se no doloroso papel de perseguidor do movimento nascente. Um dia, porém, nas vizinhanças de Damasco, recebeu inequívoco mandato e ali mesmo, ainda caído sobre a areia quente, aceitou-o com todo o impulso de seu coração:

— Senhor, *que queres* que eu faça?

Assim, se outros podiam invocar as credenciais da convivência com Jesus e a investidura de uma autoridade delegada pelo próprio Cristo (Ide e pregai), Paulo recebera sua ordenação sobre a areia causticante do deserto. Estranhos são os caminhos de Deus. Era, pois, tão apóstolo quanto os demais e, a despeito da sua extrema dedicação à ortodoxia judaica na mocidade, é agora o campeão da redenção dos gentios.

Sente, porém, na extraordinária agudeza da sua estrutura psíquica, que as dificuldades se avolumam e ameaçam, porque em Jerusalém, na Igreja-máter, predomina a diretriz de um cristianismo judaico de que se faz arauto a austera figura de Tiago. Pedro, voltado mais para os aspectos humanos do que teológicos da jovem doutrina, procura cuidar dos seus pobres e doentes, nos barracões humildes do "Caminho". É o líder nato, amadurecido no sofrimento e na saudade que lhe deixou o Mestre inesquecível. A questão fundamental, no entanto, é que a luz do Cristianismo atrai também os gentios e o movimento, ainda dominado inteiramente pelos companheiros judeus, não aceita senão aqueles que se convertam ao Judaísmo, submetendo-se à cerimônia ritualística da circuncisão e, posteriormente, às minúcias das regras de higiene e alimentação prescritas na Lei de Moisés.

Paulo e Estêvão: dois episódios para meditação

Abre-se o primeiro sulco, quase invisível, da cisão. É apenas uma rachadura imperceptível ainda, que muitos julgariam inofensiva e sem importância. Paulo não pensa dessa forma. Ao voltar de uma missão com Barnabé, encontra dividida a comunidade cristã de Antioquia. As controvérsias de Jerusalém alastravam-se pelas demais instituições. Informa Emmanuel que o ambiente se tornara tão agitado com as afirmativas dogmáticas que se calaram as vozes do mundo espiritual. A confusão se espalhava, porque os próprios dirigentes estavam confusos. Seria a doutrina do Cristo só para os judeus? Seria necessário admitir movimentos paralelos, com um Cristianismo para os judeus e outro para os gentios? Deveriam os judeus aceitar os gentios sem fazê-los passar pela adesão a Moisés? Seria o cristianismo judaico absorvido pela massa maior dos cristãos gentios?

Paulo percebe imediatamente a gravidade do momento, mas nada consegue com a sua palavra inspirada. Sabe, por outro lado, que a posição algo rígida de Tiago, em Jerusalém, tem certo mérito, porque o Judaísmo, vigilante e desconfiado, tolera a nova seita e suas óbvias heresias por saber que Tiago e seus seguidores continuam a observar rigorosamente os preceitos da Lei de Moisés. Ou por outra, são cristãos, mas continuam judeus; fiéis às tradições. Com isso, a Igreja nascente consegue sobreviver à evidente hostilidade do ambiente. Há, pois, um mérito na posição que à primeira vista parece intransigente e negativa de Tiago. Paulo, não obstante, já acostumado às hostilidades que ameaçavam o Cristianismo e com corpo marcado por cicatrizes que mentavam seu testemunho, talvez preferisse a perseguição que lhes movia o farisaísmo fanático do que as concessões num ponto de vital importância para o desenvolvimento das ideias que Jesus viera trazer.

Para agravar a situação em Antioquia, alguns companheiros chegados de Jerusalém reforçam a posição dos judeus ortodoxos incrustados no Cristianismo, dando a entender que a autoridade dos Apóstolos galileus era incontestável, enquanto a palavra de Paulo e Barnabé, por mais inspirada que fosse, "não era bastantemente autorizada para falar em nome de Jesus".

Dessa forma, esclarece o historiador espiritual, "a igreja de Antioquia oscilava numa posição de imensa perplexidade. Perdera o sentido de unidade que a caracterizava, dos primórdios. Cada qual doutrinava do ponto de vista pessoal. Os gentios eram tratados com zombaria; organizavam-se movimentos a favor da circuncisão".

O momento é grave. Paulo e Barnabé resolvem pedir a presença de Pedro, que prontamente aceita o convite e comparece acompanhado de João Marcos, o futuro evangelista.

Pedro expõe o problema com serenidade, também envolto em legítimas inquietações, porque a situação é a mesma em Jerusalém, onde se vê forçado a apoiar Tiago que, com seu rigorismo ortodoxo, mantém o farisaismo perseguidor algo contido.

O entendimento é perfeito entre o ex-pescador e o ex-rabino, ambos mergulhados no trabalho apostolar da divulgação da Boa Nova. Paulo sente que Pedro, com toda a sua autoridade, pende para uma atitude de maior liberalidade. A confraternização é agradável e Pedro vai se demorando em Antioquia, cercado pela afeição dos companheiros, unidos todos pelo comum amor ao Mestre que partiu. Procura espontaneamente os gentios da comunidade e sorri tolerante às apreensões dos mais ortodoxos que temem a alimentação "impura". Já uma vez tivera revelação espiritual inesquecível, quando foi advertido: "Não chames impuro àquilo que Deus criou". Por outro lado, o próprio Jesus ensinara que não é o que entra pela boca do homem que o prejudica e sim o que sai.

Nesse clima de paz e entendimento decorrem os dias, quando chegam de Jerusalém três emissários de Tiago, com cartas endereçadas a Pedro. Modifica-se o ambiente. Pedro retrai-se, não mais frequenta os incircuncisos. Nas próprias reuniões públicas, está sempre cercado pelos companheiros de Jerusalém. Mostra-se austero e triste.

Paulo observa logo a transformação. Por que Pedro tomava aquela atitude incompreensível? Durante duas semanas observou e conteve-se. Um dia, porém, em plena prédica, olha fixamente o Apóstolo galileu, e diz:

— Irmãos, defendendo o nosso sentimento de unificação em Jesus, não posso disfarçar nosso desgosto em face dos últimos acontecimentos. Quero referir-me à atitude do nosso hóspede muito amado, Simão Pedro, a quem deveríamos chamar "mestre", se esse título não coubesse de fato e de direito ao nosso Salvador. É fácil imaginar a surpresa e ansiosa expectativa que causaram as palavras do destemido pregador. Paulo prossegue sereno:

— Simão tem personificado para nós um exemplo vivo. O Mestre no-lo deixou como rocha de fé imortal. No seu coração generoso temos depositado as mais vastas esperanças. Como interpretar seu procedimento, afastando-se dos irmãos incircuncisos, desde a chegada dos mensageiros de Jerusalém? Antes disso, comparecia aos nossos serões íntimos, comia do pão de nossas mesas. Se assim procuro esclarecer a questão, abertamente, não é pelo desejo de escandalizar a quem quer que seja, mas porque só acredito num Evangelho livre de todos os preconceitos errôneos do mundo, considerando que a palavra do Cristo não está algemada aos interesses inferiores do sacerdócio, de qualquer natureza.

Todos sentem crescer a tensão no ambiente. Os gentios se alegram e os amigos do farisaísmo se irritam. Barnabé, amigo incondicional de Paulo, levanta-se contra o amigo:

— Paulo, sou dos que lamentam tua atitude neste passo. Com que direito poderás atacar a vida pura do continuador do Cristo Jesus?

Paulo não se impressiona. O que se discute é muito mais que a amizade, por mais funda e pura que seja — o que está em jogo naquele momento crítico é o futuro do Cristianismo. Por isso, retoma a palavra:

— Temos, sim, um direito: o de viver com a verdade, o de abominar a hipocrisia e, o que é mais sagrado, o de salvar o nome de Simão das arremetidas farisaicas, cujas sinuosidades conheço, por constituírem o báratro escuro de onde pude sair para as claridades do Evangelho de redenção.

O debate continuou rude e franco. Pedro ouvia. Ouvia e meditava. Meditava e orava, pedindo a Jesus que o inspirasse naquilo que devesse fazer. A decisão era dificílima para quem não desejava, de forma alguma, alienar afeições profundas nem abrir cisões irrecuperáveis. Todo um mundo de recordações desaba sobre Pedro. Em sua volta, os companheiros permaneciam expectantes e preocupados. Barnabé chorava e Paulo seguia irredutível.

Em dado momento, Pedro levantou-se. "A fisionomia" — diz Emmanuel — "estava serena, mas os olhos estavam orvalhados de lágrimas que não chegavam a correr":

— Irmãos! — disse nobremente — muito tenho errado neste mundo. Não é segredo para ninguém que cheguei a negar o Mestre no instante mais doloroso do Evangelho. Tenho medido a misericórdia do Senhor pela profundidade do abismo de minhas fraquezas. Se errei entre os irmãos muito amados de Antioquia, peço perdão de minhas faltas. Submeto-me ao vosso julgamento e rogo a todos que se submetam ao julgamento do Altíssimo.

Momento de pasmo e de impacto. Pedro concluiu:

— Reconhecida a extensão das minhas necessidades espirituais e recomendando-me às vossas preces, passemos, irmãos, aos comentários do Evangelho de hoje. Peço ao nosso irmão Paulo de Tarso o obséquio de consultar e comentar as anotações de Levi.

Em seguida, acrescenta Emmanuel:

A atitude ponderada de Simão Pedro *salvara a igreja nascente*. Considerando os esforços de Paulo e de Tiago, no seu justo valor, evitara o escândalo e o tumulto no recinto do santuário. À custa de sua abnegação fraternal, o incidente passou quase inapercebido na história da cristandade primitiva, e nem mesmo a referência leve de Paulo na *Epístola aos gálatas*, a despeito da forma rígida, expressional do tempo, pode dar ideia do *perigo iminente* de escândalo que pairou sobre a instituição cristã, naquele dia memorável (Grifos meus).

É evidente que o problema não ficou resolvido naquela reunião. Após a sessão pública, Paulo, Pedro e Barnabé conversaram amistosamente, buscando terreno comum de entendimento. Paulo propôs que a matéria fosse levada a Jerusalém, onde seria ampla e fraternalmente debatida.

Assim foi e de lá voltou ele vitorioso. Com a decisão histórica de que a doutrina de Jesus destinava-se a toda a gente, a todos os tempos, a todos os povos. Por isso, foi ele chamado o Apóstolo dos Gentios. Por isso, vivia ele a repetir e insistir que o portão luminoso para o reino de Deus, tal como o pregara o Mestre, era a fé e não a filiação obrigatória à Lei de Moisés. Em outras palavras: não precisava ser judeu para tornar-se cristão; bastava a fé que faz o homem justo e puro, digno das bênçãos do Cristo. Quinze séculos depois, Lutero haveria de erigir o principal edifício teológico do Protestantismo na doutrina pauliniana da justificação pela fé. Sua interpretação do pensamento de Paulo, no entanto, não foi bem precisa e por isso confessou, um dia, a Swedenborg que se enganara no princípio fundamental da sua doutrina. Mas, isto é outro capítulo e fica para outra vez. O que nos interessa no episódio de Antioquia é a nobreza inatacável daqueles Espíritos valorosos. Em Paulo, a coragem, a autoridade moral de contestar publicamente o próprio Simão Pedro, apóstolo e companheiro da primeira hora. Em Pedro, a serenidade e a grandeza enorme da sua humildade. Em Barnabé, as terríveis emoções do momento, em que se viu sacudido entre o respeito a Pedro e a lealdade a Paulo. Em todos, a fidelidade puríssima ao ideal supremo de Jesus, que todos colocaram acima de si mesmos, de seus impulsos e imperfeições.

Graças a esses sentimentos e a esses homens, que não se preocuparam com a ideia do triunfo pessoal, triunfou a doutrina superior do Cristo. Anos depois, já a caminho de Roma, onde sua vida terrena se extinguiria num imenso clarão de renúncia e amor, Paulo encontraria Tiago à frente de verdadeira multidão nas praias de Sidon. Viera despedir-se do valoroso lutador. O momento foi dramático. Vencido pela emoção, o próprio Tiago, já velhinho e alquebrado, tomou a mão de Paulo e a beijou fraternalmente, enquanto Paulo desatou o pranto comovido. Quanto a Pedro, o encontraria, também na Roma eterna, para morrerem quase juntos, incendiados pelo fogo sagrado que faz os santos e os heróis e às vezes faz de uma só criatura santo e herói.

Paulo e Estêvão: dois episódios para meditação

Paulo e Estêvão está cheio de momentos dramáticos e tocantes, vividos por aqueles Espíritos tão dedicados a uma causa de que apenas viam a sementeira, mas que somente a fé poderia garantir os frutos.

Deixem-me lembrar mais um episódio inesquecível daqueles tempos heroicos.

Expulso de Tessalônica pelo milenar ódio teológico de que falaria Melanchthon, Paulo seguiu para Bereia. Lá também o alquebrado Apóstolo foi preso e açoitado pelo crime de pregar uma doutrina nova. Seus poucos amigos ali lhe pediram encarecidamente que partisse, para evitar sofrimentos maiores. A semente de uma nova igreja ficava, como em todo o roteiro de Paulo, esse incansável plantador de luzes.

O momento era aflitivo. Silas e Lucas estavam doentes. Timóteo precisava ir a Corinto. Paulo achou que não poderia exigir mais desses amigos queridos e resolveu pôr em prática um velho e querido sonho: pregar na Grécia. Espírito universal, judeu e romano, provara também o néctar da cultura grega e, como tantos através dos séculos, ficara fascinado pelo fluxo de pensamento criador que emanava da velha Hélade. Os gregos eram sábios e livres. Por certo receberiam de braços abertos a estrutura renovadora que Jesus pregara. Aqueles filósofos inquietos, que buscavam um sentido para a vida, haveriam de encontrar a paz interior na doutrina do Mestre Galileu.

Paulo entrou em Atenas sozinho e cheio de esperanças. Fundas emoções lhe sacudiam o espírito, ao percorrer a capital da filosofia, olhar os seus templos, suas praças, seus monumentos e sua gente. Quanta beleza, quanta harmonia, quanta arte! Perdido na visão interior de seus sonhos, nem percebia que, exteriormente, como ser humano, parecia um pobre mendigo, alquebrado, coberto de cicatrizes, a pele curtida pelas tormentas da vida, a barba inculta, a veste pobre. Resolveu pregar na praça pública, naquele mesmo dia. Muitos curiosos se aproximaram e o ouviam com atenção, pois o brilho da sua palavra certamente transcendia a sua aparência modesta. Seus ouvintes, porém, não entenderam as referências a Jesus e à ressurreição. Como poderia alguém que morreu aparecer novamente em todo o resplendor da vida? A pregação terminou em risotas e piadas. O mínimo que diziam dele era que se tratava de um pobre louco. Diz Emmanuel:

> Paulo tudo ouvia notou a fila dos retirantes. indiferentes e endurecidos e experimentou muito frio no coração." Então, era aquela a Atenas dos seus sonhos? Eram aqueles os homens cultos e livres que pareciam tão preparados para receber a mensagem do futuro? Não. Não eram. Eram apenas, um ajuntamento de criaturas envenenadas de falsa cultura.

Paulo insistiu por uma semana, sem o menor resultado. Resolveu pregar no Areópago, aos homens mais sábios e inteligentes do tempo, aqueles que pontificavam nas escolas, instruíam a mocidade, discutiam as grandes ideias, escreviam tratados, diziam belos discursos, compunham os melhores poemas.

A recepção foi polida, fria e indiferente a princípio, mas também acabou em risadas inconsequentes. "A aristocracia intelectual ateniense" — escreve Emmanuel — "não podia ceder nos seus preconceitos científicos."

E assim, Paulo deixou Atenas sem ter fundado uma simples e humilde igrejinha de escravos, quanto mais de intelectuais, como sonhara. "No momento" — diz seu biógrafo espiritual —, "não podia chegar à conclusão de que a falsa cultura encontrará sempre, na sabedoria verdadeira, uma expressão de coisas imaginárias e sem sentido."

Voltaria a enfrentar o tumulto agressivo dos seus próprios irmãos de raça. Estes odiavam, esbravejavam, açoitavam e expulsavam o pregador, mas pelo menos tomavam conhecimento de suas ideias, em lugar de ouvi-las com um sorriso que não chegava nem a ser odioso, mas simplesmente indiferente e superior. "A cultura ateniense" — prossegue Emmanuel — "era bela e bem cuidada, impressionava pelo exterior magnífico, mas estava fria, com a rigidez da morte intelectual". Atenas "padecia de seculares intoxicações intelectuais" e ali, como em nenhum outro lugar nas suas andanças, Paulo sentiu-se como o semeador inútil, que só via em sua volta "pedras e espinheiros". Vencera a hostilidade agressiva de inúmeros judeus que pareciam irredutíveis, mas não conseguira nem mesmo impressionar os homens mais cultos do seu tempo. Se insistisse na permanência indefinida na Grécia estaria desperdiçando precioso tempo, semeando no pedregulho se o da vaidade suficiente, enquanto campos férteis o esperavam alhures. Cumpriu fielmente sua tarefa. Deu o seu recado, levou a mensagem renovadora aos ouvidos atenienses. Mais do que isso não poderia fazer. Pouco tempo lhe restava da existência terrena e ainda faltava o testemunho supremo na Roma orgulhosa e impiedosa. Deliberadamente, os gregos perdiam a oportunidade. Onde, quando, como, e por quem aqueles Espíritos seriam novamente chamados? Voltariam a ignorar o apelo? Ou já teriam vencido o orgulho vazio da ciência falsa, da filosofia estéril? "Reconcilia-te com o teu inimigo" — dizia o Cristo — "enquanto estás a caminho com ele". Não sabemos quando nem onde as Leis do Pai irão novamente colocar-nos diante do desafeto para o perdão libertador. O mesmo se pode dizer da Verdade. Quantas vezes, no passado, a Verdade nos chamou pela palavra candente de um Paulo de Tarso, de um Kardec?

E quantas vezes repetimos o riso irônico e superior de quem já conhece a Verdade? De quem é até dono da Verdade... E assim, de século em século, de vida em vida, aportamos à Doutrina dos Espíritos. Dela não conhecemos tudo, nem somos seus donos; somos meros portadores da sua mensagem redentora. Muito cuidado com ela, muito amor, muita humildade diante dela. Se percebermos que paixões humanas trincam fendas diminutas, saibamos recorrer ao exemplo de Paulo, Pedro e Barnabé, colocando a mensagem que nos foi confiada acima das nossas posições pessoais. Se nos defrontarmos com auditórios sofisticados e intelectualizados, cercados de pedras e espinheiros, mesmo assim cabe-nos dar o recado da Verdade espírita. Mas se os novos atenienses do século da comunicação nos sorrirem com superioridade, vamos em frente, que outros estão à nossa espera.

(*Reformador*, de janeiro de 1973.)

5.4 Historiografia transcendental

Ao escrever, em 1973, o livro *As marcas do Cristo*, tive a felicidade de encontrar algumas evidências da contribuição que a mediunidade está trazendo à pesquisa histórica e do muito que poderá fazer no futuro.

Vamos lembrar um desses exemplos aqui.

———— • ————

O Cristianismo chegara a uma encruzilhada: ou seria apenas uma seita judaica ou partiria para a divulgação ampla, em escala mundial, para todos os povos. O teste fora em Antioquia e Paulo estava convencido de que o Cristo viera para todos e não apenas para os judeus. O incidente com

Pedro foi o ponto crítico do processo. Anos depois, Paulo diria aos gálatas (2:11-14):

— Mas quando veio Cefas a Antioquia, enfrentei-o face a face, porque se tornara digno de repreensão, pois antes de chegarem alguns do grupo de Tiago, comia em companhia dos gentios, mas uma vez que aqueles chegaram, foi visto recatar-se e separar-se, temendo os incircuncisos. E os demais judeus o imitaram em sua simulação até o ponto em que o próprio Barnabé se viu arrastado pela *simulação* deles. Mas quando vi que não procediam com retidão segundo a Verdade do Evangelho, disse a Cefas na presença de todos: "Se tu, sendo judeu, vives como gentio e não como judeu, como forças os gentios a se judaizarem?".

Vimos em Emmanuel as minúcias do dramático acontecimento e ficamos sabendo da tremenda importância do episódio, pois, no seu dizer preciso e sóbrio, "a atitude de Simão Pedro *salvara* a igreja nascente" (grifo meu).

Tornara-se premente, inadiável, uma definição clara de princípios, pois a causa era grande demais para ficar enredada nas paixões humanas e ao sabor das opiniões pessoais de cada um. Foi assim que Paulo propôs uma reunião em Jerusalém para debater o assunto. Meses depois, Pedro mandou dizer-lhe que estavam prontos para o encontro, que ficaria conhecido na história eclesiástica como o Primeiro Concílio, no ano 49.

Paulo encontrou a comunidade de Jerusalém profundamente modificada, sob a influência judaizante de Tiago, que mais parecia um "mestre em Israel". Emmanuel, que tem sempre uma palavra de tolerância e suavidade, é particularmente severo neste ponto, dizendo que os olhos de Tiago "deixavam perceber uma presunção de superioridade que raiava pela indiferença". À noite, na hora da reunião, juntaram-se em torno de uma longa mesa os dirigentes da casa. Havia algumas pessoas que Paulo desconhecia. Pareciam componentes de um novo tipo de Sinédrio.

Como Paulo trouxera Tito consigo, Tiago, muito rígido, quis saber se ele também era judeu. Paulo disse que não.

— Circuncidado? — insistiu Tiago.

— Não — esclareceu Paulo.

Então não podia participar da reunião. A intolerância se instalara no círculo dos seguidores do Cristo. Pouco importavam as excelentes qualidades pessoais de Tito — e continuaria a dar provas disso pelo tempo afora — e o fato de Paulo colocar-se como seu fiador: filho de gregos, incircuncidado, não podia participar dos debates. A reunião somente começou depois que Tito se retirou da sala.

Pedro, que desejava a presença de Tito, instou junto a Paulo para que o jovem fosse circuncidado, mas Paulo estava indignado; aquilo era uma imposição descabida. Seu primeiro impulso foi regressar a Antioquia e seguir o seu caminho, mas viera a Jerusalém com a intenção de levar "cartas de emancipação", ou seja, uma declaração formal que o liberasse para a pregação entre os gentios. O que estava em jogo para ele era demasiado importante e embora resistisse, a princípio tenazmente, pois a circuncisão de Tito seria um atestado de derrota aos seus princípios doutrinários, acabou cedendo, sob veementes protestos e ressalvas, ante a intransigência das vozes mais influentes na comunidade.

— No dia imediato — escreve Emmanuel — procedeu-se solenemente a circuncisão de Tito, sob a direção cuidadosa de Tiago e com a profunda repugnância de Paulo de Tarso.

Ora, esta informação, colhida no mundo espiritual, parece conflitar com a narrativa de Paulo que, na *Epístola aos gálatas*, escreveu assim (2:3-5):

Pois bem, nem sequer Tito, que estava comigo, por ser grego, foi obrigado a circuncidar-se. Mas, por causa dos intrusos, dos falsos irmãos que solapadamente se infiltraram para espiar a liberdade que temos em Cristo Jesus, com a finalidade de reduzir-nos à escravidão, a quem nem por um instante cedemos, nos submetendo, a fim de salvaguardar para vós a Verdade do Evangelho.

O texto é obscuro e contraditório, mas depreende-se dele que Tito não foi circuncidado, pois, segundo Paulo, não haviam cedido *nem por um instante*. Estaria errada a informação que nos chegou do mundo espiritual por via mediúnica?

Foi o que me dispus a pesquisar.

O texto da epístola parece ter sido deliberadamente ou involuntariamente submetido a manipulações. Depois de dizer que Tito *não foi obrigado* a circuncidar-se, Paulo reafirma que não cederam às imposições, mas ao mesmo tempo explica que se submeteram para salvaguardar o direito de pregar aos gentios.

Sabemos, por outro lado, que, ao regressarem a Antioquia, Paulo e Barnabé levaram o importante documento a que Emmanuel chama de "mensagem de emancipação da gentilidade", e, a *Bíblia de Jerusalém*, de "carta apostólica".

O próprio Paulo informa, em *Gálatas* (2:6-10), que Tiago, Cefas e João, que eram considerados como colunas, "nos estenderam a mão em sinal de comunhão, a mim e a Barnabé: nós iríamos aos gentios e eles aos incircuncisos".

O que se passou então? Tito foi circuncidado, como diz Emmanuel, ou não, como diz a *Epístola aos gálatas*? E se não foi, como é que chegaram a um acordo em matéria tão grave? Em suma: é o texto mediúnico que está certo, ao afirmar a circuncisão de Tito, ou o texto da *Epístola aos gálatas*, que a nega?

A *Bíblia de Jerusalém*, mesmo adotando o texto que ficou transcrito acima e que as versões modernas consagraram, traz uma nota de rodapé, na qual os seus compiladores informam que a versão *vetus latina* OMITE a negação que figura no versículo 5º. Esta informação, relegada à letra miúda do rodapé, é importantíssima, pois a omissão coloca todo o texto no seu lugar e tudo fica muito claro e Emmanuel é quem está certo. Expurgando-se a negativa do versículo 5º— "*nem* por um instante cedemos" — e corrigindo-se, em consequência, um verbo no versículo 2º, o texto fica assim:

> Pois bem, nem sequer Tito, que estava comigo, por ser grego, *era*[29] obrigado a circuncidar-se. Mas por causa dos intrusos, dos falsos irmãos que solapadamente se infiltraram para espiar a liberdade que temos em Cristo Jesus, com a finalidade de reduzir-nos à escravidão, *por um instante cedemos*, submetendo-nos, a fim de salvaguardar para vós a Verdade do Evangelho.

Realmente foi o que se passou e com isso o texto faz completo sentido. Tito, na sua condição de gentio, *não estava*, no entender de Paulo, sujeito à circuncisão para tornar-se cristão, mas o Apóstolo cedeu diante de uma questão secundária para conseguir alcançar a concessão maior que buscava, ou seja, a liberdade de pregar o Evangelho de Jesus a toda gente. Deu um pouco — por um momento, diz ele — para não arriscar o muito que esperava e que já havia prometido aos seus amigos gentios, pois ali estava em frente a um dilema com apenas duas pontas: liberdade no Cristo ou escravidão do Cristo à lei de Moisés.

Mais uma vez, Paulo colocava o Evangelho acima de suas posições pessoais.

---

[29] Nota do autor: Em lugar de *foi*.

Esta sabedoria de julgamento que nos diz onde podemos e onde não devemos ceder é uma das lições mais preciosas do episódio. Tanto é assim que, mais tarde, Paulo já não objetou à circuncisão de Timóteo, que era também de origem grega. Ele sabia, muito bem que não era o fato de ser ou não circuncidado que tornava um homem cristão e sim a sua fidelidade ao Cristo e à sua pregação.

Deste confronto de textos mediúnicos com os que a tradição consagrou no livro que narra a saga religiosa da humanidade resulta nítida a segurança da mediunidade bem orientada e da informação de boa fonte espiritual que nos traz, sem alardes e com extraordinária firmeza e lucidez, a narrativa precisa de fatos tão importantes que, mesmo para os processos mais sofisticados da moderna historiografia, são considerados totalmente irrecuperáveis, sem a mínima possibilidade de reconstituição. É bom saber que as lições mais importantes do passado não se perderam para sempre. Estão registradas alhures, cuidadosamente preservadas. É bom saber que já começamos a receber as primeiras demonstrações dessa historiografia transcendental.

(*REFORMADOR*, DE JULHO DE 1974.)

6
Reencarnação

6.1 O livro branco da vida

Muita gente aceita sem grande relutância a ideia de reencarnação. Ela é racional e lógica, e, como se diz hoje, ela se insere no contexto das doutrinas evolucionistas que dominam as principais tendências do pensamento. De fato, a reencarnação dos Espíritos ao longo dos séculos e dos milênios explica fenômenos que de outra forma estariam truncados e incompreensíveis, como a eclosão de fabulosas inteligências em certos seres e a terrível carga de idiotismo em outros, as simpatias e afinidades entre uns, que mal se conhecem, e antipatias gratuitas e inexplicáveis entre outros que deveriam estimar-se em razão de estreitos laços de parentesco ou de prolongada convivência. Há também sofrimentos e dores a atingirem criaturas boníssimas, há prêmios à maldade, há mágoas para quem, a nosso ver, não as merece, e alegrias para aqueles que não as conquistaram. A reencarnação explica essas aparentes incongruências e perplexidades. Somos seres em trânsito para o futuro e trazemos nos registros do espírito a memória oculta de antigas falhas, o resíduo ainda invencível de persistentes deficiências que nos condicionam o presente e nos ameaçam o futuro.

Muitos ainda não estão preparados para enfrentar corajosamente as suas responsabilidades e fogem pelas evasivas que os exoneram da obrigação de pensar e construir no presente as bases da paz futura. Uma dessas fugas inconsequentes pode ser resumida na seguinte frase que nós espíritas sempre ouvimos:

— Tudo isso é muito bonito e a reencarnação tem a sua lógica, mas como é que eu não me recordo das minhas possíveis existências anteriores?

Entendem esses que seria muito mais racional que conservássemos ao renascer a memória das vidas passadas. Seria assim fácil programar a existência atual de modo a evitar a recaída em antigas faltas, a identificar com segurança velhos amigos tão caros ao nosso espírito e também adversários renitentes que nos perseguem através dos séculos com os seus ódios e sua vingança. Seria bom, por exemplo, sabermos que fomos no passado grandes médicos ou artistas eminentes e repetir com facilidade a experiência na qual fomos vitoriosos e brilhar novamente entre os homens, enobrecer a humanidade de conquistas científicas ou artísticas.

O raciocínio que nos leva a esses caminhos é simplista, quase simplório. O que enriquece a estrutura do espírito não é a repetição monótona de experiências nas quais já nos destacamos, mas a variedade e a universalidade do conhecimento que se vai acumulando lentamente em nossos arquivos mentais. Dessa forma, em cada nova existência as coisas se passam como se recebêssemos um livro em branco, no qual podemos escrever livremente a nossa história, vivendo-a no dia a dia das suas lutas e do seu aprendizado. Escrever livremente, talvez seja força de expressão. Embora esquecidos do passado e livres para imprimir à nossa vida o rumo que desejarmos, trazemos no fundo da memória espiritual — esquecidos, mas não ausentes — todos os condicionamentos que ali se depositaram em consequências das passadas experiências. O prêmio da vitória está em suplantar condicionamentos negativos, substituindo as paixões que nos infelicitaram, pelos impulsos de solidariedade, na conquista de novas posições espirituais.

Para o livre exercício do arbítrio é bom que o nosso livro esteja em branco. Só assim, teremos o mérito das conquistas alcançadas, como também o ônus das concessões ao egoísmo e às paixões subalternas. Somos, assim, herdeiros de nós mesmos e construtores da nossa paz ou da nossa infelicidade. Amanhã, quando sofrermos aflição e angústias incompreensíveis, não culpemos o destino cego e cruel, nem um Deus vingativo que nos persegue — estejamos bem certos de que somente a nós mesmos devemos as nossas dores. O esquecimento do passado é, pois, uma bênção a mais que as Leis de Deus nos concedem, e não uma dificuldade em nosso caminho evolutivo. É bem melhor partir para a aventura maravilhosa de uma nova existência, esquecidos de antigas angústias, para que as novas aflições não se somem às que nos atormentaram no passado. É bom amar no filho difícil ou no companheiro incompreensível o antigo desafeto que estamos lentamente conquistando, em lugar de reconhecê-los na condição de inimigos da nossa paz, a quem é preciso neutralizar a todo custo. Nesses reajustes que se processam mais cedo ou mais tarde, agora ou daqui a séculos, é bom que aprendamos a identificar, na dor que nos assalta, a moeda com que resgatamos antigas faltas.

É bom sabermos que nas futuras encarnações também não nos lembraremos das atuais aflições, nem teremos saudades das alegrias do presente. Receberemos outra vez o nosso livro em branco. Talvez então já estejamos prontos para escrever nele um longo poema de amor.

(REFORMADOR, DE JULHO DE 1971.)[30]

6.2 A reencarnação se afirma

É bastante sintomático e auspicioso o fato de que no recente Congresso Espírita, em Londres, o Dr. Karl E. Müller, Presidente da Federação Internacional, tenha escolhido a Reencarnação como tema de seu discurso presidencial.

Nos modestos comentários que tenho tido a satisfação de subscrever nas páginas sempre acolhedoras do *Reformador*, refiro-me frequentemente à elogiável e corajosa atitude do Dr. Müller, em face dessa questão. Claro que para nós, que vivemos à luz dos ensinamentos de Allan Kardec não há o problema da reencarnação. Ele ainda existe, porém, no seio da comunidade dos irmãos chamados *espiritualistas*.

Aliás, creio caber aqui uma digressão, a fim de esclarecer uma questão de terminologia. O nome da Federação Internacional, em inglês, é *International Spiritualist Federation*, o que dá — ao pé da letra — Federação *Espiritualista* Internacional, e não Federação *Espírita* Internacional. E isso porque o inglês dispõe da palavra correspondente ao designativo *espírita*, que é *spiritist* como o tem o francês, com o termo *spirite*. Muito bem esclareceu Allan Kardec que espiritualista e espiritualismo são designações de caráter genérico e dizem respeito a todas as doutrinas que, de uma forma ou de outra, admitam o Espírito como, tema central de suas especulações. Espiritismo é algo diferente, pois sendo uma doutrina de caráter espiritualista, possui características próprias, que se constituíram uma

---

[30] N.E.: Extraído do *Diário de notícias*, 14 jun. 1970.

verdadeira inovação há cem anos. Daí a ideia de Kardec de que uma doutrina nova precisava de um nome novo. E propôs o de Espiritismo, que foi adotado.

Por tudo isto temos traduzido o nome da Federação Internacional como Federação *Espiritualista* e não Federação *Espírita*. Não se trata, porém, de qualquer tendência divisionista. É que, segundo nos parece, existe tal distinção. O próprio Dr. Müller — para voltar ao nosso assunto inicial —, depois de começar seu discurso com a expressão, *Dear spiritualist friends* (Prezados amigos espiritualistas), refere-se à reencarnação como um ensinamento aceito pelos *espíritas* (*Spiritists*).

Vamos, porém, ao que diz o Dr. Müller no substancioso trabalho que apresentou à ilustrada assembleia do Congresso. Tenho diante de mim, uma reprodução do original inglês de sua conferência, que ocupa 15 páginas tamanho ofício, datilografadas em espaço 11/2.

Começa o conferencista por dizer que os espiritualistas pelo mundo afora ainda estão divididos no que toca a uma importante questão —"a Reencarnação". Para muitos — prossegue o Dr. Müller —, a Reencarnação é a resposta à pergunta "De onde vem a alma ao nascer?" Esclarece também que a *maioria* dos espiritualistas organizados não somente aceita a reencarnação como um fato, como faz disso um ponto importante de seus ensinamentos.

Com o objetivo de resolver a pendência, o Dr. Müller propusera no Congresso anterior, realizado em Paris, que a evidência existente deveria ser examinada. Nesse meio tempo, ele próprio se dedicou com afinco ao estudo do problema e tornou-se "convencido de que a reencarnação de fato ocorre".

A seguir, o Dr. Müller apresenta, com base em *O livro dos espíritos*, um breve resumo dos ensinamentos de Kardec sobre o assunto. Diz que, de acordo com as comunicações recebidas por vários médiuns, a reencarnação é o instrumento da evolução espiritual até que o ser atinja o estado de "puro Espírito". Sendo o Espírito uma forma superior do ser, não tem sexo, e nasce às vezes como homem, outras, como mulher, conforme seja melhor para o seu próprio progresso. O espaço de tempo entre a morte e a reencarnação — a que o Dr. Müller decidiu chamar *intermissions* — varia de alguns dias até milhares de anos. Usualmente, o renascimento ocorre na Terra, mas pode também se dar em outros planetas. Muitas pessoas estão na Terra pela primeira vez, entre os povos primitivos, em diferentes graus de evolução. Depois da morte, é possível evoluir no Além, especialmente quando se necessita fazer certos estudos. Nesse caso, o Espírito permanece por mais tempo no astral. Pessoas de nossa amizade ou parentesco foram, frequentemente, nossos conhecidos em vidas anteriores. O caráter de um homem ou de uma mulher pode mudar consideravelmente de uma encarnação à outra, por força do arrependimento ou de condições diferentes sob as quais nasce o indivíduo. O novo corpo não é necessariamente semelhante ao da vida anterior, mas, às vezes há certa semelhança, pois que o Espírito exerce alguma influência sobre a forma física. Se causarmos dano a alguém nesta vida e não formos perdoados, o Espírito dessa pessoa pode eventualmente vingar-se de nós numa existência futura.

Depois de assim resumir os ensinamentos de Kardec, o Dr. Müller acrescenta que tal doutrina contrasta com a velha ideia de metempsicose, que admitia a reencarnação de espíritos humanos em corpos de animais.

O desenvolvimento espiritual — prossegue o Dr. Müller, — começa quando a própria vida começa; mas, uma vez que o nível humano é alcançado, não há retrocesso ao reino animal. E conclui, de maneira bastante significativa: "os ensinamentos de Kardec concordam com as provas que até aqui pude coligir".

Após esse preâmbulo de caráter doutrinário, o conferencista passa à discussão de aspectos práticos. Informa que não basta um caso para comprovar alguma coisa em Ciência. A convicção apenas pode resultar de muitos fatos distribuídos por diferentes categorias formando uma rede. É exatamente essa variedade de casos que o conferencista se propõe a relatar.

Para efeito de clareza expositiva, o conferencista apresenta três categorias de fatos:

a) Casos animísticos, observados com vivos sem a cooperação de Espíritos;

b) Casos espíritas, mostrando a intervenção dos Espíritos ou observados na prática da mediunidade;

c) Casos mistos, que incluem elementos de ambas as classes anteriores.

A seguir informa o Dr. Müller que "há mais casos cuidadosamente observados do que geralmente se pensa". Para não se alongar demais, o conferencista se limitará a apresentar apenas alguns exemplos, de maneira bastante abreviada. Informa, ainda, que a Parapsicologia ultimamente tem demonstrado considerável interesse por este assunto. O Dr. H. N. Banerjee (na Índia) e o Prof. Ivan Stevenson (nos Estados Unidos) estão colecionando e estudando tais casos.

Os exemplos de natureza animística são os de recordações espontâneas de existências anteriores, recordações intencionais e experimentais (regressão de memória). Vários casos são mencionados, como o da moça indu, Shanti Devi, e da menina Swarnlata, ambos já comentados em *Reformador*.

Exemplos de crianças precoces são a seguir apresentados, como o da talentosa poetisa-mirim Minou Drouet ou do maestro infantil Pierino Gamba.

Em prosseguimento, são narrados os casos de recordações espontâneas em adultos e em crianças, bem como casos de lembranças despertadas por determinados lugares, situações similares, reconhecimento mútuo de duas pessoas, sonhos etc.

Em continuação, o Dr. Müller relata os exemplos relacionados com clarividentes e místicos, esclarecendo que todas as espécies de "desenvolvimento espiritual, tendentes a liberar os poderes ocultos da alma, também contribuirão para a lembrança de passadas existências".

Sob o item "mediunidade inconsciente", o conferencista relata uma experiência das chamadas *déjà vu*, quando nos assalta a sensação de já termos estado em determinado lugar. Creio que cabem aqui dois reparos. Primeiro, o de que não classificaríamos uma experiência do tipo *déjà vu* sob a rubrica de mediunidade inconsciente. Entendemos por mediunidade inconsciente aquela em que o médium cede seu corpo físico ao Espírito manifestante, mas não participa nem tem conhecimento do que se passa durante o transe.

Em segundo lugar, a experiência conhecida pela expressão *déjà vu* (já visto) de fato pode constituir recordação de uma existência anterior, mas pode igualmente ser apenas a lembrança de uma visita do Espírito durante o desprendimento do sono. Seu valor científico fica assim, a meu ver, limitado aos casos em que a recordação traz pormenores tais que a situam em tempo efetivamente recuado.

É preciso ressalvar que o caso mencionado pelo Dr. Müller tem esse valor probante, pois que a pessoa — um médico inglês —, ao visitar um hospital na Holanda, lembrou-se de que ali já vivera sob o nome de Peter Velde. O pormenor que situou o fenômeno no tempo foi a lembrança de um sino, que não mais estava lá, mas cuja existência pôde ser verificada como autêntica.

Por fim, são mencionadas pelo conferencista as recordações experimentais, pelo biomagnetismo e pela hipnose. A literatura aqui parece ser mais abundante. São citadas as pesquisas do espanhol Fernando Colavida e do francês Albert de Rochas, bem como as mais recentes, inclusive a famosa experiência, de Morey Bernstein, divulgada em seu livro *À procura de Bridey Murphy*. Quanto aos casos espíritas, há também observações muito interessantes do conferencista. Diz que se bem que alguns Espíritos preguem a reencarnação, outros a negam. "Isto não é de admirar-se", diz o Dr. Müller, "porque muitos Espíritos nem sabem que estão mortos para o mundo material".

Há inúmeros casos bem documentados da evidência em favor da reencarnação. Alguns Espíritos têm anunciado seu renascimento e fornecido pormenores indicativos, posteriormente verificados.

Há exemplos de reencarnação na mesma família, efeitos físicos que se repetem, sinais de lesão.

Entre os casos mistos, animístico-espíritas, é citado o de Sinhá Marta, ocorrido no Brasil, e que, na mesma conferência, já servira para exemplificar o capítulo dos casos espíritas. Sinhá Marta, ao morrer aos 22 anos, em 1917, viu-se cercada de Espíritos que anunciaram sua reencarnação para dez meses após, como filha de uma parenta sua, acrescentando que se recordaria de sua existência anterior. Tudo se deu como anunciado (Ver *Reformador*, 1959, p. 219).

Finalmente, depois de dezenas de casos bem comprovados, o conferencista proclama suas conclusões: "A variedade da evidência torna difícil explicar os fatos observados, sem aceitar a reencarnação".

Lembrando que os exemplos citados são apenas uma pequena fração do material disponível, o Dr. Müller acrescenta este comentário decisivo: "Depois de ter estudado o assunto, estou convencido de que os ensinamentos de Allan Kardec, a respeito da reencarnação, estão substancialmente corretos. Os espiritualistas, em geral, devem reconhecer que os "reencarnacionistas" têm a seu favor uma evidência bastante segura e que não há justificativa para desprezar a reencarnação, ou proclamar que se trata de uma teoria sem comprovação; a única desculpa para tais palavras é admitir a própria ignorância."

A atitude do Dr. Müller nos é das mais gratas ao coração. Primeiro, porque assume corajosamente uma posição ativa em favor da reencarnação, ao procurar divulgá-la do alto de sua responsabilidade de Presidente da Federação Espiritualista Internacional; segundo, porque verificamos que após tanta discussão e a despeito da obstinada resistência de alguns grupos espiritualistas, chega um pesquisador responsável e esclarecido, como o Dr. Karl E. Müller, à conclusão de que, afinal de contas, quem está certo é Allan Kardec, que demonstrou, com lógica irrespondível, a necessidade moral e filosófica da reencarnação. De fato, sem o mecanismo da reencarnação, seria incompreensível a Justiça divina. Deus criaria alguns de seus filhos predestinados à glória eterna e outros — também seus filhos — à eterna condenação e ao infindável sofrimento. Daria riqueza, talento, poder e alegrias a uns, e miséria, infelicidade, desgraças sem conta a outros. Exigiria da mãe amorosa que esquecesse no gozo eterno do paraíso, o filho amado ardendo nas chamas do inferno.

Tanto quanto pode nossa palavra humilde, enviamos daqui nossas congratulações ao Dr. Karl E. Müller, pelo trabalho profícuo que vem realizando em prol da ideia que adotou e que é também a nossa convicção mais segura. Que Deus o ajude, ilumine e ampare na sua campanha esclarecedora. Segundo ele próprio comentou, sua conferência teve profunda repercussão, tanto entre os espiritualistas, como fora dos círculos aos quais se dirigia.

De nossa parte também elevemos ao Alto nossos pensamentos de gratidão, pois que tivemos a ventura de aprender os princípios do Espiritismo nos textos kardequianos, sem que fosse necessário longo e penoso período de dúvida e incerteza. Os conhecimentos que trouxemos do espaço — embora modestos — entraram logo nos livros do mestre francês, os recursos de que precisávamos para incorporá-los à nossa experiência e aos processos conscientes de nossa vida atual. Só assim poderemos estar mais bem preparados para as novas encarnações que nos forem concedidas pela Bondade divina, a fim de caminharmos sempre para o Alto, ao encontro de Deus, embora sabendo-o tão longe, tão acima de nosso alcance. Que nos bastem o consolo e a certeza de sabê-lo cada minuto mais perto do coração.

(*Reformador*, de março de 1961.)

6.3 Vida antes da vida

Se fosse organizar uma antologia das frases e expressões de minha predileção na Doutrina Espírita, uma delas seria aquela que nos recomenda um acoplamento entre fé e razão para ensinar que elas não se excluem mutuamente. Outra frase seria a de que o Espiritismo nada tem a temer quanto ao desenvolvimento da Ciência. Kardec via nas estruturas doutrinárias espaço para acomodar os novos conhecimentos que fossem emergindo no correr do tempo. Convicto da solidez do edifício que vira crescer aos seus olhos, tanto quanto da flexibilidade que deve possuir toda doutrina evolutiva, ele admitiu mesmo a possibilidade de certas modificações eventuais que jamais poderiam afetar os conceitos fundamentais do pensamento dos Espíritos, como sobrevivência, reencarnação, comunicabilidade, existência de Deus, sem os quais se tornam incompreensíveis os mecanismos da vida.

Vivemos um período histórico de verdadeira explosão científica. Nunca se pesquisou com tamanha intensidade e amplitude. Os meios de comunicação conseguem transmitir apenas uma pálida ideia do que se processa nos laboratórios e gabinetes por toda parte. Os livros de divulgação já saem obsoletos em pontos essenciais e não são poucos os autores que precisam reescrever capítulos inteiros e corrigir conclusões, aditar notas de rodapé ou acrescentar apêndices no esforço de acompanhar o ritmo acelerado das descobertas.

Um bom sinal em tudo isso, porém, é que, além de explorar o mundo que nos envolve, desde a intimidade do átomo até o mistério dos "buracos negros", as atenções começam a voltar-se para o panorama interior do ser humano. Muitos já perceberam que o homem e a mulher não são apenas maravilhosos sistemas biológicos, o que já seria algo de fantástico. Deseja-se saber não apenas *como* funciona o corpo humano, mas *que* ou *quem* o faz funcionar. Ou seja: procura-se, um tanto às cegas ainda, mas procura-se, uma fórmula racional para expressar o dualismo espírito/matéria. Nem todos estão preparados para adotar a palavra *espírito,* porque *temem* suas implicações metafísicas. Respeitemos seus temores mesmo sem os aceitar, mas saudemos com interesse as informações que estão sendo obtidas sobre a *mente,* o *psiquismo,* o *corpo bioplasmático* e tantas outras expressões circunloquiais. A gente vai lendo e "traduzindo" para a terminologia a que está habituada, da mesma forma que aipim, mandioca e macaxeira são a mesma coisa em diferentes pontos geográficos do Brasil.

Uma visão retrospectiva sobre o material que temos lido nos últimos dez anos em publicações e livros europeus e americanos nos proporciona estimulante perspectiva em termos de aproximação e até mesmo de identidade com importantes postulados espíritas.

Acho mesmo que se pode configurar com muita nitidez a ênfase em expor temas que a Ciência oficial até pouco tempo considerou verdadeiros tabus intocáveis como existência do espírito, sobrevivência, reencarnação e comunicabilidade.

É de justiça reconhecer neste campo o trabalho pioneiro da Dra. Elisabeth-Kübler Ross, médica suíça radicada nos Estados Unidos. Na sua lista de prioridades ela colocou em primeiro lugar o problema da morte. É claro que ela estava interessada numa definição mais precisa do fenômeno e uma determinação clínica mais exata do momento em que o ser vivo pode ser declarado morto. O que mais fundamente lhe interessava, no entanto, era desmistificar a morte. Por que esse medo irracional da morte? Por que as aflições exageradas de quem parte e de quem fica? Por que esconder do doente terminal a sua condição?

Entende a Dra. Kübler-Ross que a morte é um fenômeno natural, sequência normal do que chamamos vida. Não é para ser temida, e sim compreendida para poder ser aceita. Em suma, era preciso desenvolver um programa racional de educação para a morte, uma doutrina de *aceitação* da morte.

Seu primeiro livro em 1969 foi sucesso imediato. Chamou-se On death and dying (Sobre a morte e a agonia).

Abriu caminho para outros depoimentos e estudos, bem como para assuntos paralelos. A observação mais serena do processo revelou inesperados aspectos, como o da "morte provisória", ou seja, uma incidência muito grande de casos bem documentados de retorno à vida de pessoas declaradas clinicamente mortas.

Nessa faixa específica de observação, "estourou" de surpresa em 1975 outro livro de sucesso, o hoje famoso *Life after Life* (*Vida depois da vida*), no qual o Dr. Raymond A. Moody Jr. expunha e comentava, numa fria linguagem de relatório, interessantes casos de morte provisória. O livro foi prefaciado pela Dra. Kübler-Ross, cujo trabalho até então fora desconhecido do Dr. Moody, tanto quanto ela própria desconhecia o trabalho paralelo do seu colega. Em 1977 o Dr. Moody publicou outro livro sobre o assunto, alargando consideravelmente as vistas que se abriam diante dele. O novo livro chamou-se *Reflections on Life after Life* (*Reflexões sobre a vida depois da vida*).

Em 1978 a Dra. Edith Fiore, doutora em Psicologia, publicou *You have been here before* (*Você esteve por aqui antes*), no qual relata suas experiências terapêuticas com o instrumento da regressão de memória às vidas anteriores.

Embora, de certa forma, repetindo o trabalho pioneiro do Dr. Denis Kelsey, a Dra. Fiore apresenta um estudo rico, bem documentado, muito valioso, no qual, ainda um tanto perplexa, e arrastada irresistivelmente à aceitação da dou3 trina da reencarnação e, logicamente, à da responsabilidade pessoal de cada um de nós pelos erros e acertos passados.

Explorando a outra ponta do trabalho do Dr. Moody, em *Life after Life*, a Dra. Helen Wambach publicou em 1979 seu notável *Life before Life*, ou seja, *Vida antes da vida* (Edição Bantam Books, Nova Iorque).

Helen Wambach é doutora em Psicologia e segundo nota biográfica inserida em seu livro, "está-se tornando rapidamente em a mulher sobre a qual mais se fala e escreve hoje na América". Por quê? Seu livro *Recalling Past Lives: The Evidence from Hypnosis* (*A recordação de vidas passadas: A evidência da hipnose*) foi êxito imediato. Suas observações e conclusões começaram a ser amplamente discutidas em artigos assinados. Mais importante, porém, foi a resposta popular, por meio de cartas e telefonemas de inúmeros pontos dos Estados Unidos, declarando sua pesquisa "absorvente e significativa".

Tão significativa quanto a pesquisa, a meu ver, é a acolhida inequívoca manifestada pelos leitores da Dra. Wambach às suas ideias, que, evidentemente, estão encontrando encaixes e ressonâncias no espírito público. Ou para dizer de outra maneira: estão correspondendo a uma necessidade de informação lógica e aceitável acerca dos problemas humanos que a Ciência oficial ainda se recusa teimosamente a discutir. O público leitor é muito mais inteligente do que supõem inúmeros representantes da Ciência acadêmica. É também muito mais aberto e está sempre disposto a examinar ideias novas, desde que apresentadas de maneira adequada e num contexto lógico, por mais que tais ideias se choquem com antigas tradições culturais. As crenças ortodoxas combatem a reencarnação? E daí? Se a reencarnação é uma ideia racional, como é, e explica aspectos ainda inexplicados do ser humano, logicamente as crenças dogmáticas é que estão sendo questionadas na sua irracionalidade inaceitável e não a reencarnação.

Há outro aspecto nessa atitude popular de aceitação e até de entusiasmo — ela indica uma tendência que se vai tornando irreversível. Dentro em pouco, os obstinados cientistas materialistas estarão falando sozinhos ou, no máximo, conversando uns com os outros, ilhados no território da negação de uma realidade irrecusável. É claro que uma ideia não é boa simplesmente porque as multidões a aceitam, mas é igualmente claro até este momento que a Ciência oficial tem sido simplesmente caótica no seu birrento esforço de tentar explicar tudo no ser humano em termos de matéria bruta, mero conjunto de átomos, moléculas e células que aprenderam a "orquestrar" suas funções bioquímicas por meio de automatismos evolutivos.

A Dra. Wambach declara na introdução ao seu livro que se tornou psicóloga porque achou que essa era a forma de "chegar até as pessoas e aprender como funciona a mente humana". Lecionou a matéria durante 12 anos e acabou achando enfadonho o processo. Quanto à pesquisa, era, na sua opinião, algo rotineiro que algumas pessoas de jaleco branco faziam com jovens estudantes e ratos brancos mas nada mais tinha a ensinar-lhes. Como continuava interessada no ser humano especificamente, começou a dedicar-se à Psicoterapia. Encontrara, afinal, o caminho. Em 20 anos nessa atividade jamais encontrou duas pessoas iguais nem uma explicação que servisse pelo menos para dois casos. Cada pessoa era um caso e cada caso tinha uma logística diferente.

Seu interesse, porém, não era meramente profissional. Ela também é um ser humano e aquela altura "já vivera cinquenta e três anos no tumultuado século XX", e fazia a si mesma as perguntas que tanta gente faz. Que é a vida? Que é a morte? Por que estamos aqui na Terra? "A fome pela compreensão mais profunda é muito ampla em nossa cultura", diz ela. E como as respostas são confusas e/ou contraditórias, também as pessoas e a própria sociedade vão-se tornando confusas e contraditórias. A civilização multiplicou as potencialidades do ser humano, criando praticamente um semideus, mas não conseguiu eliminar a ignorância acerca de sua essência, de suas origens e da finalidade da vida.

Foi para responder a si mesma que ela resolveu mergulhar nas profundezas dos seus semelhantes. Que tal começar pela hipnose?

Pouco a pouco uma técnica foi-se desenvolvendo e consolidando e a Dra. Wambach começou a fazer aos seus pacientes as perguntas para as quais não encontrara respostas convincentes nos tratados que estudara durante longos anos. O método da regressão de memória com o qual passou a trabalhar revelou prontamente que há uma vida antes da vida. A partir desse conhecimento-premissa ela montou um esquema de perguntas típicas. Alguém ajudou você a escolher as condições desta vida? Em caso positivo, qual a sua relação com esse conselheiro? Como você se sente ante as perspectivas de viver essa próxima existência? Qual a razão pela qual você decidiu nascer no século XX? Você decidiu também acerca do seu sexo? Por que você optou em ser homem ou mulher desta vez? Que objetivos você traz para desenvolver nesta existência? Você conheceu seus pais em alguma existência anterior? Se conheceu, qual o relacionamento entre vocês? De que maneira você vê o feto que será você mais tarde? Está *dentro* dele? Ou fora? Ou entrando e saindo? Em que ponto você uniu-se ao feto?

A Dra. Wambach é uma pesquisadora atenta e meticulosa. Ao escrever seu livro havia coletado e catalogado metodicamente toda a experiência com 750 pacientes. Organizou questionários minuciosos, classificou os assuntos, distribuiu os fatos mais significativos estatisticamente e, acima de tudo, observou com inteligência e proclamou com indiscutível coragem suas conclusões.

Seu livro é muito informativo e está repleto de surpresas até mesmo para aqueles que têm conhecimento mais avançado das questões que ela aborda. A muita gente boa — inclusive e principalmente colegas seus — ele deve ter causado verdadeiros "choques sísmicos" com as suas afirmativas.

Para o leitor espírita é uma alegria verificar que, embora lhe faltem ainda certos conceitos doutrinários que muito o ajudariam na formulação do seu pensamento, a substância da sua pesquisa vem encaixar-se com indiscutível precisão nas estruturas espíritas.

— Por alguma razão que não compreendo — escreve ela à página 21 — as experiências que antecedem ao parto e as do parto são mais perturbadoras para as pessoas do que as de recordar suas existências anteriores.

Não sei se a generalização, ampla demais, é válida para *todos* os casos. O trauma físico e psíquico do nascimento é realmente sério, mas não é nada fácil reviver determinadas vidas em que o espírito resvalou pelos abismos de erros clamorosos. De qualquer maneira, porém, nascer é sempre um momento de tensão para o espírito reencarnante. Embora munido das melhores intenções e trazendo um programa de trabalho regenerador e, ainda, contando com o apoio de antigos encarnados e desencarnados, a probabilidade do malogro dificilmente poderá ser desconsiderada de todo.

Após uma experiência dessas, uma senhora declarou à Dra. Wambach que nas duas vidas que conseguira recordar naquela noite a morte fora uma experiência agradável. "Nascer é que parece ser a tragédia".

Foram muitos os que declararam sua relutância em nascer.

— Eu não queria — disse outra mulher — porque não achava que estivesse preparada. Eu sabia que a finalidade desta vida era a de aprender a aceitar meu pai como a pessoa que ele é e, ainda, conhecer melhor minha mãe, que foi minha melhor amiga numa existência anterior. Ambos estariam vivos desta vez e essa é a razão pela qual escolhi esta época.

Era, portanto, uma questão de oportunidade que o espírito não quis perder. Aliás, 81% dos 750 casos pesquisados declararam que haviam decidido livremente nascer, nas condições em que nasceram, ainda que às vezes a decisão fosse penosa e difícil.

— Sim, decidi nascer, mas estava em pânico — declarou a pessoa do Caso A-493. — Não foi uma decisão tranquila. Quando você perguntou se alguém me ajudou a escolher, eu tive consciência da presença dos meus guias, que pareciam amplos raios de luz influindo para que eu não nascesse agora, mas eu estava decidido. Minhas impressões acerca das perspectivas da existência seguinte eram no sentido de que eu a queria e sabia que minha mãe não estava preparada e que aquela família não era apropriada, mas eu tinha algumas coisas a fazer e três tarefas cármicas a realizar.

Se 81% declaravam que definitivamente haviam decidido espontaneamente nascer, os restantes 19% disseram não ter conhecimento da escolha ou não haverem no momento da pergunta formulado nenhuma ideia.

Desse total, 68% declararam-se inequivocamente relutantes, tensos ou resignados ante a perspectiva de uma nova existência. A surpresa maior foi a de que 90% achavam que morrer era uma experiência agradável — nascer é que era algo desconfortante e assustador.

— Havia um grupo de pessoas dizendo que eu devia nascer, mas não gostei nada daquilo. Tinha, porém, a impressão de que eu tinha que nascer. (Caso B-76.)

— Oh! tenho que passar por isso tudo outra vez? (Caso B-81.)

E por que razão a escolha desta época? Vejamos algumas respostas típicas.

— (...) porque muitos Espíritos evoluídos estão nascendo agora e estamos mais perto de conseguir a paz mundial e um sentimento de integração da humanidade. (Caso A-384.)

— (...) muitas almas estão vindo juntas agora e meu espírito estava consciente disso. (Caso A-415.)

— Sim, escolhi esta época porque mudanças monumentais ocorrerão. (Caso A-476.)

— Porque é um período de grandes mudanças. (Caso A-21.)

— (...) para ter contato com algumas pessoas em particular que também escolheram esta época.(Caso B-12.)

— (...) porque algumas pessoas com as quais eu precisava desenvolver certo relacionamento também estariam vivendo nesta época. (Caso B-70.)

E a escolha do sexo?

— Decidi vir como mulher porque ela é mais terna, expressiva, mais ligada consigo mesma. Sinto que o *meu lado feminino* é melhor para expressar isso. (Caso A-384.)

O destaque é meu e serve para lembrar um aspecto que a Dra. Wambach encontrou *em todos* os 750 casos estudados e que ela resumiu assim:

— (...) nem um só dos meus 750 pacientes sentiu que o seu "verdadeiro eu interior" fosse masculino ou feminino.

A entidade em evolução, movendo-se através de muitas existências "está acima das diferenciações sexuais e deve incorporar ambas as experiências — *yin* e *yang*, masculino e feminino — para alcançar um patamar de entendimento mais profundo", conclui a doutora.

— (...) são os mesmos os Espíritos que animam os homens e as mulheres — ensinaram os instrutores de Kardec, ao responder à pergunta 201. Pouco importa a encarnação num ou noutro sexo, pois...

— O que o guia na escolha são as provas por que haja de passar.

E Kardec acrescenta:

— Os Espíritos encarnam como homens ou como mulheres, porque não têm sexo. Visto que lhes cumpre progredir em tudo, cada sexo, como cada posição social, lhe proporciona provações e deveres especiais e, com isso, ensejo de ganharem experiência. Aquele que só como homem encarnasse só saberia o que sabem os homens.

E quanto às tarefas programadas para esta vida, o que teriam a dizer aquelas 750 pessoas?

— Senti fortemente que meu propósito nesta vida era o de produzir um grande líder, e que um de meus filhos será esse líder que irá promover mudanças de caráter social. (Caso A-187.)

A mulher do Caso 11 disse que estava em débito com algumas pessoas pelo dano que lhes causou no passado, em outras vidas.

— Estou bem consciente agora de que meu marido nesta vida é um alcoólatra e entendo que devo ajudá-lo porque fui cruel com ele numa vida anterior.

Dezoito por cento dos casos examinados colocaram a questão de maneira tão bela que vale assinalar. Não vieram ajustar-se com ninguém especificamente, renasceram "para aprender a amar"...

— Preciso aprender a não me agarrar possessivamente aos outros — disse o paciente do Caso A-360.

Foram todos unânimes em rejeitar qualquer objetivo de conseguirem riquezas, *status* ou poder. Creio que num grupo maior — 10 mil? 100 mil? —, a amostragem indicaria alguns casos em que o Espírito veio com essas motivações mais imediatistas. Isso, porém, não invalida a conclusão da Dra. Wambach, segundo a qual na posição de Espírito, ao elaborar um plano de vida com a assistência de seus guias, a pessoa está basicamente interessada em se recompor perante a Lei divina desrespeitada no passado e não de afligir-se na conquista de posições que podem parecer brilhantes entre os encarnados, mas que trazem no bojo inúmeras decepções amargas do futuro.

Quanto às ligações anteriores com os parentes, principalmente com os pais, 87% dos casos examinados a confirmaram.

Um desses pacientes (Caso A-381) surpreendeu a doutora, informando que o conhecimento com seus pais vinha, não apenas de vidas anteriores, mas também "do período entre uma vida e outra".

Aliás, a notícia não deveria surpreender a brilhante pesquisadora, pois, se o Espírito vive antes de nascer na carne e vive depois de deixá-la pela morte, é claro que vive também uma existência intermediária alhures no universo. A autora acrescenta que não apenas ela foi tomada de surpresa, mas os próprios pacientes que não contavam com essa realidade.

E aí está outra observação perfeitamente doutrinária para encerrar o capítulo quinto do livro da Dra. Wambach:

— Todos os meus pacientes contam a mesma história. Retornamos com as mesmas almas, mas em diferentes relacionamentos. Vivemos de novo, não somente com aqueles aos quais amamos, mas com aqueles aos quais odiamos ou tememos. Somente quando sentirmos apenas compaixão e afeição, estaremos livres da necessidade de viver repetidamente com os mesmos Espíritos, que também são forçados a viver conosco!

Não é notável ler coisas assim num livro de pesquisa moderna que acaba de sair do prelo?

O que sente o Espírito em relação ao corpo que se forma para ele habitar?

As informações colhidas refletem naturalmente uma grande variedade de experiências e de motivações, bem como de nível evolutivo das entidades reencarnantes. Alguns se sentem ligados desde o momento da fecundação, outros parecem ficar mais "presos" a partir de certo ponto na gestação. Há os que se julgam ligados numa das várias fases do parto ou até meses depois. A maioria parece gozar de certa liberdade de ir e vir, embora como que "supervisionando" a formação do corpo. Em alguns, a consciência permanece ativa e lúcida durante todo o processo da gestação e até mesmo semanas ou meses após o nascimento. Em outros, a consciência vai-se apagando lentamente em pontos diversos do processo. Todos têm, não obstante, pelo menos de início, a consciência de que são entidades distintas e separadas do feto.

— Depois do nascimento — disse a pessoa do Caso A-510 — eu ficava com o bebê mais tempo, mas ainda podia deixar o corpo.

São interessantes as reações dos Espíritos às circunstâncias do processo reencarnatório.

— Parece que entrei no feto aos seis meses e lá fiquei, mas intermitentemente. Podia ficar de fora também. Estava consciente de que minha mãe sentia-se irritada e assustada e que continuava desejando livrar-se de mim. *Comuniquei-me com ela para deixar-me viver.* (Caso A-493. Destaque meu.)

A impressão geral de todas essas informações, segundo a Dra. Wambach, é a de que o nascimento é "um dever, e não um prazer".

Vejamos, agora, mais de perto o ato de nascer propriamente dito.

A Dra. Wambach conseguiu que 84% de seus pacientes recordassem com maior ou menor nitidez o traumático processo do parto.

— A coisa mais impressionante nos relatos — escreve ela à página 122 — foi o grau de tristeza experimentado pelo ser ao emergir no mundo. Mesmo que para muitos de meus pacientes o processo do nascimento em si não tenha sido fisicamente traumatizante, a sensação de tristeza impregnava a experiência.

E mais. Ela observou que...

— Surpreendentes para mim foram os frequentes relatos de que a alma do recém-nascido sente-se desligada, diminuída, sozinha em relação ao estado em que se encontrava entre uma vida e outra.

As reações mais comuns são de desgosto, de desconforto físico e moral, de ressentimento pela falta de amor ou de consideração da parte dos pais, dos médicos ou das enfermeiras.

— Eu sentia que os médicos e as enfermeiras presentes eram impessoais e frios. Faltava-lhes compassividade pelo temor e pela dor de minha mãe. (Caso A-485.)

— Sinto-me tão triste ao verificar minha solidão e antever uma existência tão dura. (Caso A-452.)

Ante uma dificuldade maior, no momento, um deles perguntou a si mesmo: "De que maneira posso me comunicar com essa gente?" (Caso A-414.)

Tão logo nasci, tomei ciência do sentimento das pessoas que me cercavam. Fiquei surpreso ao verificar que minha mãe não me queria. (Caso A-406.)

— Minha impressão era a de que as pessoas ali na sala do hospital não sabiam de nada e que eu sabia tudo. Isto me pareceu cosmicamente divertido. (Caso B-59.)

— Minha mãe parecia triste e meu pai sentia-se culpado. (Caso A-408.)

— ...Vi que meu Espírito estava observando tudo. Juntei-me ao corpo momentos antes do nascimento. Minha impressão depois do nascimento era a de que a palmada do médico *não* era necessária. Fiquei indignado. Eu sabia que o médico estava numa tremenda ressaca. (Caso A-365.)

São muitos os que teriam preferido ficar "lá dentro", confortavelmente. O mundo exterior era hostil, as pessoas sem amor e sem consideração, os bebês se sentem momentaneamente desamparados, friorentos, impotentes para manifestarem seus pensamentos e terrivelmente incomodados pela exagerada iluminação do cômodo, pois acabam de deixar o aconchego tépido, confortável, silencioso e escuro do ventre materno. Mal saídos, tudo os agride naquele ambiente novo. Um deles ouviu alguém dizer:

— Que menino gordo!

Outro percebeu que sua mãe não gostou dele porque era feio. (Caso A-334.)

Outro percebeu a indiferença do médico que não tinha a menor noção de estar lidando com um ser consciente.

— Tratou-me como se eu não existisse ou fosse uma coisa, um objeto. (Caso A-239.)

Um que experimentou certas dificuldades maiores em atravessar o canal, nasceu, afinal, com dificuldade de respirar. As pessoas presentes achavam que ele não conseguiria sobreviver.

— Eles achavam que eu não viveria e eu queria dizer-lhes que eu o conseguiria. (Caso A-361.)

Outro teve a face arranhada pela enfermeira e ficou assustado.

— Eu tinha a inteligência de um adulto — declarou o Caso A-23.

— Sentia-me como se tivesse começando um novo curso. Tinha disposição para aprender tudo. (Caso A-185.)

— Eu tinha a compreensão de um adulto, não ao de uma criança. Limitava-me a ouvir e observar. (Caso B-105.)

Vários expressaram sua exasperação ao serem praticamente expulsos antes da hora do útero materno.

— No canal do nascimento, certa força insistia em me empurrar. Eu não podia evitá-la porque nada havia no que pudesse me segurar ou pendurar. Imediatamente após o nascimento senti um súbito impacto de ar frio, de luzes brilhantes, e aquelas pessoas usando umas roupas engraçadas. (Caso A-20.)

— Senti-me esgotado e irritado. Sentia cruamente a luz, o ar, tudo. Eram tão *ásperos*. A atmosfera era rude. Eu havia esperado distrair-me, mas era tudo uma comoção e eu ansiava por voltar ao espaço onde tudo era leve. (Caso A-339.)

Um deles foi enfático e ante as aflições da hora pensou:
— Quero voltar para casa! (Caso A-l40.)
— Eu não gostava daquela ideia de estar espremido naquele pequeno garoto. (Caso A-234.)
— Minha mente — disse outro (Caso A-443) — era grande demais para aquele pequeno corpo.

Muitos se queixam do desconforto físico que lhes causa a demora em lavarem seus diminutos corpos.

— Antes de me lavarem, minha pele queimava e repuxava dolorosamente, à medida que o líquido amniótico secava e coçava. Infelizmente, fui lavado por um idiota com uma horrível esponja, que me arranhava. (Caso A-348.)

Enquanto isso ele ouvia a mãe a repetir incessantemente: "Não o quero! Não o quero!"

— Depois de haver nascido — diz outro — me senti pesado. A densidade era muita, muito mais do que eu poderia ter imaginado. (Caso A-393.)

No capítulo oitavo, a autora examina alguns casos de gêmeos, prematuros, crianças nascidas por meio de cesariana e de filhos adotivos.

Num caso muito interessante do ponto de vista doutrinário, um ser espiritual evidentemente mais experimentado convence outro Espírito relutante a renascer e se oferece para nascer junto, como gêmeo. Ao chegar o momento do parto, no entanto, ela percebeu que o irmão gêmeo estava-se desligando do feto. Ele prometeu que não a abandonaria, pois se encontrariam durante o desprendimento do sono para ajudá-la em tudo quanto precisasse. Isto significa, portanto, que ela precisava da reencarnação naquele momento, mas não ele.

Sem dúvida, porém, a Dra. Wambach conclui contra a expectativa de muitos de seus colegas que os gêmeos são animados por Espíritos diferentes.

Curioso também o fato de que somente 14% das crianças adotadas conseguiram lembrar-se da experiência do nascimento, a despeito do intenso desejo de fazê-lo. São firmes e seguros os mecanismos de proteção espiritual que procuram evitar impactos maiores que iriam desarmonizar as criaturas...

Alguns Espíritos, embora precisando conviver com determinado casal com o qual estavam relacionados anteriormente, tiveram de fazê-lo por vias indiretas, nascendo alhures e sendo posteriormente adotados pelos "pais" escolhidos previamente.

Um desses Espíritos declarou haver escolhido os pais por causa do "material genético de que eles dispunham", mas escolheu os pais adotivos porque eles podiam proporcionar-lhe condições mais adequadas. E assim foi. Houve, porém, um extraordinário incidente. Seria imprevisto? Este Espírito decidira nascer como menino e deixa entrever que já havia combinado tudo com os pais genéticos e os adotivos. Ocorreu, porém, que a mãe engravidou primeiro de uma menina e o Espírito, no açodamento de renascer, apoderou-se do corpo e veio como mulher, o que complicou os seus planos. Coube-lhe, então, "negociar" com os pais adotivos para que desejassem adotar uma menina em lugar de um menino, como aparentemente estava combinado.

Naturalmente que tais revelações pessoais — e não há como ignorar-lhes a autenticidade — chocam muitos pacientes e entram em conflito aberto com as suas crenças religiosas ou descrenças da vida de vigília. Muitos se acomodam, às novas ideias, após um período maior ou menor de meditação e revisão. Alguns se sentem algo perplexos e desajustados, o que é natural, mas não parece haver casos traumáticos na experiência da Dra. Helen Wambach.

A eminente psicóloga, no entanto, está bem consciente dos riscos envolvidos, jamais forçando irresponsavelmente a revelação indesejada, no que demonstra notável intuição, perfeitamente apoiada pelos conceitos espíritas.

Ela está perfeitamente alertada para o fato de que há experiências traumatizantes no passado que podem emergir de maneira desastrosa na memória atual. Por isso declara:

— Acho muito importante entregar o controle dessas recordações existentes na memória ao subconsciente de cada indivíduo. Eu os instruo no sentido de que seus subconscientes bloquearão imediatamente a lembrança de qualquer material perturbador e observo que isto funciona de fato muito bem.

Ela costuma perguntar se o paciente está preparado para enfrentar as recordações do passado. Quando o sinal é negativo, o assunto fica ali mesmo encerrado.

Essa medida de prudência é altamente recomendável, indispensável mesmo, e está apoiada na melhor ética e nos mais sólidos princípios doutrinários.

É com interessado olho clínico e empatia que ela gosta de observar seus pacientes depois que retornam ao estado consciente. Ficam com o olhar vago a meditarem em silêncio, como se estivessem perplexos ante uma realidade totalmente insuspeitada.

Alguns expressam de maneira poética e com extraordinária sensibilidade a sua atitude, como este por exemplo:

— Era como se eu estivesse deixando um local lindo, brilhantemente iluminado, onde muitas coisas estavam abertas para mim, para descer a um ambiente muito fechado e enigmático. Ao que parece, eu sabia de todas as dificuldades que me aguardavam, e sentia aquele enorme desperdício que nós, humanos, não entendemos.

Não há muito o que acrescentar a esta exposição sobre o excelente trabalho da Dra. Helen Wambach, senão que ela é digna de todo o nosso respeito e gratidão pela força que injetou nos conceitos doutrinários da sobrevivência do Espírito e da reencarnação, para citar apenas dois dos mais importantes aspectos da sua pesquisa. Ainda que o seu livro não traga o impacto de uma novidade para aqueles que já se convenceram desses postulados básicos, suas observações caem como semente vigorosa no solo difícil, mas ávido, da civilização americana, há tanto tempo derivando na tormenta materialista que sacode as mais sofisticadas comunidades. Rogamos a Deus que a sua corajosa mensagem possa atrair o maior número possível de irmãos nossos para os quais a chama indecisa da esperança não se apagou de todo.

(*REFORMADOR*, DE MAIO DE 1980.)

7
Relacionamento

7.1 Teoria da flecha

No seu artigo *Hiato de gerações*, em *Brasil espírita* de março último [1971], Aglaée de Carvalho examinou com lucidez e equilíbrio as questões suscitadas pelo relacionamento dos jovens com os mais velhos. O trabalho da jovem confreira oferece uma contribuição muito inteligente à melhor compreensão dos aspectos envolvidos. Ocorreu-me, entretanto, trazer algumas ideias partidas do lado mais velho da dicotomia humana que ela estudou.

Para usar a sua própria expressão, muito bom o seu *approach*, propondo qualificar o fenômeno como hiato e não conflito. Também acho assim, se é que vale tão modesta opinião. Nós espíritas sabemos que palavras como *criança, jovem* e *velho* representam classificações meramente didáticas, quase, diria, arbitrárias, consagradas pelo uso comum, mas que não guardam, dentro da doutrina, a rigidez da linguagem usual, porque há "velhos" e experimentados Espíritos em corpos jovens e Espíritos imaturos em pessoas de idade biológica mais avançada. De qualquer modo, a classificação serve enquanto não se arranja outra melhor.

Creio legítimo invocar a inadequabilidade das teorias freudianas para explicar o fenômeno desse hiato, porque o desentendimento e a contestação não têm por objeto apenas o pai, mas também a mãe, o tio, e até o irmão mais velho (conforme sua faixa etária), como também as chamadas "estruturas". É admissível, no entanto, um natural sentimento de sofreguidão da parte dos mais jovens, movidos pelo desejo de assumir, o quanto antes, o controle do poder — econômico, político, social e até religioso — para darem logo início às suas experimentações ideológicas. Também nós, mais velhos, passamos por essa fase de açodamento. É certo, ainda, que muitos jovens compreendem a relutância que os mais velhos demonstram em entregar suas posições, numa sociedade a que, bem ou mal, ajudaram a dar forma e conteúdo.

O hiato implica, assim, ideia de polarização: dois grupos separados por uma questão de enfoque pessoal. Sinceramente, não vejo grande problema nessa polarização de forças. Vejo-o, sim e evidentemente, quando a polarização começa a degenerar em radicalização. Não estou fazendo jogo de palavras. Uma certa dose de tensão controlada é compreensível no estágio evolutivo em que se encontram os grupamentos humanos. Dir-se-ia até necessária, porque é do debate que nascem as soluções conciliadoras. Como o problema há muito ocupa minha atenção, imaginei, para entendê-lo melhor, a teoria da flecha, que passo a expor.

Podemos imaginar sempre, na atividade humana, a existência de um alvo a atingir. No caso, a meta é a constante e pacífica evolução da sociedade em que vivemos. Sabemos nós que há nisso o que poderíamos chamar de interesse pessoal, porque ao renascermos daqui a alguns decênios ou séculos — não importa — por certo desejaremos encontrar uma civilização mais humana, mais feliz e principalmente em paz, sem conflitos, sem rivalidades e sem hiatos. Para atirar a flecha na direção do futuro — e aqui me lembro de Teilhard de Chardin com a sua seta a direção do "Ponto Ômega" — precisamos de um bom equipamento, ou seja, do arco propriamente dito e da corda. É do ajuste entre ambos que surge a tensão necessária para o arremesso da flecha. Quando a tensão é insuficiente, a flecha não sai ou parte sem rumo; tensão demais arrebenta a corda ou quebra o arco. Diríamos que a geração mais jovem está simbolizada no arco e a mais velha na corda. Ou vice-versa, o que não alteraria a montagem do raciocínio, nem a sua conclusão.

Não vejo por que seja impossível alcançar o entendimento necessário, com o devido respeito mútuo pelas posições tomadas nos dois polos. O encontro, porém, deve dar-se nas imediações do meio do caminho. Plantar-se um grupo na sua trincheira extrema e exigir que o outro faça *todo* o caminho é atitude irrealista. Para usar uma expressão já um tanto desgastada, o diálogo é necessário, como é também imprescindível que alguém possa ponderar as razões apresentadas e tomar decisões justas e adequadas no interesse da coletividade. Essa terceira posição cabe àqueles que exercem a autoridade. Sem respeito pelos que ocupam tal posição, é impossível o funcionamento ordenado do mecanismo social. O terceiro componente, pois, seria a força consciente que impulsiona e dirige a flecha.

Os espíritas, jovens e mais velhos, estão em condições de oferecer uma contribuição preciosa para o melhor entendimento entre as criaturas, quaisquer que sejam as idades, as posições ideológicas, sociais e religiosas ou econômicas. Somos seres em busca de soluções que — temos de admitir — ainda não podem ser perfeitas, porque imperfeitos são os nossos próprios espíritos. Identificar as nossas mazelas e dar-lhes combate sem tréguas, a fim de dominá-las, é meta prioritária para todos, porque a sociedade em que vivemos não poderá jamais ser melhor do que aqueles que a compõem.

Um dia, porém, nem de leis escritas precisaremos mais, porque as Leis de Deus estarão gravadas indelevelmente em nós, pela experiência milenar de um rosário imenso de vidas.

(*REFORMADOR*, DE MAIO DE 1971.)

8
Regressão de memória

8.1 Terapia do futuro

Em 1972 (junho, julho e agosto) *Reformador* publicou uma série de três artigos de minha autoria sob o título "Regressão de memória". No primeiro deles, entre outras especulações das muitas que o tema suscita sempre, conversamos, o leitor e eu, sobre os recursos terapêuticos da regressão para disfunções psíquicas de variada natureza. Lembrei alguns casos de meu conhecimento em que inibições, fobias e desajustes emocionais foram solucionados ou atenuados por essa técnica que, aliás, não entra em choque com os métodos habituais da Psicanálise freudiana; pelo contrário, acomoda-se a estes, com a única diferença fundamental de que introduz o conceito da reencarnação. Quanto ao mais, é a mesma metodologia da busca dos traumas na historia pregressa do paciente e a consequente racionalização dos problemas, visando à eventual dissolução dos núcleos em que se acham incrustados.

Vamos exemplificar o que isto significa, com uma curiosa e inteligente observação do escritor Érico Veríssimo. Dizia ele:

> Suponhamos que você esteja em repouso no piso superior numa casa de dois pavimentos. De repente, você ouve um ruído lá embaixo. Talvez até você saiba que é o gato que derrubou alguma coisa no chão. Aí, porém, você não consegue repousar mais. Teria mesmo sido o gato? Quem sabe alguém entrou na casa com intenções criminosas? Estaria alguma coisa vazando? Será que a porta não ficou inadvertidamente aberta? Se a sua imaginação for mais ativa, você pode até imaginar um fantasma ou um fenômeno de *poltergeist*. Em suma: é melhor levantar-se, descer a escada e certificar-se de que foi mesmo o gato que derrubou uma jarra. Só então você estará sossegado e poderá retomar seu repouso tranquilamente. Era o gato...

Guardadas as devidas proporções, esse é o mecanismo de certas anomalias psíquicas. Pelas complicações emocionais que nos causam, pelas indefinidas inquietações que nos impõem e pelos temores que nos induzem, muitos deles exagerados ou francamente infundados, não é difícil entender que problemas graves se agitam irresolvidos nas profundezas do inconsciente. Freud adotou o método da livre associação de ideias e lembranças, o estudo das mensagens oníricas, os lapsos de memória, de língua (falada ou escrita), enfim, uma série de recursos e artifícios para burlar a vigilância do consciente e penetrar nos arcanos do inconsciente em busca do núcleo perturbador, a que chamou de trauma. Com todo respeito pelo seu pioneirismo de genial desbravador da mente, força é reconhecer hoje que sua metodologia estava comprometida por sérias dificuldades operacionais — a lentidão e o caráter aleatório da coleta do material, bem como um bloqueio que, na maioria dos casos, frustrava suas expectativas de atingir o cerne da questão, ou seja, o seu dogma científico — se assim podemos dizer — de considerar o âmbito de uma única existência do ser humano.

Dentro da rigidez desse esquema, o trauma poderia levar anos para revelar-se, ou nunca, pois o processo consiste em pescar uma ou outra agulha preciosa num imenso palheiro de recordações, de fantasias e de associações. Situação essa agravada, ainda, pelo fato de que o paciente é o primeiro a desejar, consciente ou inconscientemente, bloquear as lembranças traumáticas, exatamente porque teme enfrentá-las e sem enfrentá-las não conseguirá resolvê-las.

Por isso, alguns críticos mais severos foram impiedosos com relação aos postulados básicos da doutrina freudiana, como Almir de Andrade ou Emil Ludwig, para citar dois mais antigos.

Se o trauma estivesse localizado no contexto de uma existência anterior, lá continuaria porque o grande desbravador não estava preparado para admitir essa hipótese de trabalho. Carl Jung, seu discípulo dissidente, ainda que mais predisposto a tais aberturas, deu inúmeras voltas em torno do edifício, mas não quis bater à porta para ver o que havia lá dentro. Preferiu tangenciar pela teoria dos arquétipos, a do inconsciente coletivo e outras geniais, mas incompletas, formulações. Foi uma pena, porque os dogmatismos de um e as relutâncias e hesitações de outro atrasaram o relógio da Psicanálise em pelo menos meio século.

Rogo ao leitor qualificado profissionalmente neste belíssimo campo de especulação científica que me perdoe as divagações, que não passam de reflexões de um leigo curioso e profundamente interessado na temática dos desarranjos mentais em geral, pelos seus aspectos humanos, pelas dores que acarretam, pelas aflições e perplexidades que causam, direta ou indiretamente, a uma incalculável multidão de seres. É que nós, espíritas, convictos da realidade inquestionável da reencarnação, não podemos deixar de pensar nos sofrimentos que poderiam ser poupados ou minorados se a terapêutica dos distúrbios mentais já houvesse incorporado ao seu arsenal clínico os conceitos das vidas sucessivas e da doutrina da ação e reação.

Mas voltemos às observações iniciais deste artigo.

———•———

Lembro-me de que na época em que saíram os estudos da série sobre regressão de memória não faltou quem questionasse a técnica como recurso terapêutico. Havia os que achavam que a simples identificação e racionalização de um episódio mais ou menos remoto não seria suficiente para desencadear um processo de cura pelo reequilíbrio mental ou emocional. Não obstante, já em *Reformador* de outubro de 1970, em artigo intitulado "Psiquiatria e reencarnação",[31] dávamos notícias das notáveis experiências do Dr. Denys Kelsey que, com a ajuda de Joan Grant, sua esposa, pesquisava nas vidas anteriores de seus pacientes essas verdadeiras grimpagens dos delicados e complexos mecanismos psíquicos que era preciso identificar e destravar para que o fluxo da vida pudesse seguir o seu curso normal.

— Na verdade — escrevíamos então — quando a Psiquiatria descobrir os conceitos fundamentais do Espiritismo e aplicá-los com inteligência, os resultados serão realmente espetaculares. Que o diga o Dr. Kelsey.

---

[31] Nota do autor: Incorporado ao livro *Reencarnação e imortalidade*, FEB.

Pois, ao que tudo indica, estamos nos aproximando mais seguramente desse momento importante em que a aceitação de alguns enfoques básicos da Doutrina Espírita começa a produzir frutos promissores na terapêutica de dissonâncias emocionais. É justo destacar na fase preparatória das novas técnicas, o excelente trabalho de pesquisa e divulgação da Dra. Gina Cerminara, brilhante psicóloga americana, especialmente em seus livros *Muny Mansions* de 1950,[32] e *The World Whithin*, de 1957.

É claro que tais conceitos, pela força de seus impactos sobre alguns dos mais queridos dogmas científicos, precisam de algum tempo para maturação na mente daqueles que se dedicam à nobre tarefa de minorar o sofrimento alheio. Isto é compreensível, porque as revisões são muito extensas e as reformulações muito profundas em teorias arraigadas e preconceitos não menos estratificados, mas é inegável que algumas conquistas importantes foram realizadas no sentido positivo.

É, pois, uma alegria muito grande encontrar nas chamadas de um livro como o da Dra. Edith Fiore[33] expressões como esta: "A terapia da reencarnação é a chave. Seus problemas atuais podem estar trancados na vida anterior!". Ou ainda: "Uma psicóloga pesquisa vidas passadas".

A Dra. Fiore concluiu seu doutorado em Psicologia na Universidade de Miami e é membro da *American Psychological Association*, da *International Society of Hypnosis*, da *American Society of Clinical Hypnosis* e da *Academy of Clinical Hypnosis*, de São Francisco.

---

[32] Nota do autor: Ver o artigo "A cereja e a lesma", em *Reformador* de julho de 1975, p. 147 et seq.

[33] Nota do autor: *You Have Been Here Before* (*Você esteve aqui antes*), Ballantine Books, fevereiro de 1979.

— Meus pacientes e sujeitos, diz ela, mergulharam em existências anteriores, a fim de encontrar as origens de seus talentos, habilidades, interesses, forças e fraquezas, bem como sintomas e problemas específicos. A tapeçaria das nossas vidas é tecida com fios muito antigos e o desenho é complexo.

Ao escrever o seu livro, a Dra. Edith Fiore ainda não se confessa totalmente convicta da realidade da reencarnação — o que é, no mínimo, muito estranho em vista dos resultados que vem obtendo com as suas experiências. Prefere a incômoda posição de quem não crê e nem descrê.

— Contudo — prossegue — a cada dia que observo mais e mais pacientes e exploro vidas passadas, vejo-me crescentemente convencida de que estas não são meras fantasias.

Simples cautela científica? Respeito humano? Concessão à opinião dominante?

É preciso dar tempo ao tempo. A ilustre psicóloga declara na introdução de seu livro que há dois anos ela estava "totalmente desinteressada da ideia da reencarnação". Uma tarde, porém, "testemunhei algo que afetou radicalmente minha vida profissional e minhas crenças pessoais". Tratava ela, pela hipnose, de um paciente que sofria de terríveis inibições de natureza sexual.

Quando ela pediu ao homem, já hipnotizado, que fosse às origens dos seus problemas, ele disse:

— Duas ou três existências atrás fui padre católico.

Contou ele, a seguir, suas experiências como sacerdote italiano, no século XVII. A doutora, porém, sabedora de que o homem era reencarnacionista, achou que a narrativa, "colorida por larga medida de emotividade, era fantasia". A questão é que o homem curou-se dos seus distúrbios e a psicóloga anotou que acabara de descobrir um novo "ilustramento" terapêutico, ainda que não convencida de seus fundamentos.

Casos semelhantes foram ocorrendo e, pouco a pouco, acomodando-se dentro de um contexto coerente, a partir do qual, mesmo considerando a ideia como simples hipótese de trabalho, a doutora Fiore passou a distinguir algumas constantes que assumiam a força de verdadeiras leis. É certamente por isso que a despeito de tão pouco tempo de experimentação já está ela em condições de declarar, como o faz no pórtico de seu livro, que:

— Em meu trabalho com a teoria da reencarnação estou observando que não há um só aspecto do caráter ou do comportamento humano que não possa ser mais bem compreendido por meio do exame de acontecimentos em vidas anteriores.

Sem dúvida alguma, a autora está bem consciente da importância do seu "achado" e das riquíssimas possibilidades que abre para a terapia dos distúrbios emocionais, bem como do amplo território que tem diante de si a explorar. "Escrever este livro" — diz ela — "foi apenas o começo para mim..."

Estamos de acordo, pois sabemos das surpresas e dos ensinamentos que aguardam a Dra. Edith Fiore ao longo do caminho. Creio igualmente legítimo supor que ela está muito mais convicta do que deseja admitir, pois, do contrário, não teria arriscado sua reputação profissional, escrevendo um livro tão sério e revolucionário em termos de ortodoxia científica, com apenas dois anos de observação. O leitor mais bem informado quanto aos fundamentos da Doutrina Espírita identifica suas surpresas e percebe que, para certos aspectos que as suas experiências vão revelando, ela não possui ainda uma teoria consolidada. Como também nota que certos desdobramentos são para ela inesperados e insólitos, tal — por exemplo — a atividade do ser (desencarnado) entre uma existência e outra.

Quanto aos seus métodos de trabalho, vemos que emprega uma técnica impecável, segura, competente, cautelosa. Ela não força ninguém às regressões, que são promovidas sempre com pleno conhecimento e consentimento do paciente. Uma vez decidido prosseguir com essa via, ela explica como a coisa funciona, procurando remover temores infundados, mesmo porque há sobre a hipnose noções completamente errôneas e mesmo insensatas. Ela assegura, por exemplo, ao paciente ainda em estado de vigília, que ele estará sempre no controle da situação, seja conscientemente, seja pelo subconsciente.

Lembra ela, ademais, que ao aprofundar-se na zona crepuscular das vidas anteriores, o paciente irá reviver problemas traumatizantes e complexos, tais como severas depressões, sentimentos de culpa, desconforto físico e outras dificuldades dessa natureza. É indispensável que tais situações sejam tratadas com perícia, cabendo ao terapeuta conduzir a regressão com paciência e tato, proporcionando o conforto da sua presença, do seu apoio e da sua compreensão nos momentos críticos. Não deve, ainda, forçar o paciente a ir além do que permitam suas forças. No momento oportuno, ele dará o passo definitivo. Deve ter sensibilidade para identificar esse momento e ajudar o paciente a vencer suas últimas inibições e bloqueios sem, contudo, violentá-lo.

Importantes contribuições a esse trabalho são a prece, para se alcançar a necessária cobertura espiritual, e o passe, recurso de ajuste magnético para fortalecer, despertar ou aprofundar o transe anímico. Sobre isso, porém, nada diz a autora.

Creio conveniente a esta altura ilustrar os métodos da Dra. Edith Fiore com a súmula de um dos vários casos que ela apresenta no seu livro.

Chamava-se Elizabeth a moça. Uma jovem senhora casada, mãe de três filhos. Sua aparência falava de seus conflitos: gordíssima, displicente, metida em apertada calça, tipo jeans, uns dois números menores do que ela deveria usar, uma blusa de malha escura, tênis nos pés, cabelos cortados rente, pretos com salpicos grisalhos. Não era preciso dizer que se tratava de uma criatura infeliz e frustrada. Sua preocupação maior, no momento, era o controle do peso. Tornara-se um joguete de temores indefinidos, de inexplicável sentimento de culpa. Há algum tempo sofrera terrível crise de depressão, que a deixara prostrada durante três anos. Passava horas sentada, imóvel, ou então lia deitada. Qualquer esforço era demais para ela. Saltava de uma doença para outra. Quando se livrou da úlcera, manifestou-se uma tireoidite e assim por diante. Era o desespero dos psiquiatras, que não tinham mais o que dizer a ela. Prescreviam-lhe tranquilizantes e antidepressivos, que ela tomava alternadamente segundo seu estado.

Ela própria admitia que seus problemas somente poderiam resultar de situações vividas em existências anteriores, porque nada havia nesta que os justificasse. O marido era excelente e tolerava com paciência as suas mazelas; os filhos normais e sadios.

Ela abominava qualquer forma de violência, passava mal à vista de sangue derramado. Sua maior ansiedade, porém, era o terror de chegar em casa e encontrar os filhos feridos ou molestados de qualquer forma. Nas poucas vezes em que admitia sair de casa com o marido, chegava ao absurdo de pedir a ele que entrasse primeiro, ao regressar, a fim de verificar se estava tudo bem.

Como se vê, uma ruína humana. Ouvira falar do trabalho da Dra. Fiore e resolveu fazer mais uma tentativa, talvez a última, pois além daquilo, nada, mais lhe restaria. Reagiu, porém, quando a psicóloga começou a prepará-la para a hipnose. Havia nas profundezas do seu ser mais um medo: o de descobrir a origem de seus medos. "Talvez eu esteja certa em me sentir culpada..." — comentou — "algo que não possa ser mudado". Queria desistir do tratamento antes mesmo de começá-lo. Era melhor deixar as coisas como estavam. A psicóloga agiu com tato e prudência, sem forçar. Argumentou, citou exemplos e a convenceu a recomeçar a indução hipnótica. Deu-lhe algumas sugestões e a despediu com uma gravação que continha instruções para relaxamento em casa durante a semana.

Elizabeth não foi uma cliente fácil como tantos outros, cujos problemas se resolviam com uma sessão ou duas. Semana após semana ela vinha ao consultório, sempre confusa, hesitante, cheia de temores. Via-se, nos sonhos, constantemente apavorada, a subir relutantemente as escadas de uma casa antiga, mas nunca reunia coragem suficiente para abrir a porta do sótão. Atrás daquela porta havia coisas terríveis que ela não sabia definir, mas que a deixavam em pânico. Acordava aflita e ainda mais angustiada. Nesse ínterim, continuava a resistir à indução hipnótica.

A psicóloga dispôs-se a prepará-la para vencer essa inibição, dando-lhe a sugestão de que estivesse "pronta para encarar os acontecimentos causadores dos seus problemas". Na sessão seguinte, quando começou a mergulhar no transe, acordou sobressaltada, recuando mais uma vez. Não tinha coragem. Passou duas semanas horríveis, mais deprimida do que nunca.

Finalmente, conseguiu o relaxamento necessário para identificar uma existência no século XIX. Europeia de nascimento, vivera na Índia uma experiência altamente traumática, ao assistir impotente a um incêndio destruir um orfanato, matando todas as 30 crianças que ali estavam sob sua responsabilidade.

O episódio explicava o temor que ela sempre teve de perder o marido, pois quando o incêndio lavrou, o marido estava fora. Não era ainda ali que estava o núcleo dos seus problemas. Em outras experiências, ela relembrou existências em que vivera duas vezes como marujo e uma em que fora a negligenciada esposa de um capitão de navio.

Ainda não era tudo, porém, pois, evidentemente, ela continuava a andar em círculos em torno das lembranças mais terríveis, sem coragem de aproximar-se delas. A dramática narrativa somente emergiu na 14ª sessão, quando, afinal, rompeu-se o dique, ainda assim, após hesitações e recuos que a psicóloga soube contornar com extrema habilidade e alguma firmeza. A história fora a seguinte: chamava-se Sara e vivia com a cunhada e três filhos desta. A lembrança é daquele dia em particular que a marcou mais fundo, como sempre acontece nesses casos.

A cunhada era uma criatura difícil, amargurada, infeliz e negativa. O marido (irmão de Sara) nada ligava para ela, trabalhava longe e pouco aparecia em casa. Naquela noite haveria uma festa numa propriedade vizinha e Sara, naturalmente, queria ir. Tentou convencer a cunhada a ir também e levar os filhos, mas a outra foi irredutível. A moça ajudou a arrumar as crianças e resolveu ir de qualquer maneira. Cantou, dançou, divertiu-se bastante. Ao regressar, já altas horas da noite, a casa estava silenciosa e às escuras. Uma sensação de mal-estar começou a dominá-la. Subiu a escada e, depois de muita hesitação, já em pânico, abriu a porta do quarto lá em cima (a famosa porta dos seus pesadelos). A lâmina de madeira bateu em algo duro no chão, que rolou para um lado. Era a cabeça da cunhada. Havia sangue e desordem por toda parte e tanto ela como as crianças estavam esquartejadas e decapitadas. Tudo quebrado e desarrumado, um horror! Só havia uma pessoa capaz de fazer aquilo — o irmão de Sara. Aliás, ela ouviu, ao chegar, passos de alguém escapando pelos fundos, rumo à floresta. O irmão era um homem desequilibrado, dado à bebida e impiedoso com os animais. Rancoroso, mal-humorado e agressivo.

Se antes ela estivera com aquela sensação de que não deveria ter ido à festa, agora o peso da culpa lhe caíra todo sobre os ombros. Era como se ela houvesse cometido aquele crime hediondo. Se houvesse ficado, talvez alguém se ferisse, mas, certamente, não teria ocorrido o massacre.

Nada mais havia a fazer. Encheu-se de fria e determinada coragem e partiu a pé para a cidadezinha, a fim de comunicar o tétrico acontecimento ao xerife.

— Você não está com medo? — pergunta-lhe a psicóloga.

— Sinto-me mal. Não estou com medo. Não há nada neste mundo que alguém possa me fazer... que me ferisse ainda mais do que isso...

Depois disso, perdeu o juízo ("creio que fiquei um tanto maluca") e foi internada num sanatório onde passou o resto de sua dolorosa existência.

As agonias, as frustrações e os remorsos daquela vida transbordaram para a atual, sob forma de inibições e angústias indefiníveis. No fundo, sentia não ter direito a nenhuma alegria, nem à saúde, nem aos prazeres naturais da vida em comum numa família normal e equilibrada. A psicóloga definiu assim a sua posição:

— Em outras palavras, você acha que não merece divertir-se porque antes, quando você se divertiu, veja o que aconteceu.

— Nunca deveria ter ido — foi a resposta.

A seguir, a psicóloga pediu as identificações. O irmão atormentado era agora pai de Elizabeth, a jovem senhora gorda. O mesmo temperamento agressivo, sombrio, rancoroso. O mesmo hábito de beber, os mesmos impulsos de violência. A cunhada voltou como sua mãe. Quanto a ela assumira a responsabilidade pelas crianças, que eram os seus filhos atuais.

Elizabeth tinha agora o drama todo à disposição do seu consciente para exame, crítica e racionalização. Por mais trágica que fosse, a narrativa fazia sentido e se encaixava com assombrosa precisão no contexto da vida atual.

Daí em diante, as coisas começaram a mudar para ela. O primeiro temor a vencer foi o de deixar os filhos sozinhos em casa. Numa daquelas primeiras semanas, após a tremenda catarse — que durou mais de uma hora —, ela foi ao teatro com o marido, na vizinha cidade de São Francisco, e, ao voltar, só percebeu que havia entrado direto em casa depois que já estava lá. Pela primeira vez não pedira ao marido para ver se estava tudo bem.

Em seguida, começou a perder peso — quase três quilos numa única semana! Na visita seguinte ao consultório da psicóloga, apareceu com um vestido mais feminino, feito por ela mesma de um tecido estampado. Deixara de lado o feio "uniforme" das jeans, a blusa de malha e o tênis. Começou a sorrir e a redescobrir a vida. Estava curada.

Aliás, a Dra. Edith Fiore também está fazendo notáveis descobertas.

— A descrição do intervalo entre duas existências, segundo o fascinante relato de meus pacientes — escreve ela, mais para o final do livro — terá que aguardar uma publicação futura. É um livro por si só.

Diz ela que uma das características importantes dessas narrativas sobre a morte "é que a consciência persiste sem interrupção". Há aquela sensação de *flutuação* e, após alguns momentos sozinhos, já na condição de Espíritos desencarnados, seus pacientes falam da presença de companheiros espirituais. Alguns apresentam emocionadas reações de alegria ao se lembrarem desses reencontros.

Vejamos o fragmento de um desses diálogos.

— Você ainda está no corpo? — pergunta a psicóloga.

— Não.

— Está sozinha aí, na sua forma espiritual?

— Não. Meus guias já chegaram. (Há evidente alegria no rosto da paciente).

— O que eles dizem a você? O que transmitem a você?

— Vieram para levar-me para casa.

— Quantos são?

— Cinco.

— Parecem familiares a você?

— Sim, naturalmente.

— Por quê?

— Porque são meus guias. Sempre estão aqui quando venho para casa.

— São sempre os mesmos?

— Sim.

— Há alguém mais aí? Outros espíritos a quem você reconheça a não ser os guias?

— Sim, meus parentes.

— Eles se comunicam com você?

— Sim. Eles me ajudam a compreender que não sentem mais nenhuma dor.

Quantas vezes os Espíritos têm ouvido diálogos semelhantes entre Espíritos incorporados e seres encarnados...

Em outro caso, que a Dra. Fiore considera "uma das mais extraordinárias experiências", um paciente descreve a morte da avó, que ficara um pouco mais do que ele na carne. Em outras oportunidades, a psicóloga testemunhou conflitos entre as crenças religiosas de seus pacientes e a realidade do mundo espiritual.

O importante de tudo isso é a consistente convicção da sobrevivência, que ela confessa ter encontrado em tantos depoimentos espontâneos e concordantes.

— É maravilhoso saber — disse um deles que quando a gente morre — é apenas um novo começo.

No capítulo final, a Dra. Edith Fiore expõe breves observações pessoais, dizendo que embora a questão da reencarnação não esteja definitivamente resolvida para ela (!) já não se sente bem com o seu antigo agnosticismo. Cita o livro do Dr. Ian Stevenson (*Vinte casos sugestivos de reencarnação*), e os da Dra. Gina Cerminara (*The World Whithin, Many Mansions, Many Lives, Many Loves*), declarando que as conclusões dessa eminente psicóloga são coerentes com as suas observações clínicas.

As pesquisas prosseguem e novos livros estão prometidos. Alegremo-nos, aqueles de nós que começamos a entender a vida. A terapia do futuro está chegando aos consultórios.

(*REFORMADOR*, DE FEVEREIRO DE 1980.)

8.2 Regressão de memória I

Amigos e confrades familiarizados com algumas experiências de regressão de memória, que realizei, me sugerem a elaboração de um artigo, no qual fiquem resumidas as impressões colhidas e exposta, em suas linhas gerais, a técnica empregada.

A expressão parece vir da língua francesa *régression de la memoire*, dado que em inglês o fenômeno se intitula *age regression*, ou seja, regressão de idade. Consiste em submeter o sensitivo a um dos processos que provoquem o desdobramento ou desprendimento do perispírito, de modo que, parcialmente liberto das limitações impostas pelo corpo físico, possa o Espírito ter acesso à sua memória integral.

Ensina o Espiritismo que sob condições normais o Espírito recupera, ao desencarnar, sua memória de existências anteriores. Note bem o leitor que está dito "sob condições normais", porque muitas vezes isso não acontece, ainda que o Espírito tenha alcançado elevado grau de evolução intelectual. As razões são por demais complexas para serem especuladas num breve trabalho como este, por quem certamente não está qualificado para fazê-lo. Ao que parece, o esquecimento das vidas pregressas é disparado por um mecanismo de autodefesa, que livra o Espírito da insuportável aflição de contemplar as loucuras e crueldades que cometeu. Com o passar do tempo, à medida que ele se arma de recursos morais mais sólidos, as lembranças começam a emergir para que ele possa contemplar a extensão dos seus erros e promover o reparo dos danos que causou ao próximo e, em última análise, a si mesmo. Há, pois, razões de sobra nas Leis divinas que nos vedam normalmente o acesso à memória integral, ou seja, à lembrança do nosso passado ao longo de inúmeras existências, até onde alcança a consciência que adquirimos ao ingressar no chamado reino hominal. É justo que Deus tenha criado dispositivos de proteção às nossas lembranças anteriores, para que em cada nova existência possamos todos partir de uma posição em que não pesem, em nossa consciência de vigília, as aflições de um passado de culpas que nos poderiam desencorajar diante da gigantesca tarefa de recuperação e de ressarcimento de nossas dívidas perante as Leis divinas. Ainda há pouco presenciamos, em sessão do nosso grupo, a angústia de um Espírito que, ao cabo de mais de um século do mundo póstumo, conseguiu recuperar a consciência de sua individualidade e sentiu-se de tal maneira esmagado diante da tarefa que lhe compete realizar que não via nem por onde começá-la. Cercado de paciente e fraterno amor e dotado de elevadíssima potência intelectual, retomou seu equilíbrio e partiu cheio de esperança para o trabalho de reconstrução. Nem todos, porém, dispõem de uma estrutura psíquica capaz de suportar dores como essa e podem ceder ao peso das suas angústias, recaindo na alienação. Aliás, o desequilíbrio mental não é mais do que uma forma de fuga empreendida pelo Espírito que não consegue enfrentar uma realidade dolorosa.

São poucos, assim, os encarnados e desencarnados em condições de se confrontarem com o seu próprio passado.

Estas especulações nos levam, por conseguinte, a uma pergunta de vital importância: Será lícito despertar em alguns seres a lembrança de suas vidas anteriores? À pergunta não se pode responder prontamente *sim* ou *não*. Digamos que, como regra, a resposta seja não, mas que não é essa, evidentemente, a única resposta para todos os casos. A opção é difícil e delicada, porque, além do já mencionado problema de suportar a lembrança dos erros cometidos, há ainda o risco de enfrentar a séria questão da vaidade exacerbada, quando, ao afastarmos a cortina que encobre o passado, descobrimos que fomos também gente importante e poderosa, cujo nome a História guardou. Como se portaria um modesto trabalhador mergulhado no anonimato e na pobreza ao saber que foi, no passado, um rei europeu ou um potentado asiático? Continuará tranquilamente, sem revolta, a viver do seu salário mínimo?

Graças a Deus, no entanto, o mundo espiritual não vive à matroca. Para tudo há um tempo, como dizia o salmista, e aqui e ali sempre houve para alguns Espíritos encarnados oportunidade de acesso a uma parte de suas memórias passadas. Além do mais, como lembra o coronel Albert de Rochas, o problema da imortalidade da alma tem sido, através do tempo, objeto de especulação dos filósofos e as próprias religiões a afirmam ao proclamarem a existência do Céu e do inferno; no entanto, a questão das vidas sucessivas tem permanecido como assunto marginal, a não ser para aqueles que "não se contentando com uma fé cega e simplista", procuram saber em que condições reais o mal é punido ou o bem recompensado. É, pois, legítima a especulação, quando orientada num sentido elevado, por quem tenha algum conhecimento das Leis divinas que regulam a vida espiritual. Isso porque a pesquisa bem conduzida, que comprove inequivocamente a preexistência do Espírito, abre uma perspectiva inteiramente nova para o ser humano, ao mostrar-lhe não apenas que já existia antes de nascer, mas que continuará depois da morte a contar com novas oportunidades de renascer para dar prosseguimento ao seu aprendizado e à sua evolução. Vale dizer, portanto, que não há destinação definitiva do ser após uma curta existência na Terra, à qual, segundo a ortodoxia, ele teria vindo sem nenhum passado. Em outras palavras: não há Céu nem inferno, mas um contínuo ir e vir de almas, da vida no invisível para a vida na matéria, sempre a vida, exuberante, rica, imortal, evoluindo sob as bênçãos de Deus.

Além do mais, a técnica da regressão de memória oferece recursos terapêuticos e inestimável valor para os mais complexos problemas espirituais. Tais recursos, praticamente inexplorados ainda pela Ciência oficial, poderiam resolver satisfatoriamente inúmeros conflitos e disfunções espirituais que a Psicanálise e Psiquiatria ainda não conseguiram abordar com êxito. É que a ortodoxia científica continua na firme convicção de que vivemos apenas uma existência e que a raiz dos desacertos íntimos deve ser buscada regressivamente até à infância e principalmente nesse período crítico da história do ser; quando, porém, o conflito se prende a uma causa anterior à vida presente a perplexidade da Ciência é total, a despeito das elaboradas e contraditórias teorias imaginadas para explicá-lo. Isso não quer dizer que a identificação das causas, mesmo numa existência anterior, resolva todos os problemas psíquicos do indivíduo; às vezes, são necessárias varias vidas para isso, porque a dor continua sendo a moeda universal com que resgatamos os erros cometidos contra o próximo. Muitos problemas, no entanto, desaparecem com o simples processo de "arejamento" de suas causas provocadoras, técnica, aliás, de que a Psicanálise se tem aproveitado. Neste sentido, devo citar um caso de meu conhecimento, para exemplo. A pessoa, cursando faculdade, experimentava anormal dificuldade no aprendizado da Matemática, entrando em verdadeiro pânico por ocasião das provas. Esse fenômeno inexplicável em quem para tudo o mais, demonstrava inteligência bem acima da média, teve explicação lógica ao se revelar, numa pesquisa de regressão de memória, que em existência anterior o sensitivo se havia dedicado profundamente à Matemática, não tanto no desejo de aprender somente, quanto na esperança de conquistar renome com a descoberta de novas leis científicas. Falhando nos seus propósitos, trouxe para a existência atual a frustração que o estava impedindo de caminhar, nesse ramo do conhecimento, tão bem como nos demais. Racionalizado o "impasse", sua vida universitária teve curso normal.

Em outro caso, uma senhora experimentava medo irracional de cobra. Não podia sequer colocar macarrão cozido na travessa ou no prato, porque o movimento da massa a levava a um estado de pavor incompreensível. Várias formas de tratamento falharam, até que a pesquisa de regressão de memória deu a explicação que a libertou da sua aflição: numa existência anterior, fora atirada viva ao poço de serpentes, onde morreu, em tremendo estado de terror, picada por cobras vorazes.

Diante desse quadro, o pesquisador que desejar dedicar-se a esse fascinante trabalho deverá estar munido de algumas credenciais mínimas, tais como, rígida moral, conhecimento das principais leis que regem os fenômenos da alma — e para isso terá que recorrer à Codificação Kardequiana —, paciência, boa dose de intuição e uma técnica apropriada à obtenção do fenômeno do desprendimento do perispírito.

Em que consiste, no entanto, a técnica de regressão de memória? Em primeiro lugar, é preciso considerar que o Espírito encarnado está limitado às possibilidades e recursos do seu cérebro físico. Se este for deficiente, não há gênio espiritual que consiga fazê-lo funcionar satisfatoriamente. O cérebro físico funciona durante a encarnação como um redutor de voltagem, uma estação abaixadora, que traz a tremenda energia psíquica contida nos registros do perispírito a um nível de tensão que o ser encarnado possa suportar em equilíbrio. Tudo o mais fica retido no inconsciente, em esquecimento protetor. Para usar uma velha imagem já um tanto repetida, diríamos que a memória integral é um vasto *iceberg* mergulhado nas águas da eternidade e do qual apenas emerge uma diminuta porção — o consciente; o resto está abaixo do nível de flutuação e, portanto, no inconsciente. Ao que parece, em cada vida recebemos um novo "rolo" de fita magnética, representado na contraparte física do ser pela camada cortical e no qual gravamos minuciosamente o "videoteipe" de tudo quanto se passa conosco no decorrer da existência. Talvez seja por isso que durante o processo da morte, ou no momento em que corremos graves perigos — afogamento, quedas etc. —, todas as imagens de nossa vida passam rapidamente diante dos nossos olhos atônitos, comprimidas, porém nítidas, em poucos segundos. É possível que o fenômeno se dê pela passagem do "videoteipe" para os registros permanentes do ser, onde se incorporam ao patrimônio da memória integral. Claro que isto é apenas uma hipótese de trabalho ainda sujeita a verificação, mas aí fica para exame.

Para se chegar, então, aos arquivos dessa memória é preciso contornar certas barreiras criadas com o objetivo de proteger o ser encarnado. Sabe-se, no entanto, que tanto o sono fisiológico comum, como o provocado, dissociam, separam temporariamente o perispírito do correspondente corpo físico, mantendo-os ligados apenas por um cordão fluídico, também ainda muito pouco estudado. Nesse estado de desprendimento, avivam-se as memórias passadas do ser, dado que não está ele totalmente subordinado ao seu mecanismo material. O problema consiste, pois, em provocar o desprendimento do Espírito e, em segundo lugar, fazê-lo falar.

Quanto ao desprendimento, não há grande dificuldade, a não ser algum temor da parte do sensitivo, que usualmente só se entrega à experimentação quando confia sem restrições no experimentador. Esse temor parece decorrer da antiga e errada noção de que a pessoa adormecida fica à inteira mercê do experimentador, que pode fazer dela o que desejar. Embora isto seja parcialmente verdadeiro para os estados superficiais do desprendimento, não é absolutamente válido para os estados mais profundos. Pode-se obter a separação desejada entre corpo físico e perispírito por meio de drogas, de hipnose por sugestão verbal ou por meio de passes magnetizadores. O sensitivo tem de estar em estado de completo relaxamento, confiante no seu operador, em ambiente silencioso e tranquilo, à meia-luz, de preferência na presença de uma ou duas pessoas também de sua inteira confiança, mas não de uma assistência maior. É importante, para segurança dos trabalhos, uma prece inicial. Nem sempre as primeiras experiências alcançam pleno êxito. Parece que o espírito do sensitivo vai aos poucos se acostumando com o processo, tateando o caminho à medida que o percorre. Se prestar demasiada atenção às alterações que se vão processando em si mesmo, dificulta o desenvolvimento dos trabalhos, porque cria um estado de tensão. Obtido o desprendimento, que somente a experiência do operador poderá determinar com segurança, ainda resta o problema de fazer falar o paciente. Aí também nem sempre se alcança êxito nas tentativas iniciais. Mesmo nos melhores pacientes, as primeiras palavras saem com certa dificuldade, muito espaçadas, nos intervalos de longos haustos respiratórios. Com um pouco de prática, a palavra se desembaraça e o pensamento se expressa com nitidez, segurança e tranquilidade, demonstrando equilíbrio, serenidade e senso de perspectiva bastante acima do nível de vigília do sensitivo. No estado de desprendimento, no qual uma agradável sensação de euforia é experimentada, o paciente se encontra em condições de examinar seus próprios problemas com admirável lucidez, colocando-as no contexto da eternidade, como situações transitórias que cumpre enfrentar da melhor maneira possível, não revelando nenhum estado de angústia ou de pânico. Ao contrário, parece compreender perfeitamente sua situação e a razão de ser de suas aflições. Cabe ao operador tirar partido dessa disposição para trazer para a vigília tal segurança e fazê-lo racionalizar seus problemas, de modo a vencê-los, se possível, ou suportá-los, se ainda não puder contorná-los, colocando-os, porém, sempre na perspectiva do Espírito eterno, e não dentro de um mero ciclo de vida física. Em outras palavras, o Espírito desprendido sabe perfeitamente que é um Espírito eterno e não um ser transitório e que, portanto, suas dores também são transitórias e decorrentes de um quadro espiritual que ele próprio criou no passado. Essa visão ampliada de si mesmo termina por tranquilizá-lo, pois ninguém nos cura das nossas mazelas espirituais senão nós mesmos, muito embora não possamos dispensar a ajuda inestimável de amigos superiores.

Dessa forma, pode-se resumir o processo como uma sessão de comunicação anímica, ou seja, uma situação na qual o Espírito encarnado transmite uma mensagem por meio do seu próprio corpo físico. Tal como na mediunidade, em alguns fica nos registros da mente a lembrança do que disseram; outros, porém, não guardam da conversação mantida em estado de desprendimento nenhuma lembrança. É conveniente, pois, ter à mão um bom gravador de som, para que o interessantíssimo diálogo possa ser reproduzido e suas lições aproveitadas pelo sensitivo.

Creio que é tempo de introduzir aqui alguns comentários sobre a expressão "sensitivo", que vem sendo usada nesta exposição. É que o fenômeno tem suas semelhanças com a mediunidade propriamente dita e isso é relativamente de explicar-se desde que, tanto numa forma como na outra, o Espírito encarnado deve dispor de aguda sensibilidade e da faculdade de exteriorizar seu perispírito. No caso da mediunidade, a exteriorização é necessária para que o Espírito desencarnado comunicante possa atuar sobre o médium por meio do perispírito deste; no caso do desdobramento, o espírito precisa afrouxar os liames que o prendem ao corpo físico a fim de entrar na posse de sua memória integral. Por conseguinte, os médiuns já desenvolvidos e experimentados oferecem menor resistência aos métodos de desdobramento provocado. Já estão habituados ao fenômeno. Isso não quer dizer que somente os médiuns nessas condições sejam suscetíveis de obter o desdobramento do perispírito por meio de passes ou de sugestão verbal repetitiva, mas, usualmente, são os melhores pacientes, porque já estão, por assim dizer, preparados para a tarefa. Com frequência, porém, o experimentador é surpreendido com pronta resposta em pessoas das quais não espera obter resultado imediato. É comum a verificação de que a prática do desdobramento espiritual acaba por desenvolver ou aperfeiçoar a mediunidade nascente ou já a meio caminho.

São também uma constante as manifestações de extremo bem-estar, que em alguns casos se traduzem em certa resistência em voltar à posse integral do corpo físico. Também aqui posso citar um exemplo de que tomei conhecimento, retirado do acervo de experiências de Luis J. Rodriguez. O paciente, cidadão porto-riquenho de cor e que vivera no passado uma vida de certo relevo na corte real italiana, não desejava mais voltar à prisão de um corpo que detestava, numa condição social que seu espírito, ainda orgulhoso, desprezava e na qual sofria os horrores da miséria em terra estranha, pois vivia em Nova Iorque.

Quanto à regressão de memória propriamente dita, somente é obtida depois de colocado o sensitivo em estado de sono profundo. Alcançado esse estágio, dirige-se o paciente para o passado, fazendo-o recuar no tempo, a partir de sua presente idade biológica. Assim, se ele tem 30 anos, sugere-se a ele que volte aos 29 anos, depois aos 28, 27 e assim sucessiva e cautelosamente, até ao primeiro dia de vida. Nesse ponto, o paciente mergulha nas suas memórias anteriores, seja ainda provocado pelo operador ou espontaneamente. Algo maravilhoso então ocorre. Qualquer que seja a sua posição filosófico-religiosa, suas crenças ou descrenças no estado normal de vigília, o que ele vai dizer daí por diante não foge um milímetro aos ensinamentos contidos na Doutrina Espírita. Ele reafirma a reencarnação como lei natural, reporta-se a suas vidas anteriores, muitas vezes comprovadas e confirmadas por pesquisas posteriores. Demonstra que as nossas vidas se encadeiam umas nas outras, inexoravelmente, e que o sofrimento é inevitável depois de uma existência de erros, e que a paz espiritual se conquista na luta incessante contra as nossas paixões inferiores e no serviço desinteressado ao próximo. Que entre uma vida e outra o Espírito fica no mundo espiritual, em estado de aflição e desespero, cercado de sombras se ainda não se ajustou às Leis divinas e à moral, ou em regiões de indescritível harmonia, em companhia de seres superiores, se já alcançou um estágio evolutivo mais elevado. Nos mundos inferiores, os seres desencarnados são atormentados por Espíritos infelizes, até que sejam socorridos ou encaminhados à reencarnação. Muitas vezes, não têm conhecimento muito claro do processo, mas sentem quando se aproximam de suas futuras mães e pouco a pouco o manto do esquecimento desce sobre o pobre Espírito atribulado. O conhecimento, ainda que rudimentar, da Doutrina Espírita é de grande valia ao Espírito que regressa às condições da vida póstuma, ao mesmo passo que ideias religiosas ortodoxas — como a crença no Céu ou no inferno — dificultam sobremaneira a adaptação do ser à sua nova condição.

    Esse é o quadro que emerge dos repetidos pronunciamentos de Espíritos encarnados em estado de sono profundo. Tais ensinamentos conferem sistematicamente, sem um desvio, com os princípios fundamentais da Doutrina ordenada por Allan Kardec sob orientação dos seus Amigos superiores. Tanto faz hipnotizar um católico, um ateu, um materialista ou um espírita; todos afirmarão a imortalidade do ser e a doutrina das vidas sucessivas como processo aperfeiçoador do indivíduo.

Por isso, leva grande vantagem sobre os demais pesquisadores aquele que conhece os postulados do Espiritismo. Terá muito maior segurança no desenvolvimento do processo de pesquisa e noção mais nítida do terreno em que pisa, dado que sua responsabilidade é grande ao manipular os controles do delicado e precioso computador divino que é a memória integral, onde se encontram gravados todos os segredos, todas as misérias e grandezas do Espírito, desde o momento em que lhe começou a bruxulear a primeira luzinha modesta da consciência.

Ainda uma observação. Como seria de esperar-se, no estado de desprendimento o ser encarnado entra na posse de sua visão espiritual. Dessa maneira, distingue à sua volta os Espíritos desencarnados que assistem aos trabalhos, nele colaborando ou procurando interferir com propósitos inconfessáveis. Não vê, porém, formas fantasmagóricas criadas pela imaginação, e sim pessoas vivas que se apresentam normalmente e com ele falam pelo pensamento. Sabe o sensitivo desprendido que esses seres são desencarnados, porque muitas vezes reconhece neles parentes e amigos que já se foram para o lado de lá da existência. É possível também, sob condições especiais, fazer com que tais Espíritos se manifestem pelo sensitivo adormecido que temporariamente lhes cede o seu corpo físico, tal como no fenômeno da mediunidade; o mais comum, no entanto, é que os desencarnados se limitem a transmitir seu pensamento ao sensitivo para que este o retransmita ao operador. Em experiências de meu conhecimento, tais *mensagens* se apresentam sob forma escrita, num tabuleiro ou numa espécie de cilindro que vai se desenrolando diante do sensitivo adormecido. É comum tais mensagens serem apresentadas em línguas desconhecidas do sensitivo. Em um caso desses que presenciei, a mensagem se apresentava em árabe, língua desconhecida da pessoa adormecida, mas que, no entanto, foi capaz de interpretá-la, depois que lhe foi dito que o texto não passava de representação visual de um pensamento e que o paciente poderia perfeitamente reproduzir o teor desse pensamento, ainda que desconhecendo as palavras em que vinha expresso. Em outro caso, o sensitivo vê nomes de pessoas escritos em grego diante de seus olhos. Numa destas ocasiões, o nome seria o do próprio experimentador, numa encarnação bastante recuada, na Grécia, ao tempo de Aristóteles. Apesar de inteiramente desconhecido dos presentes, que jamais ouviram falar daquela personalidade, o homem realmente existiu, foi contemporâneo de Aristóteles e até seu discípulo, como afirmara o sensitivo. Foi o que revelou a pesquisa posterior.

Tais identificações, aliás, são constantes na prática da regressão de memória. Frequentemente encontramos sensitivos que reconhecem o experimentador de uma existência anterior. Há exemplos abundantes disso. Conhecemos um caso dramático em que o sensitivo adormecido, que já identificara no passado o experimentador, descobriu também, entre os poucos presentes, dois antigos companheiros de encarnações vividas na França.

Muitas perguntas suscita o desenrolar desse extraordinário fenômeno. Como se realizam tais identificações e reconhecimentos? Como são produzidos os textos que a pessoa adormecida vê diante dos seus olhos? De que maneira o perispírito guarda tão minuciosamente fatos, cenas, cores e sons de uma época que se perdeu há muito nos corredores extensos da História?

Há momentos em que a pessoa adormecida parece apenas recordar, buscando localizar datas e nomes para corroborar a sua história. De outras vezes, porém, e com maior frequência, parece viver novamente as cenas esquecidas, passando outra vez pelos estados de angústia ou felicidade ligados aos episódios que revive. Como se opera tudo isso? Por que razão esquecemos o que almoçamos ontem e, sob condições especiais, podemos recordar, em todos os seus pormenores, o diálogo fugaz que mantivemos com um amigo há dois ou três mil anos atrás?

São esses os mistérios que Deus colocou nos mecanismos da mente humana. O dia em que deles nos aproximarmos com humildade e desarmados de preconceitos e dogmatismos começaremos entendê-los para compor o maravilhoso quadro da história evolutiva do ser, através das suas vidas sucessivas, desde as formas mais primitivas até àquele ponto último em que não mais precisará da muleta da matéria para caminhar na direção de Deus.

P. S.: Era minha intenção apresentar neste artigo um estudo baseado no magnífico trabalho do eminente engenheiro e coronel Albert de Rochas. Tenho a ventura de possuir quase todas as suas obras, mas especialmente o seu precioso *Les Vies Successives*, edição de 1911, que resume as experiências que realizou entre 1893 e 1910, com 18 sensitivos. O livro merece estudo à parte, pela sua importância e seriedade. Voltaremos, pois, a conversar sobre o assunto em outro artigo.

(*REFORMADOR*, DE JUNHO DE 1972.)

8.3 Regressão de memória II

Em artigo anterior, ficou a promessa de prosseguirmos no estudo do fascinante problema da regressão de memória apoiado nas pesquisas do engenheiro e coronel francês Albert de Rochas que, sem aderir aos postulados do Espiritismo, deixou impressionante relato de suas experiências de magnetização.

De Rochas era homem de profunda cultura e variados interesses. Os livros que escreveu abordam com extraordinária lucidez os assuntos mais diversos. Muitos deles foram premiados com medalhas de ouro, prata e "vermeil", como *Poliorcétique des Grees* (história militar), *Le Patois du Queyras* (Linguística), *Príncipes de la Fortification Antique* (Arqueologia), *Les Vallées Vaudois* (Geografia) e *La Campagne de 1692 dans le Haut-Dauphiné* (História). Essas obras se esgotavam rapidamente e não poucas, já em vida do autor, haviam sido traduzidas para o alemão, sueco, espanhol e russo. A despeito de toda essa atividade, ainda era ele professor da Faculdade de Engenharia.

É, pois, autor altamente qualificado para as tarefas que realizou, pela sua objetividade, cultura e espírito científico, tanto quanto pela sua absoluta insuspeição, dado que jamais se filiou ao Movimento Espírita, que na sua época já alcançara notável desenvolvimento e atraíra sábios e pensadores de grande projeção.

Esse é o homem. Agora, vejamos um pouco da sua obra. Ficaremos limitados, nesta oportunidade, ao exame do seu magnífico estudo intitulado *Les Vies Successives* (*As vidas sucessivas*), do qual possuo um exemplar da primeira edição de 1911, da *Bibliothèque* Chacornac.

O livro é iniciado com a declaração de que a imortalidade da alma tem ocupado através dos tempos a atenção dos filósofos, mas o problema das vidas sucessivas não tem merecido a mesma atenção, a despeito da sua extraordinária importância na definição de "condições mais justas para recompensar ou punir, no contexto da eternidade, as boas ou más ações cometidas durante o lapso de tempo infinitamente curto que é a vida terrena". O autor parte, assim, de uma especulação filosófica para a qual as religiões ortodoxas nada têm a oferecer, a não ser a incongruente doutrina do céu e do inferno. Que acontece com a pessoa que praticou crimes inomináveis? Vai para um inferno eterno, sem mais uma única "chance" de recuperação pelos erros praticados no curtíssimo espaço de uma existência terrena? E, no reverso da medalha, será que a criatura humana toma o "Céu" de assalto pelos simples méritos de uma só vida e lá se instala entre os Espíritos perfeitos por todo o resto dos tempos eternos? Não, não deve ser assim, e realmente não é.

Procurando expor primeiro os aspectos históricos e filosóficos da questão, De Rochas resume o pensamento de antigos e modernos, dando notícia do que achavam egípcios, caldeus, hindus e gauleses, tanto quanto Platão, Jâmblico, Cícero e Virgílio, este nos versos imortais da *Eneida*:

> Meu filho, disse o velho, tu vês aqui aparecerem
> Aqueles que em outros corpos devem um dia renascer
> Mas que antes doutra vida, doutros trabalhos duros,
> Buscam as águas impassíveis do Letes
> E no longo sono das paixões humanas
> Bebem felizes o esquecimento de antigas penas...

São mencionados, a seguir, os textos evangélicos que narram a indagação acerca da identidade de Elias e João Batista, bem como as dúvidas de Nicodemos. Quanto aos pais da Igreja, ou seja, os seus primeiros teólogos, muitos dos mais eminentes tinham o princípio da reencarnação como pacífico e nele não viam nenhum conflito com a doutrina do Cristo. No entanto, os dogmas posteriores e alguns artigos de fé entraram em choque com a doutrina das vidas sucessivas e, no Concílio de Constantinopla, em 553, essa e outras questões ficaram liquidadas em favor da rigidez cadavérica da fé cega, das penas eternas, da predestinação e do julgamento inapelável.

Entre os mais modernos, Pezzani, Lavater, Voltaire. Reynaud, Victor Hugo, François Coppée, Tolstoi e outros também admitiram, sem dificuldade, o princípio de que o ser humano vive muitas existências na Terra. Lavater, por exemplo, em carta de 1º de agosto de 1798 à imperatriz Maria Feodorovna, da Rússia, escrevia o seguinte:

> A alma se aperfeiçoa a si mesma, vivendo na Terra as qualidades do corpo espiritual, veículo por meio do qual ela continuará a existir depois da morte do corpo material e que lhe servirá de órgão para conceber, sentir e agir na sua nova existência.

E o verso tão belo de François Coppée, sob o título de *La Vie Antérieure*? Contemplando a figura da amada, diz o poeta:

> Tu deves vir, criança, desse país de luz
> Ao qual minh'alma há pouco devia pertencer.
> Porque tu me trazes a baga recordação,
> Porque ao te contemplar, loura donzela ingênua,
> Gemi como se te houvera reconhecido...
> E asism que meu olhar mergulhou no fundo do teu
> Senti que no passado já nos amamos...

Tudo isso, porém, são apenas crenças, especulações e a maravilhosa intuição dos poetas, dos místicos, dos sonhadores. Mas, e a verdade dos fatos, qual é? Será que o homem vive realmente muitas vidas sobre a Terra? Como pesquisar?

A esse trabalho se propôs o engenheiro Albert de Rochas e o seu livro dá conta de seus estudos e de suas conclusões, em 504 páginas compactas.

O autor empregava a técnica da magnetização do paciente por meio de passes longitudinais, combinados com a imposição da mão direita sobre a cabeça, estando o paciente sentado confortavelmente diante dele. Às vezes tomava o sensitivo pelos polegares e o encarava fixamente nos olhos, para provocar um adormecimento preliminar. Observou logo, no decorrer de suas experimentações, que o paciente atravessava estados característicos e sucessivos, sempre na mesma ordem, sempre separados por uma curta fase de letargia. Disso extraiu uma classificação que apresenta da seguinte forma:

1º ESTADO: VIGÍLIA.
I fase de letargia
2º estado: Sonambulismo — o paciente parece acordado, encontra-se na posse de seus sentidos, mas é muito suscetível à sugestão e apresenta o fenômeno da insensibilidade cutânea, que persiste durante os estados seguintes. A memória é normal.

II fase de letargia
3º estado: *Rapport* (Afinidade) — o paciente somente percebe a presença do magnetizador e das pessoas que este colocar em contato com ele. Notável sensação de bem-estar. Diminuição da memória normal e da sugestibilidade. Diz De Rochas que neste ponto começa a se "exteriorizar a sensibilidade". Diríamos nós que se inicia o desprendimento

do perispírito. De Rochas comprovou que a sensibilidade à picada de agulha fica acerca de 35 milímetros da pele do paciente. Nesse estado, o paciente vê "os eflúvios exteriores dos corpos organizados e dos cristais", isto é, a chamada aura dos seres e dos corpos inanimados.

III fase de letargia
4º estado: Simpatia ao contato — a sensibilidade (perispírito) continua a se exteriorizar, podendo ser encontrada uma segunda camada sensível a 6 ou 7 centímetros da primeira de 35 milímetros. O paciente experimenta as mesmas sensações que o operador, quando este se põe em contato com ele. A sensibilidade cutânea desaparece e também a memória dos fatos. Esta não retorna nos estados subsequentes, mas a memória da linguagem permanece, dado que o paciente é capaz de conversar com o magnetizador.

IV fase de letargia
5º estado: Simpatia a distância — o paciente percebe todas as sensações do magnetizador, mesmo sem contato, desde que a distância não seja grande. Não vê mais a aura, mas é capaz de ver os órgãos internos dos seres vivos. Não está mais sujeito à sugestibilidade e esquece-se por completo de sua existência atual. Não conhece senão duas pessoas: seu magnetizador e ele próprio, mas nem os nomes sabe repetir. A partir desse momento, um pouco mais ou um pouco menos, conforme o paciente, a sensibilidade (perispírito), que até então se exteriorizava em camadas concêntricas, na periferia do corpo, se condensa para formar, acerca de um metro à direita, uma coluna nebulosa de cor azul e um pouco atrás, e depois à esquerda, uma coluna análoga de cor vermelha. Em alguns pacientes — esclarece De Rochas em rodapé — essa formação é em ordem inversa. Ao

cabo de algum tempo, as duas colunas se fundem numa só, que vai se definindo até constituir o "fantasma" do paciente, ou seja, seu perispírito. Essa figura fluídica permanece ligada ao corpo físico por um fio luminoso e sensível, como um cordão umbilical.[34] A figura desprendida se eleva acima do corpo e o paciente fica em tal estado de euforia que, com frequência, detesta a ideia de retornar ao corpo físico.

É nesse estado último que o paciente penetra com maior ou menor segurança — dependendo da sua posição evolutiva e de suas condições espirituais — nos vastos domínios da lembrança de vidas anteriores. Albert de Rochas prosseguia daí em diante com os passes longitudinais, recuando o paciente no tempo, de vida em vida, aprofundando-se no passado remoto. Nessas condições, o sensitivo parecia reviver todas as cenas de dor e alegria, plenamente entregue às antiquíssimas e esquecidas sensações que a elas se ligavam. Se a experiência era repetida em outra oportunidade, o paciente repassava pelos mesmos pontos, pelas mesmas sensações, na mesma sequência, sem enganos, sem contradições, sem hesitações.

Para despertá-lo, o coronel dava passes transversais, enquanto o paciente voltava pelos mesmos caminhos percorridos, repassando, em sentido contrário e em maior velocidade, suas dores e alegrias.

As experiências de De Rochas começaram em 1893 e foram até 1910. Durante esses anos testou 19 pacientes, homens e mulheres de diversas idades, ocupações e tendências. Confessa que ao começar ignorava o trabalho de outros magnetizadores, mas que verificou depois que as conclusões a que chegaram eram análogas às que ele próprio alcançou.

---

[34] Nota do autor: Já tive oportunidade de ver fotografias notavelmente nítidas desse fenômeno.

Diz que foi por acaso que deu com o fenômeno, na pessoa de Laurent, jovem de 20 anos, paciente precioso porque, dono de alguma instrução, era não somente sensível à magnetização, mas também dotado de "viva curiosidade científica e de aurado espírito de análise". Além disso, dispunha da faculdade de observar as suas próprias reações, em condições de relatá-las posteriormente com toda a clareza.

Ao escrever seu primeiro depoimento, em 21 de julho de 1893, Laurent confessa um "vago sentimento de temor".

> A ideia de um sono durante o qual minha vontade seria anulada me fazia quase recusar-me à experiência, se o receio de me acreditarem medroso não se opusesse. Sentimento muito complexo: pavor do desconhecido, respeito humano, no fundo muito banal e — o que predomina de repente — confiança encorajadora no experimentador. No entanto, é com vivíssima emoção que me entrego às mãos do Sr. De Rochas, sem esperança de que eu seja suscetível de adormecer.

Este relato é aqui reproduzido porque, com ligeiras variações pessoais, o comportamento do paciente se assemelha notavelmente a todas as experiências até hoje realizadas: o temor, a confiança, a euforia, a verificação de que à medida que se aprofunda o estado de desprendimento o paciente vai ficando cada vez menos suscetível à sugestão e, portanto, mais seguro de si, até que parece perder a consciência de si mesmo. Esta última impressão, no entanto, é falsa. Somente em estado de completa alienação mental, disparado por um dispositivo de fuga e autodefesa, o espírito perde consciência de si mesmo. O que acontece nos estados avançados de desprendimento do perispírito é que a memória espiritual não está mais na dependência do cérebro físico, ou seja, o estado de consciência vai com o espírito desprendido, tanto que este continua a conversar — e com extraordinária segurança e equilíbrio — com seu operador. Só que ao despertar, regressando ao amortecimento do corpo físico, não mais se lembra do que se passou e do que disse enquanto esteve exteriorizado, para usar a terminologia de De Rochas.

Esse foi o caso número um, ou seja, o do jovem Laurent. Até então, as experiências foram apenas tateantes e totalmente limitadas aos procedimentos da existência atual do paciente.

Somente em 1904 o ilustre engenheiro retomaria suas pesquisas, desta vez com Joséphine, uma jovem de 18 anos. Adormeceu-a por meio de passes longitudinais, "para saber que fenômenos ela apresentaria e fiquei surpreendido ao verificar que, *sem nenhuma sugestão*, eu a fazia percorrer em sentido inverso o curso de sua vida, tal como Laurent, coisa que eu não observava desde 1893". O grifo é meu, porque, em casos de meu conhecimento pessoal, também observei a desnecessidade de dar sugestão para reconduzir o paciente ao passado. Logo que desprendido, parece ele na plena posse de sua memória integral e, com algum treinamento, em condições de discorrer sobre qualquer uma de suas existências, apenas com o reforço de mais alguns passes, de vez em quando.

Joséphine recuava com facilidade à infância. "Ei-la aos sete anos" — diz De Rochas. "Pergunto-lhe o que faz. — Vou à escola. — Você sabe escrever? — Sim, estou começando."

Note o leitor o tempo do verbo: *estou* começando, como se o paciente estivesse novamente na sua infância, a responder a uma pessoa que lhe pergunta coisas. De Rochas põe-lhe uma pena na mão e ela escreve algo a seu pedido; duas sílabas apenas: pa-pa.

> Após algumas sessões destinadas a treiná-la e a diminuir o tempo necessário a levá-la ao estado de sua primeira infância, *tive a ideia de prosseguir com os passes longitudinais.*

Interrogada, Joséphine respondeu por sinais às minhas perguntas; e foi assim que ela me comunicou, pouco a pouco, em diferentes sessões, que não havia ainda nascido, que o corpo no qual deveria encarnar-se estava ainda no ventre de sua mãe, em torno de quem ela permanecia, mas cujas sensações tinham pouca influência sobre ela.

Com o aprofundamento do sono, manifestou-se uma nova personalidade, "com a qual experimentei, de início, alguma dificuldade em determinar sua natureza". É que a pessoa que ali falava agora não queria se revelar, dizendo quem era e onde se encontrava. Respondia com voz de homem, desconfiado, e que estava ali presente, pois que falava; quanto ao mais, nada via, estava no escuro.

Foi assim, confessa o autor, em extensa nota de rodapé, que se viu lançado "numa ordem de pesquisa que estava longe de suspeitar" e na qual tinha de prosseguir ele próprio, aprendendo com as reações e informações dos seus pacientes.

Por fim, Joséphine, adormecida, ao cabo de muita tergiversação, começou a responder às perguntas do seu magnetizador. Chamava-se Jean-Claude Bourdon, vivia num lugarejo por nome Champvent, na comunidade de Polliat. Esclareceu que havia dois lugares com esse nome; o dele ficava perto de Nézériat, e que ele costumava ir sempre a St. Julien sur Reyssouse. Com essas informações, foi possível ao coronel De Rochas localizar o vilarejo de Champvent, no Departamento de Ain.

Foi difícil vencer a sua resistência, captar sua confiança e sacar-lhe os pormenores da sua história. O experimentador usou de um artifício: "envelhecia" o paciente, a despeito dele próprio, para puni-lo da resistência: e o "rejuvenescia", fazendo-o recuar no tempo, para recompensá-lo e estimulá-lo nas respostas. A biografia de Jean-Claude era modesta. Nascera em 1812, frequentou a escola até os 18 anos, porque "não aprendia grande coisa", serviu no 7º Batalhão de Artilharia, em Besançon. Para testar esta informação, o coronel apurou que o 7º realmente esteve sediado em Besançon de 1832 a 1837, fato que Joséphine não tinha meios de saber, pois era de instrução primária. O comportamento de Jean-Claude com as mulheres não foi muito correto; em vez de desposar a antiga namorada, que deixara quando foi servir, ao exército, tomou-a por amante. Envelheceu solitário e morreu aos 62 anos, ao cabo de longa enfermidade. Não acreditava na sobrevivência do ser. Ao reviver para De Rochas os últimos instantes, recusou a sugestão de chamar o padre. Na sua opinião, quem morria ficava morto, e pronto. Em seguida, sente-se preso ao seu corpo físico, e, flutuando em torno dele, assiste ao seu próprio enterro. Ouvia vagamente alguns comentários dos circunstantes. Durante a cerimônia religiosa na igreja, antes do enterro, observou que, quando o padre deu uma volta em torno do seu caixão, formou-se uma parede algo luminosa que impedia que "os maus Espíritos" se precipitassem sobre ele. As preces do sacerdote infundiram-lhe calma, mas tudo isso foi de pouca duração. No cemitério, ficou nas proximidades do corpo e o sentia decompor-se, com o que muito sofria. Passou a viver mergulhado em penosa escuridão, mas suportável, porque não tinha grandes crimes a lhe pesarem na consciência — nunca roubou nem matou. A morte não é, pois, o que ele julgava que fosse. Ao cabo de indefinível espaço de tempo, tem a inspiração de renascer num corpo feminino, para expiar as faltas que cometeu contra as mulheres. Aproxima-se de uma senhora que será sua mãe e aos poucos tem a sensação de ir-se apossando do corpo da criança. Até aos 7 anos percebia em torno de si uma espécie de cerração, na qual via muitas coisas que não conseguiu rever mais tarde.

Reconstituída a história de Jean-Claude, De Rochas recomeçou os passes longitudinais, provocando, durante três quartos de hora, uma prolongada magnetização. Nova personalidade. Desta vez é uma mulher *très méchante* — muito perversa. Língua ferina. Divertia-se em praticar o mal. Tinha dores horríveis e às vezes se contorcia no sofrimento revivido. Ao morrer, sente-se envolvida em trevas, à mercê de Espíritos terríveis que a atormentam e aos quais ela acaba por se misturar para, por sua vez, atormentar os encarnados. Chama-se Philomène Carteron. Nasceu em 1702 como Philomène Charpigny; seu avô materno era um certo Pierre Machon e morava em Ozan. Casou-se em 1732, em Chevreux, e teve dois filhos que morreram. Antes dessa, viveu uma existência em que foi um homem violento que matou e roubou, um verdadeiro bandido. Por isso, sofria nas trevas, nos intervalos de suas vidas.

A experiência não pôde ser aprofundada porque a magnetização durava já três horas, a paciente dava sinais de cansaço, e ainda era preciso fazê-la percorrer o caminho de volta, por meio de passes transversais, a fim de despertá-la. No entanto, numa das experiências subsequentes, pressionando com o dedo um ponto no meio da testa, ordenou-lhe o magnetizador que regressasse mais longe ao passado. Escreve De Rochas:

> Ela me disse, então com hesitação e girando a cabeça com um ar confuso, que havia sido um macaco, um grande macaco quase parecido com o homem. Diria mais tarde, em outra experiência, que entre a vida como macaco e a que vivera como bandido havia tido muitas encarnações: lembrava-se de ter vivido nos bosques matando lobos — e ao dizer isso assumia um aspecto feroz.

Foi com esse mesmo paciente que De Rochas tentou, pela primeira vez, reverter o processo e, em vez de penetrar no passado, incursionar pelo futuro, por meio de passes transversais de dispersão, mas as experiências não foram conclusivas. As predições a curto prazo não se realizaram e as que se projetaram a prazo mais longo não foram verificadas, porque depois que a moça deixou Paris nunca mais o experimentador teve notícias dela. Há um pormenor curioso, porém. Numa das sessões, ela diz que já se encontra no futuro e se reencarna como uma menina chamada Marie. Seu pai é um negociante de calçados em Saint-Germain-du-Mont-d'Or e se chama Edmond Baudin. Sua mãe chama-se Rosalie. Marie declara estar com 12 anos, mas recusa-se a responder qual o ano em que se encontra, alegando que seu pai não gosta de folhinhas. Aos 16 anos informa, afinal, que está no ano de 1970 e escreve seu nome. É uma sexta-feira, mas ela não sabe dizer de que mês. O regime político é republicano. Que tal se tentássemos localizar agora, em 1972, a jovem Marie Baudin, em Saint-Germain-du-Mont-d'Or, aos 18 anos?

Há outra experiência interessante com Joséphine e que confirma observação que também tive oportunidade de fazer. Uma vez alcançado o estado de desprendimento, o paciente pode viajar quase que à vontade no tempo, sem necessidade de magnetização contínua. De Rochas deixou a jovem entregue a si mesma e de vez em quando "conferia" o tempo, fazendo-lhe perguntas. Às 13 h 30 min, depois de magnetizada, Joséphine é abandonada aos seus próprios recursos, numa fase de suas recordações em que conta 15 anos. Dez minutos depois, perguntada, responde que tem 10 anos. Não vê o experimentador, mas ouve a sua voz. Encontra-se em companhia de outras crianças que não ouvem a voz do coronel e dizem que ela, Joséphine, está louca. A sensibilidade — ou seja, o perispírito — está exteriorizada.

Às 14 h 10 min tem 5 anos, às 14 h 25 min não sabe da idade. Parece sugar o seio materno. Às 14 h 35 min agita-se e parece sofrer. Está passando pelo episódio da morte de Jean-Claude. O coronel dá-lhe passes longitudinais e novamente a deixa só, a partir do momento em que a paciente alcança os 2 anos, em sua vida atual. Em suma, Joséphine precisa de 1 h 45 min para percorrer 14 anos (dos 4 aos 18) e deverá acordar naturalmente às 16 h 30 min; mas, de certo ponto em diante, há uma aceleração no processo e ela desperta espontaneamente às 16 h 08 min.

Para fazê-la recordar-se do que se passou, o coronel faz-lhe uma pressão no meio da testa. Seria impraticável reproduzir, num breve trabalho como este, experiência e comentários de um livro de mais de 500 páginas. Tomemos algumas características dominantes e que se reproduzem, de uma forma ou de outra, em outros pacientes. Eugénie (caso nº 3) vê ao seu lado, depois de desprendida, os Espíritos de sua avó e de uma de suas tias. Com esta paciente, são bem-sucedidas as experiências de progressão. De Rochas tenta chegar a acontecimentos futuros por meio de passes transversais. A paciente tem 35 anos na vida presente. Ao chegar aos 37, levada pela magnetização, manifesta os sinais do parto e sente-se envergonhada por não ser casada. Isto deveria passar-se no futuro ano de 1906. Alguns meses depois, apresenta sintomas de afogamento e De Rochas leva-a dois anos à frente. Novos sintomas de parto.

O experimentador lhe pergunta onde se encontra naquele momento.

— Em cima da água, diz ela.

A resposta pareceu estapafúrdia e ele concluiu que a moça divagava. Em seguida, despertou-a. Não obstante, tudo quanto ela predisse realizou-se. Em 1906 teve um filho de um amante. Pouco depois, desesperada, atirou-se ao rio Isère e foi salva. Enfim, em janeiro de 1909, novamente grávida, sentiu as dores do parto quando se achava exatamente em cima da água, numa ponte do rio Isère...

Em Louise (caso nº 5) descobre uma encarnação anterior na qual a paciente havia sido sacerdote católico. Ao morrer, muito idoso, sente-se mergulhado numa atmosfera cinzenta que não compreende, pois achava que deveria estar no Céu, ou pelo menos no purgatório, mas nada vê que justifique suas crenças.

A certa altura, a paciente toma a cabeça entre as mãos e se põe a chorar copiosamente, explicando que se sente infeliz porque ensinou aos outros coisas inexatas. De Rochas lhe responde que não se aflija, pois foi bem melhor falar do Céu e do inferno aos seus paroquianos do que deixá-los crer que nada existe depois da morte.

— Sim, é verdade — diz o paciente —, mas infelizmente eles não creem mais no inferno e se estivessem convencidos de que há uma série de existências, quais expiamos as faltas cometidas nas vidas precedentes, eles se conduziriam muito melhor.

— Você deseja, então, se reencarnar?

— Sim, para poder me instruir bastante e difundir a Verdade entre os homens, ao cuidar deles.

— Diga-me, é preciso encarnar-se numa família rica que lhe proporcionará instrução?

— Não, é preciso, ao contrário, que eu nasça na miséria para conhecê-la.

Com a senhorita Mayo o relato das experiências toma 55 páginas. É impraticável reproduzi-lo resumidamente sem sacrificar pormenores preciosos. Nesta paciente ressalta, de maneira incisiva, uma qualidade que em outros se manifesta sempre, mas algo atenuada: a resistência deliberada e irredutível a certas ordens do magnetizador, o que vem uma vez mais provar que a vontade do paciente *não fica* à mercê do experimentador. Quando a regressão ou progressão são muito rápidas, ela reclama do seu magnetizador, repetidas vezes, queixando-se de que não pode ir tão depressa. Mergulhada nas recordações de uma dama antiga da corte, chamada Madeleine Saint-Marc, resiste tenazmente à ordem de despertar. É preciso uma verdadeira "cena" para isso. Não há, nesses casos, contradições nem desmentidos. As histórias são sempre as mesmas, tal como as datas, os nomes, os lugares, em todas as existências percorridas. O Espírito se acha diante de sua própria consciência e se analisa friamente, ou apaixonadamente, segundo sua capacidade de julgamento e estado evolutivo.

Com madame J., em 1905, onze existências são evocadas. Na décima, o Espírito se acha no século terceiro da nossa era.

Na terceira parte do livro, o autor se ocupa dos "fenômenos análogos". É uma coletânea de fatos, narrativas e observações de grande interesse, retirados de depoimentos diversos, em primeira mão, ou relatados em livros e memoriais. Na quarta parte, são narradas ainda algumas experiências do próprio coronel De Rochas e o caso famoso de *mademoiselle* Smith. Seguem-se as observações finais do autor e suas conclusões.

Um capítulo nos merece consideração especial. Chama-se "Excursão nos domínios do Espiritismo". Escreve o autor:

> Contrariamente ao que pensa muita gente, jamais me ocupei de Espiritismo. Assisti a algumas sessões para saber como as coisas se passavam; mantive-me atualizado acerca do que se escrevia sobre o assunto que diz respeito tão de perto ao problema da sobrevivência, mas reservei meu tempo e meus esforços aos estudos mais conformes à minha educação científica.

Achava ele que já havia muita gente interessada nas comunicações mediúnicas, experiências essas que — na sua opinião — "não exigiam nenhuma aptidão especial", o que não é verdadeiro. Foi uma pena que assim pensasse, pois teria feito trabalho ainda mais proveitoso, dado que, mesmo no decorrer de suas experiências, via-se às vezes diante do problema da mediunidade. Ele próprio o diz, ao declarar que *malgré moi*, ou seja, a despeito de si mesmo, frequentemente se viu envolvido com manifestações espíritas ou com a teoria da comunicação com os que chama "defuntos". Não é, pois, espírita. Quanto à doutrina da reencarnação, no entanto, não há como fugir dela. Suas experiências, nesse ponto, são conclusivas e dificilmente outra hipótese as explicaria com lógica e segurança.

No entanto, inclui no capítulo final do livro intitulado *La Religion de l'Avenir*, página 490 e seguintes, um notável resumo tirado, segundo ele, de um livro de autoria do general Fix sob o título de *Étude Philosophique*, publicado em Paris, em 1899. Essa obra, conforme observação do próprio De Rochas, em rodapé, "é uma exposição sobre o estado atual da Filosofia que decorre das pesquisas experimentais de espiritualistas independentes".

Não se pode deixar de resumir o texto, porque ainda hoje os espíritas poderiam tranquilamente subscrevê-lo:

1) Uma inteligência suprema rege os mundos. 2) Toda a criação se desenvolve segundo uma cadeia sempre ascendente, ininterrupta, do reino mineral ao homem, sem que se note uma linha demarcatória nítida. 3) A alma se elabora no seio de organismos rudimentares e evolui através dos reinos da natureza, de um estado inconsciente à consciência total (teoria, aliás, de Geley). 4) A evolução da alma é infinita e cada existência é a folha de um livro eterno. 5) A alma progride tanto na carne como no estado de liberdade. 6) No intervalo das existências corporais, a alma vive a existência espiritual que não tem duração determinada. O estado feliz ou infeliz da alma decorre do seu grau de perfeição. 7) Uma vez adquirida a experiência que um mundo pode proporcionar, ela o deixa, para encarnar-se em outro mundo mais adiantado. 8) A alma possui um corpo fluídico (perispírito) de substância retirada do fluido universal ou cósmico, que a forma e alimenta. O perispírito é mais etéreo ou menos etéreo segundo os mundos que habita e o grau de depuração da alma. O perispírito é o plano sobre o qual a alma forma o corpo físico, sendo o intermediário entre a alma e o corpo. É o órgão de transmissão de todas as sensações e liga-se ao corpo pela força vital. O perispírito não fica contido dentro do corpo como se estivesse numa caixa: ele se irradia por fora e forma em torno do corpo uma atmosfera.

Ao finalizar o livro, o autor diz que suas experiências levam a duas sortes de conclusões, umas certas e outras simplesmente problemáticas:

1. Que, por meio de passes magnéticos, a alma se desprende do corpo dos sensitivos e alcança regiões do espaço e do tempo usualmente inacessíveis nos estados normais de vigília.

2. Que se pode conduzir o paciente a épocas anteriores à vida presente, fazendo-o reviver, e não apenas recordar fatos relacionados com essas épocas.

3. Que é possível, também, obter alucinações em alguns pacientes.

4. Que por meio de passes transversais pode-se projetar o paciente no futuro, fazendo-o viver cenas e acontecimentos que ainda estão por acontecer.

Passa o autor, em seguida, a discutir algumas hipóteses formuladas com a intenção de explicar o fenômeno sem a aceitação literal do que dizem os sensitivos, ou seja, fora da doutrina da reencarnação. A primeira hipótese seria a de que o espírito do sensitivo criaria os estados que relata com base em ideias que as novas faculdades lhe permitem perceber. A segunda hipótese seria a da intervenção dos Espíritos desencarnados. A terceira seria a de que os sentidos captariam a ideia das vidas sucessivas do próprio cérebro do magnetizador. De Rochas não critica as hipóteses. Seja porque as achou evidentemente sem substância, seja porque desejou deixar a decisão final com o leitor. Inclino-me pela primeira alternativa, dado que sua aceitação das vidas sucessivas é inegável. Além do mais, sem ter aderido ao Espiritismo, como informa no final do seu livro, diz também que, ao relatar suas experiências, deseja unicamente "fornecer novos documentos ao processo que se desenrola diante da opinião pública, e não para condenar de modo genérico a teoria espírita, *que me parece apoiada em bases sólidas* e que é, em todos os casos, a melhor hipótese de estudo dentre as que têm sido formuladas".

O depoimento do coronel Albert de Rochas é, como dizia de início, insuspeito e constitui precioso acervo de observações para instrução do processo de conhecimento dos mecanismos do Espírito. Sua contribuição é valiosa. Por ela, vemos, experimentalmente, que o ser preexiste, sobrevive e se reencarna. Dos seus diálogos com os Espíritos desprendidos ressaltam, evidentes, princípios consagrados na doutrina ordenada por Allan Kardec, provando mais uma vez que, sob determinadas condições, o Espírito vai inapelavelmente ao Espiritismo, qualquer que seja sua posição filosófica. A dominante das suas pesquisas é a multimilenar ideia da reencarnação.

Quantos séculos consumimos para que a doutrina das vidas sucessivas se incorporasse, afinal, ao nosso patrimônio espiritual de seres encarnados? Vamos e voltamos entre este mundo e o outro, e sempre que aqui aportamos, mergulhados num corpo de carne, novamente nos esquecemos de que somos Espíritos imortais em trânsito para Deus. Sem isto, de que nos servirá a multidão de outros conhecimentos? Que desta vez nos fique gravada, indelevelmente na memória espiritual, a lição abençoada das vidas sucessivas, para que não aconteça, um dia, nos perguntem em nome do Cristo: Então, és mestre e ignoras isso?

(*REFORMADOR*, DE JULHO DE 1972.)

8.4 Regressão de memória III

Para encerrar esta série acerca da regressão de memória, pareceu-me apropriado aceitar uma sugestão para narrar uma experiência pessoal, recente, extensa e bem documentada, sobre a qual será oportunamente publicado um livro, que relatará todo o caso com seus pormenores, datas e nomes. A experiência foi feita com o confrade L. A.

Para entender o fenômeno nos seus antecedentes e nas suas implicações, precisamos admitir como válidas e pacíficas algumas premissas fundamentais, ainda que apenas como hipótese de trabalho, se assim desejarem classificá-las os pesquisadores agnósticos. Tais premissas podem ser resumidas da seguinte maneira:

1. O Espírito existe, preexiste e sobrevive e, portanto, reencarna-se.

2. O homem encarnado é um "arranjo" temporário de três "componentes" básicos: Espírito, perispírito, corpo físico.

3. O perispírito tem a faculdade de desprender-se do corpo físico conservando-se, no entanto, ligado a ele por um cordão fluídico.

4. O desprendimento se dá espontaneamente durante o sono fisiológico ou mesmo em estados de relaxamento, como também pode ser provocado por drogas, hipnose, magnetização, exaustão física, choques traumáticos de fundo emocional ou físico.

5. O perispírito traz os registros indeléveis da vida atual do ser, tanto quanto das vidas anteriores, até onde alcança a consciência de si mesmo.

Esse esquema não invalida a classificação da Ciência oficial que distribui o psiquismo humano em três planos distintos: consciente, subconsciente e inconsciente. Também não se choca com algumas das mais recentes especulações baseadas em experiências bem estudadas e documentadas.

A reencarnação é hoje uma hipótese admitida com seriedade em elevados círculos científicos. Um dos pioneiros nesse trabalho, o Dr. Ian Stevenson, da Universidade de Virgínia, dedica-se com enorme interesse ao problema. Seu livro *Twenty Cases Suggestive of Reincarnation* (*Vinte casos presumidos de reencarnação*), publicado nos Estados Unidos em 1966, relata e comenta uma seleção de casos retirados de seu considerável acervo. O Dr. Andrija Puharich desenvolve, no seu notável livro *The Sacred Mushroom* (*O cogumelo sagrado*), a teoria do MCC, "Mobile Center of Consciousness" (Centro Móvel de Consciência), segundo a qual admite o deslocamento da consciência e sua autonomia com relação ao corpo físico. Isso trocado em linguagem espírita quer dizer: desprendimento do Espírito e sua sobrevivência, embora ele não o afirme com essas palavras. O professor Hamendra Banerjee, da Universidade de Rajastan, na Índia, outro pesquisador da reencarnação, prefere dar ao fenômeno o título de *Extra Cerebral Memory* (ECM), ou seja, memória extracerebral, desejando com isso dizer — tal como o Dr. Puharich — que a memória independe do apoio da estrutura do cérebro físico.

Essas premissas e conceitos fundamentais são aqui repassados rapidamente, não apenas em benefício dos que não leram os dois primeiros artigos desta série, mas também para evidenciar que a Ciência contemporânea não está desinteressada dos fenômenos da sobrevivência e da reencarnação. Tais noções são consideradas básicas, necessárias, mínimas para entendimento do fenômeno experimental da regressão de memória. E, sem mais digressões, passemos ao resumo do caso pesquisado.

———•———

Há muito L. A. vinha insistindo para assistir a uma das reuniões de regressão de memória habitualmente realizadas em nosso grupo. Quando surgiu essa oportunidade, depois de acompanhar um outro caso, perguntei-lhe se não desejava também ser testado. Informou-me, então, que tentativas anteriores haviam frustrado, por ser ele refratário à hipnose clássica. Admitiu, entretanto, experimentar o método da magnetização por meio de passes longitudinais. Da minha parte havia um receio que se desdobrava em dois aspectos distintos, dado que as experiências até então conduzidas tinham sido meramente exploratórias e fragmentárias. O primeiro desses aspectos era a fantasia. Será que conseguiríamos evitar que ela levasse a melhor e deixasse solta a imaginação, fazendo perder o nosso trabalho? Outro aspecto era a vaidade. É que, remexendo antigas memórias do nosso ser, não seria difícil dar com uma ou outra encarnação em que ocupamos o centro do palco ou, pelo menos, desempenhamos, em certos acontecimentos, papel de relevo. Será que isso não poderia desencadear um processo qualquer de tensão interior imprevisível?

Valia a pena correr o risco. Procuraríamos manter estrita vigilância e autocrítica imparcial e rigorosa. E assim foi feito o primeiro teste, ao qual o paciente reagiu de maneira surpreendente, mergulhando rapidamente num estado de profundo sono. Manifestava-se, porém, extremamente agitado; mais do que isso, possuído de intenso pavor. Na sua conversa algo desconexa e fragmentária, consegui identificar sua preocupação com Necker — que ele pronunciava à maneira francesa: Ne-quér. Isto nos levava ao período da Revolução Francesa, mas a inquietação do sensitivo era muito grande e achei prudente despertá-lo. Acordou ainda assustado, fixando-me com um olhar profundo e aterrado, até que me identificou e se situou na consciência do presente. Estava com fome e ainda não tinha recuperado o controle de todo o corpo, porque a tentativa de caminhar resultou num tombo, felizmente sobre o tapete macio de onde o levantamos para depositá-lo no sofá. Em poucos minutos estava em estado absolutamente normal, mas sem nenhuma consciência do que se passara durante o transe do desprendimento.

Eu tinha mais perguntas do que respostas. Com quem falara eu? Seria algum Espírito desencarnado que se manifestara? Seria o próprio L. A., mergulhado nas lembranças de uma existência anterior? Qual seria a identidade daquele ser?

Que estivera fazendo e pensando naqueles momentos de temor? Notei que ele desconfiara de tudo e de todos. Não quis dizer quem era nem o que fazia. Pairava sobre seu espírito um terror indefinível, mas todo-poderoso e onipresente. Era certo, porém, que revivia episódios da Revolução, dado que Necker foi ministro importante naquele período agitado da nação francesa.

De qualquer forma, a pesquisa se anunciava bastante promissora e convinha aprofundá-la cautelosamente. Marcamos, pois, dia e hora para um trabalho sistemático e cercado de toda a segurança. Assim, a 19 de maio de 1987 iniciamos a tarefa.

Ao cabo de alguns minutos de passes longitudinais, L. A. encontrava-se na sua infância com todas as características da mente infantil. Morava com a família. O pai e a irmã trabalhavam fora. Respondeu corretamente à pergunta sobre os nomes de sua gente. Sabia que residia perto da estação, mas não era capaz de dizer o nome da cidade. Queixava-se de que a mãe não o deixava jogar bola na rua. Como eu lhe dissesse que o achava muito criança para isso, respondeu meio amuado:

— Mas os outros jogam...

Em seguida, aprofundando o sono. Com passes continuados, foi recuando mais e mais no tempo. A regressão foi conferida novamente aos 2 anos até que, ao cabo de mais alguns minutos, parece ter transposto a barreira do tempo. Sua voz era agora de um adulto perfeitamente consciente de si e seguro nas respostas. Nada restava da mentalidade infantil de há pouco. Fui aos poucos sacando a sua história. Estudava no Colégio Louis-le-Grand, em Paris. "Estávamos", naturalmente, em 1785 e ele tinha 25 anos encontrando-se no último ano do curso de Direito. Nesse ponto, começou a notar algo familiar em mim. Declarou que me conhecia, mas não podia lembrar-se de como, de onde e nem de quando. Minhas perguntas lhe pareciam impertinentes e incompreensíveis. Ia ele pela rua afora e de repente me encontra e eu começo a lhe disparar questões absurdas, algumas das quais se recusa formalmente a responder-me. Acabou por me localizar na memória. Eu seria um certo Robert, sobrinho de um amigo de seu amigo Mirabeau.

— Você conhece o Mirabeau?

Que deveria eu responder? Não. Em suma, esse amigo do Mirabeau, de cuja amizade muito se orgulhava o meu interlocutor — fosse ele quem fosse — era um tal de Browning e viera à França para cuidar de umas operações financeiras com Mirabeau. Aí, porém, as coisas lhe estavam muito confusas porque, segundo se lembrava muito bem, ele me conhecera em 1791 e eu teria por essa época não mais que uns 10 ou 11 anos e ele me via agora um homem feito e a formular-lhe perguntas idiotas. Muito confuso... Ah! o nome do "meu tio" era Rueben. E ele, como se chamava? Respondeu pausadamente, com visível orgulho e satisfação:

— Lucie Simplice Benoist Camille Desmoulins.

Nesse ponto, foi despertado. Esta, como todas as demais experiências, foram cuidadosamente gravadas.

———•———

Começa, então, a desenrolar-se uma verdadeira novela em sucessivos e emocionantes capítulos, baseados, porém, numa realidade histórica irrecusável, longe da ficção.

Uma pesquisa preliminar, na *Enciclopédia britânica* — única fonte de referência ao meu alcance no momento, confirmou o nome por extenso de Desmoulins e outros dados precisos, como data do seu nascimento, em 2 de março de 1760, e local: na cidade de Guise, em Aisne.

Quanto ao problema do "meu tio", era mais complexo, pois que eu não dispunha de pronto de elementos para conferir. Embora eu tivesse conhecimento daquela minha encarnação na Inglaterra, na família Browning, não sabia da existência de um tio com o nome Rueben, nem se em 1791 fora a Paris. Quanto à idade, conferia, pois naquela existência eu teria renascido em 1781 e, portanto, em 1791 estaria realmente com 10 anos, como ele estimara. E o tio?

Na sessão seguinte, uma semana depois, disse ao sensitivo, já mergulhado no transe, que ele provavelmente se enganara, porque ao que pude apurar, tive um meio-irmão (por parte de pai) chamado Rueben, mas não um tio. No entanto, ele insistia em que era tio e se chamava Rueben. Descobri mais tarde, num documento que mandara vir da Inglaterra, que ele tinha razão: houve um tio Rueben Browning, por sinal alto funcionário de um banco e que trabalhava para os Rotschild, em Paris.

A coisa assumia, assim, características de autenticidade, mas havia um aspecto que me intrigava bastante. É que no estado de transe, o sensitivo parecia ter acesso exclusivamente à sua memória de Desmoulins, ignorando totalmente a existência de L. A., os conhecimentos e as crenças deste. Por que o hiato? Meditando durante o intervalo entre uma experiência e outra, concluí que ele evitava cuidadosamente a cena terrível da decapitação, e era tal o seu pavor de passar novamente por ela que as lembranças perderam a continuidade naquele ponto e funcionavam como se retidas em compartimentos estanques, incomunicáveis. Para unir, portanto, as duas pontas era preciso vencer aquele bloqueio. E a oportunidade não tardou.

Falava ele sobre a possibilidade de prosseguir com a Revolução, mantendo no trono o Rei. Desejei saber, então, em que ano "nos encontrávamos". A pergunta, como tantas outras, era ridícula para ele, pois, *naturalmente*, estávamos em 1793. Pedi então que ele fosse em frente no tempo e me dissesse o que aconteceu depois disso. Senti que ele parou para pensar ante o absurdo que lhe propunha aquele estranho interlocutor. Se estávamos em 1793, como é que ele poderia saber o que iria acontecer no futuro? E perguntou, para corrigir:

— Você quer dizer *antes* de 1793, não é?

— Não — respondi implacável. — Quero dizer *depois* mesmo. O seu Espírito sabe. Vamos em frente.

Vi montar a agitação e o pânico, até que reviveu a indescritível e penosa cena da decapitação. Invoquei o socorro dos nossos amigos espirituais para que tudo fosse feito com segurança e apliquei prolongados passes de imposição. Ao cabo de alguns momentos, banhado em suor, chorava por Lucille, sua esposa, e que ficara abandonada ao terror e aos seus inimigos políticos (Foi também decapitada dias depois).

Acabou por se convencer, diante da evidência e da minha insistência, que, apesar da *morte*, permanecia vivo, o que contrariava formalmente suas expectativas, pois era totalmente descrente da sobrevivência e da existência de Deus. Mas fatos eram fatos: estava vivo, não havia dúvida, pois continuava a pensar e a falar depois da agonia terrível da guilhotina.

Havia, pois, um bloqueio impedindo o livre trânsito de suas recordações entre a vida anterior e a presente. Como Camille não sabia da existência de L. A., nem mesmo admitia as ideias que hoje aceita e defende. Creio que podemos supor aí um mecanismo de fuga, dado que seu espírito, ainda traumatizado, evitava enfrentar novamente a penosíssima lembrança da guilhotina, abandonando deliberadamente todas as vivências posteriores. Vencida a barreira, realiza-se notável fenômeno de aceitação e de integração da personalidade. Daí em diante, pode recordar-se tranquilamente da vida como Desmoulins sem novamente sofrer as angústias e tensões de então, ou por outra, na sua linguagem, sem "estar lá". A nova realidade, não obstante, não invade subitamente seu espírito como o clarão de um relâmpago, mas sim como a gradativa iluminação de um amanhecer. Dá-se, então, um momento de profunda beleza e poesia. Perguntado o que acontecera depois da "morte", respondeu que viera para o Brasil.

— Fazer o quê?
— Viver — foi a resposta.

Quanto a Lucille, era fácil para mim supor que, de alguma forma ou de outra, deveria continuar ligada ao seu espírito. Informou-me ele, então, que Lucille Desmoulins renascera como Ana Lúcia, sua filha atual. Depois, haveríamos de verificar, ainda, que o nome verdadeiro de Lucille era Anne Lucie, ou seja, Ana Lúcia, e que ambas nasceram no mesmo dia e mês, 24 de abril, com uma diferença de cerca de 180 anos. Ainda não foi possível conferir essas datas, porque não encontramos referência ao dia do nascimento de Lucille, mas uma discrepância aí seria a primeira em todo um acervo enorme de dados.

Aliás, é preciso acrescentar aqui que não procuramos estudar em maior profundidade a Revolução Francesa, senão depois de algumas sessões, porque se poderia alegar que estávamos apenas sacando do nosso subconsciente as informações que vinham surgindo ao correr dos diálogos gravados. Era preciso, no entanto, verificar alguns dados e fatos para que pudéssemos avaliar até onde se podia confiar nas revelações e evitar que enveredássemos pelo caminho da fantasia inconsequente. Há sobre isso um episódio interessante, entre muitos outros que seria impraticável reproduzir num simples artigo. O sensitivo informou, certa vez, em transe, que a Sra. Duplessis-Laridon, mãe de Lucille, era conhecida na intimidade por madame Darrone. Por muito tempo pesquisei esse ponto, sem o menor resultado. Cerca de dois anos depois, ao passar por uma livraria, em companhia de L. A. e de César Burnier — que desempenha nesta pesquisa importante papel —, encontrei num velho volume de história da revolução a confirmação de que madame Duplessis tinha o apelido de madame Darrone.

Outro problema havia extremamente curioso. No estado de transe, L. A. gaguejava de maneira bastante peculiar. Não era a gagueira simples de quem repete, mas sim daquele que se demora nas sílabas iniciais e depois solta o resto da palavra de um só impulso. Seria Camille Desmoulins gago?

Não quis formular a pergunta de modo direto. Perguntei-lhe se ele fora bom orador. Respondeu que, muito pelo contrário, tinha grande dificuldade em falar. Esse era, aliás, um dos pontos mais sensíveis da sua personalidade, evidentemente vaidosa, e ainda mais que Robespierre o fazia sofrer muito com isso, pois zombava impiedosamente dele. A Lucille, não. Ela compreendia e era paciente com o seu defeito. Só de falar nisso, entretanto, a sua agitação e mal-estar foram crescendo a que tivemos de pôr fim, mudando de assunto, pois se queixava de que estava ficando muito nervoso.

E, nessas conversas semanais, às vezes por mais de uma hora, gravamos o fantástico diálogo por cima da barreira do tempo, à medida que se desenrolava diante de mim o relato da Revolução Francesa por uma testemunha ocular que vivera muitos dos seus mais destacados episódios. Lá estavam no seu depoimento as figuras controvertidas de Robespierre e de Marat (atualmente no Brasil, onde se destacou novamente como político, jornalista e orador brilhante). Tanto quanto vultos menores, tais como Saint-Just, madame Rolland e inúmeros outros, conhecidos ou obscuros. E nesse desfile de passadas grandezas e misérias, no entanto, avultava a notável personalidade de Danton, por quem Camille revelava irrestrita admiração — Danton era homem! — dizia ele, cheio de respeito.

Tendo subido juntos à guilhotina — e ele sabia muito bem o nome de todos os companheiros de execução naquele dia — eu lhe perguntei como morrera Danton e ele, absolutamente coerente, respondeu que não sabia porque fora guilhotinado antes do grande orador. Relatou, porém, episódios pessoais apagados, que a História nem sequer registra ou apenas menciona de passagem em poucas palavras. Um deles nos serviu para verificação muito interessante.

Recebi um dia, antes da sessão, um envelope fechado contendo solicitação de um amigo que me pedia para formular a L. A. uma pergunta, *depois* que ele estivesse em transe. L. A. ignorava, naturalmente, o teor da pergunta.

Alcançado o transe, formulei a pergunta, que dizia respeito a uma frase que Desmoulins teria dito aos seus amigos, numa reunião em sua casa e que assumira o tom melancólico de uma despedida, já em pleno reinado do Terror. Feita a pergunta, ele desejou saber se era importante, ou seja, se valia a pena o esforço dele buscar na memória a informação solicitada. Disse-lhe eu que julgava importante, uma vez que era um teste. Ele calou-se por alguns instantes, depois de dizer que, sendo assim, *iria lá*. Iria como? E *lá* onde? Não sei. Em seguida, disse-me que já *estava lá*. Repeti a pergunta e ele narrou o caso. Foi realmente uma festa na sua casa. O terror campeava, e muitos dos presentes sentiam-se já com os dias contados. Para não afligir sua mulher, Camille citou uma frase latina que dizia: "Comamos e bebamos que amanhã estaremos todos mortos".

Era essa de fato a frase que a pessoa queria saber e isso lhe foi comunicado naquela mesma noite, já tarde, pelo telefone. Conferiu, mais uma vez. Um problema, no entanto, restava. Havia, obviamente, uma diferença entre *reviver* os episódios e apenas *recordar-se* deles. Qual a mecânica dos processos e como se decidia ele por um ou por outro? Como se realizava esse deslocamento no tempo e no espaço? E se era espaço mesmo, no sentido em que o entendemos, *onde* estava *hoje* aquela cena com a presença de seus amigos, as alegrias e as tensões do momento de angústia e a lembrança da frase latina pejada de presságios sombrios? Notava eu, por outro lado, que a recordação era serena ou, pelo menos, sob a influência de uma emoção normal e contida, ao passo que a revivescência dos episódios trazia consigo, ao vivo, toda a carga emocional que neles se continha — suas dores, suas aflições, suas alegrias, tensões e esperanças.

Muitos outros pormenores temos de sacrificar para não alongar demais esta breve notícia; julgo conveniente, porém, relatar mais um, pelo seu notável valor probante. Num dos seus prolongados diálogos em transe, referiu-se o sensitivo sobre uma irmã, morta em consequência de um *ramo de ar*. O inusitado da expressão despertou minha curiosidade. Como era mesmo em francês? *Branche d'air*, confirmou ele. Mas que doença era essa? Ele não sabia explicar, mas informou que essas palavras eram empregadas por um cidadão português chamado Lopes, dono de um café onde intelectuais, artistas e revolucionários sonhadores se reuniam para comer, beber e discutir suas teorias. Chamava-se esse famoso bar Café Procope, e existe até hoje, em Paris. Consegui, por um amigo, um cartão postal no qual se confirma que ali se reuniam nos velhos tempos figuras que a História consagrou como Danton, Robespierre, Marat e outros. Dizia o Lopes que, tomando cerveja e berrando daquele jeito, eles acabariam morrendo dum... *ramo de ar*.

Por muito tempo pesquisei inutilmente a razão de ser da expressão, até mesmo em léxicos franceses altamente especializados. Um dia, porém, demos com ela numa enciclopédia portuguesa (de Portugal). A expressão existia realmente e era uma espécie de "estupor", ou seja, uma crise circulatória. O bom do Lopes estava, pois, introduzindo um neologismo, de origem portuguesa, no seu boteco em Paris.

No meio de tantas emoções, sob o impacto daquelas memórias revividas da Revolução, uma sessão especial ficou muito bem demarcada. É que, à medida que o trabalho prosseguia e dele tomavam conhecimento alguns amigos mais íntimos, houve uma curiosidade muito grande e também o desejo de fazermos mais alguns testes. Combinamos, assim, uma reunião com um grupo reduzido, do qual fazia parte um médico (que constatou na hora a ausência dos reflexos no sensitivo, durante o transe) e alguns companheiros de doutrina, de inteira confiança, pois a seriedade do trabalho e os cuidados que tomávamos não permitiriam que fosse transformado em espetáculo público.

No dia e hora aprazados, vieram os amigos previstos, mais um senhor, desconhecido meu e também de L. A. Fomos apresentados naquele momento. Chamava-se César Burnier, era advogado, funcionário aposentado do Ministério da

Fazenda. Viera na sua dupla condição de espírita e de profundo conhecedor da história da França, em geral, e da Revolução Francesa, em particular.

Iniciamos os trabalhos, como sempre, com uma prece e logo que L. A. atingiu o transe anunciou que se encontrava presente o Marius. Quem seria Marius, porém? Descobrimos depois que Marius era um apelido que Lucille havia colocado em Danton e a figura do grande orador revolucionário foi então identificada com César Burnier que, aliás, tinha conhecimento dessa identificação, mas nunca a apregoara por natural sentimento de reserva. Presenciamos, então, uma das cenas mais emocionantes de toda a série de experiências, pois naquele exato momento, na sala carregada de tensão, no meu apartamento, em Botafogo, reencontravam-se, após 173 anos, Camille Desmoulins e Jacques Danton. A última vez que se viram "em vida" foi no palco sangrento da guilhotina, momentos antes do surdo golpe da lâmina implacável. E por sobre mais de século e meio reata-se uma amizade que o fio, de aço cortou no mesmo ponto em que a deixaram os dois Espíritos. Conta a História que, já no patíbulo, Danton e Desmoulins, velhos amigos e companheiros, quiseram trocar um beijo fraterno de despedida, antigo costume francês. O carrasco recusou a permissão e Danton, o grande fazedor de frases espetaculares, declarou:

— Que importa, se nossas cabeças se beijarão dentro de alguns instantes no cesto?

É que havia um cesto que recolhia as cabeças decepadas. Cento e setenta e três anos depois, mal se reencontraram, Camille Desmoulins, renascido em L. A., me diz:

— Hermínio, pede ao Danton que me dê um beijo...

César curvou-se respeitosamente e depositou o beijo há tanto tempo devido sobre a testa do amigo reencontrado. Era insuportável a emoção de todos os presentes, mas especialmente dos dois protagonistas que no século XX reatam uma amizade que floresceu tragicamente no século XVIII.

O diálogo prosseguiu difícil, pois a tensão era grande e L. A. dependia exclusivamente de mim, para dialogar com Danton-César, porque, em *rapport* comigo, não ouvia César. Este, porém, ficou convencido de que a Revolução não tinha segredo, nem mesmo nas suas minúcias, intimidades e bastidores, para o sensitivo em transe.

Mais outra identificação se faria naquela noite memorável, pois L. A. declarou que também se encontrava presente, entre nós, o abade Bossut — e disse o nome atual da pessoa indicada (A. I. M.). Segundo ele, o abade havia sido professor de Matemática e Física ao tempo da Revolução, especialista em hidráulica e autor de várias obras didáticas sobre tais assuntos. Camille, que estudara nos seus livros, lhe teria arranjado um salvo-conduto que o livrou da fúria assassina do Terror. O problema, no entanto, consistia em descobrir aquele obscuro Bossut. Terminada a sessão e repassadas por todos as emoções ali vividas, pusemo-nos à procura de Bossut na enciclopédia. Seria Bossy? Ou Bossit? Ou Bossu? Nada se encontrou naquela noite, nem nos dias que se seguiram, mas acabamos por localizar as referências. Descobri um dia um verbete sobre ele em velhos livros franceses na Biblioteca Pública de Barra Mansa. Chamava-se Charles Bossut, fora realmente sacerdote e matemático, escrevera livros sobre sua especialidade, destacando-se obras sobre hidráulica e viveu na época da Revolução. Dizia até o livro que, já nas últimas, desinteressado da vida e sem reagir a nada, somente uma coisa o fez falar. Perguntaram-lhe qual o quadrado de 12. O velho professor então não saberia disso? Respondeu firme:

— Cento e quarenta e quatro.

Foram suas últimas palavras. O abade Bossut renasceria outra vez na França, onde se tornou um grande cientista e pensador, apoiando seu enorme saber nas suas velhas e familiares disciplinas — a Física e a Matemática. Chamou-se, nessa vida, Henri Poincaré, figura eminente da Ciência mundial. Acha-se novamente encarnado, desta vez no Brasil, longe do brilho e das pompas acadêmicas, devotado à sua família e ao Movimento Espírita, no qual se destaca merecidamente pelos seus dotes morais e intelectuais.

Outra identificação: a do abade Bérardier, diretor do Colégio Louis-le-Grand e muito estimado por Desmoulins, tanto que foi seu padrinho de casamento. Atualmente está reencarnado na pessoa de um médico-professor, sendo outra vez padrinho do casamento de L. A.

Um dia, resolvemos fazer um mergulho mais profundo no passado e, de século em século, fomos dar no século XV. Naquele tempo, L. A. – Desmoulins, teria sido um membro da família real de França — os Valois — na pessoa de Charles, duque de Orléans, sobrinho de Carlos VII e pai do futuro Luiz XII. Charles foi poeta, e orgulhoso. Casou-se várias vezes. Quando lhe perguntei o nome de sua esposa, ele me respondeu com outra pergunta:

— Qual delas?

Praticou gestos de crueldade que agora, ao se descobrirem diante dele as nesgas do passado, causam impactos de desgosto e arrependimento. Contou, como em penitência, que mandava descarnar a perna de seus prisioneiros e os obrigava a andar diante dele. Não admira que viesse a ser decapitado séculos depois... Mesmo agora, a quinhentos anos de distância

— meio milênio —, ainda parece que suas antigas crueldades, que hoje o repugnam, repercutem teimosas e persistentes em dores cármicas, pois num acidente de infância teve, nesta vida, uma perna quase inteiramente descarnada ao vivo e quase a teve amputada pelos médicos, desesperançados de vê-lo bom. Salvou-a, no entanto, mas conserva doentia sensibilidade para qualquer intervenção ou acidente que leve um instrumental ao contato com os seus ossos. Daí o seu pavor irracional ao dentista, diante de quem muitos de nós podemos não nos sentir muito bem, mas não chegamos às fronteiras do pânico.

Charles d'Orléans foi capturado pelos ingleses na Batalha de Azincourt e passou vinte e cinco anos na Inglaterra, em prisão mais ou menos relaxada, mas vigiada com rigor, até que se arranjasse em França dinheiro suficiente para resgatar sua vida, na qual os ingleses, excelentes *businessmen*, colocaram uma vistosa etiqueta de preço. O dinheiro foi obtido por meio de um casamento particularmente feliz, com uma senhora muito rica. Também o seu casamento com Lucille Duplessis, ao tempo em que foi Camille Desmoulins, não estaria completamente a salvo de interesses financeiros, não obstante a grande paixão que os uniu depois. Ele próprio o confessa em carta dirigida ao pai. Este, aliás, é um ponto que merece referência especial, entre tantos outros que temos de sacrificar para não alongar demais o relato.

Retornemos, por alguns momentos, ao episódio Desmoulins.

Como já disse, procuramos não ler nada de substancial sobre a Revolução Francesa para não influenciarmos, com o nosso conhecimento, as lembranças que iam surgindo. Fomos, no entanto, um dia, à Biblioteca Nacional, no Rio de Janeiro, para "checar" alguns pontos. E numa obra de J. Claretie sobre Desmoulins encontramos a reprodução de uma carta-autógrafo de Camille ao pai. Tentamos ler o documento, mas a letra, muito reduzida, é ilegível, impraticável. Dava para ler apenas a introdução: *Mon très chère Père*. Nada mais, a não ser uma ou outra palavra solta, insuficientes para formular um juízo sobre o conteúdo da carta.

Na sessão seguinte, resolvi testar mais uma vez a memória integral de L. A. e lhe pedi que me reproduzisse o texto da carta, o que ele começou a fazer, em francês — habitualmente falava português. Acabou resumindo o texto em português mesmo. A carta, de um Camille em permanente estado de penúria financeira, dirigida a um pai bastante agarrado ao seu dinheiro, pede ao velho Desmoulins, residente na cidadezinha de Guise, permissão para se casar. Para "facilitar" o consentimento, apressa-se em informar que a moça é rica e que, com o casamento, todos ficariam muito bem. Que mande logo, pois, os documentos necessários. O velho deve ter providenciado tudo como solicitado, pois que o casamento não tardou. Consegue, assim, reproduzir o conteúdo da carta em estado de transe, quando em estado de vigília não foi possível nem mesmo lê-la. Depois que conhecemos o texto, porém, e o ampliamos por meio de projeção de um *slide*, conseguimos, ainda que com alguma dificuldade, ler e conferir o texto escrito com a narrativa feita em transe.

———•———

Ainda uma nota sobre a língua. Poderia surgir a pergunta — e realmente surgiu — por que L. A., em transe, relembrando uma existência vivida na França, não fala francês. Fiz-lhe essa pergunta certa vez e ele me respondeu que falava francês, mas que não saía em francês, *lá embaixo*. O "lá embaixo" aqui é o corpo físico, dado que, segundo me dizia, seu perispírito desprendido ficava mais ou menos à altura do teto da sala onde nos encontrávamos. Essa questão foi levantada pelo ilustre professor Ian Stevenson, com quem me correspondi sobre o caso. Acha ele que o sensitivo deveria falar a língua que lhe era familiar na época revivida nas suas memórias. Com todo o respeito pelo imenso saber e prestígio do eminente cientista, não vejo por que tenha de ser assim, necessariamente, embora às vezes isto se dê. Acho e tive a audácia de lhe dizer isto por escrito, pois a ignorância é atrevida — que o pensamento é formulado num plano acima e além da palavra falada. Quando se manifesta em palavras já está reduzido a uma forma inferior de manifestação, a um código da comunicação que o torne suscetível de ser entendido por outra pessoa. O pensamento em si é abstrato, puro fenômeno vibratório que, em nossa condição humana imperfeita, reduzimos penosa e imperfeitamente a palavras. Ora, como Espírito, L. A. emite um pensamento, despreocupado da forma de expressão em que ele se manifestará. Este pensamento, porém, deve ser convertido em palavras pelo seu instrumental de ser humano encarnado, e todo o seu mecanismo de comunicação atual está condicionado às estruturas da língua portuguesa e é nesta língua que tem de ser expresso. Da mesma forma, os Espíritos manifestantes transmitem apenas um pensamento que o médium converte em palavras, na sua língua habitual, e não na língua do Espírito desencarnado. Pelo menos, essa é a regra geral. A exceção também existe, é claro, e serve, como sempre, para confirmar e evidenciar a validade do princípio geral. Quando isso se dá, ocorre o fenômeno da xenoglossia, isto é, o Espírito consegue transmitir o seu pensamento na sua própria língua e não na do médium. Aí, porém, o fenômeno talvez adquira características semifísicas, pois o Espírito manifestante parece materializar temporariamente, com os recursos do médium, um verdadeiro órgão fonador provisório, pelo qual ele atua diretamente, produzindo o som da palavra falada. Aí está um tema importante para pesquisa e meditação.

———•———

Outra pergunta pode surgir, entre muitas, em conexão com o caso Desmoulins. Será que ele foi sempre um sujeito importante? Não. Nem sempre. Não deixa de ser curioso, porém, verificar que numa encarnação teria ele vindo como sobrinho e pai de reis franceses, para numa outra voltar como um dos que contribuíram para demolir a monarquia francesa e se destruir, também, no processo.

Nem sempre, porém, foi importante, a ponto de deixar referências históricas. Entre as vidas de Charles d'Orléans, no século XV, e a de Camille Desmoulins, no seculo XVIII, viveu duas existências curtas, obscuras, cheias de privações, temores e perseguições, numa das quais, pelo menos, acabou assassinado a punhal, sendo o seu corpo atirado ao Sena.

Nessas duas vidas anônimas, foi humílimo vendedor de vinagre — atividade que depois tivemos confirmada —, tendo sido, na primeira, salvo de morte certa, num rebuliço de rua, por um prestigioso cardeal católico, Charles de Guise, irmão do famoso duque, tios de Maria Stuart e figuras poderosas ao tempo de Catarina de Médicis. Este Charles, segundo apuramos, veio a ser novamente Charles, o Bossut, talvez para purgar no anonimato e na humildade de uma vida obscura de abade as pompas do antigo cardeal. Como Desmoulins, o antigo vinagreiro lhe retribuiria o favor, salvando-o da guilhotina em plena Revolução mais de dois séculos depois.

———•———

Expondo esta pesquisa, certa vez, a alguns estudantes de Psicologia de um agnosticismo quase agressivo e vigilante, notei que ficaram impressionados, mas não convencidos, o que é natural, diante da formação intelectual a que se entregam. Concluí dizendo que não podia, evidentemente, atestar a absoluta autenticidade do episódio e garantir em cartório que L. A. é Camille Desmoulins reencarnado, mas de quantos fatos científicos se pode exigir tal garantia? Há indícios, há convergência de provas, há um acervo muito grande de fatos e inferências que suportam as hipóteses científicas e justificam uma tomada de posição. De minha parte, estou convencido, mas não exijo de ninguém declaração de aceitação. Gostaria que me dissessem, porém, como podem ser explicadas tantas "coincidências" e, em primeiro lugar: por que L. A. teria "'escolhido" Camille Desmoulins entre milhões de figuras humanas que cruzaram os imensos palcos da História? Por "coincidência", Camille chamava-se *Lucie* e L. A. tem prenome muito semelhante. A antiga esposa chamava-se Anne Lucie, e a filha atual, nascidas ambas no mesmo dia e mês, chama-se Ana Lúcia. Camille foi jornalista como L. A. o é, e L. A. teve a perna descarnada, tal como mandava fazer aos seus antigos prisioneiros o cruel duque d'Orléans. E como é que para L. A., em transe, a Revolução não tem segredos? Nem mesmo o número e nome das pessoas que estiveram presentes ao seu casamento, ou ao batizado de seu filho Horace, ou os que o acompanharam na mesma carreta à guilhotina. O professor Murilo Alvim Pessoa, catedrático de Arte Anatômica da Escola Nacional de Belas-Artes, da Universidade do Brasil, ao examinar fotografias do sensitivo e retratos de Camille Desmoulins, sem cogitar da hipótese da reencarnação, mostrou-se surpreso, afirmando "que todos os elementos caracterológicos de uma figura são encontrados na outra". Por que o primeiro encontro com um cidadão, que na vida atual lhe era desconhecido, acarreta-lhe arrasadora emoção e faz reatar, ao que tudo indica, uma velha amizade que a morte interrompeu? Por que o "destino" — um dos pseudônimos de Deus para aqueles que não creem — designa justamente um antigo Browning, de quem guarda a lembrança de um contato fugaz, para trazer à luz do presente todas as soterradas memórias de um passado que parecia perdido nas brumas do tempo? Por que o cardeal de Guise reaparece na sua vida de Desmoulins e agora novamente, no Brasil, como inseparável amigo? Somente a maravilhosa e monolítica doutrina da reencarnação explica, de maneira tão sóbria e irrecusável, o mecanismo da evolução do ser. As vidas se encadeiam umas nas outras, forjadas em grilhões de dor que nos acorrentam ou em elos de luz que nos unem àqueles a quem amamos. Da longa trilha ininterrupta haveremos de emergir um dia revestidos de luz e prontos para as tarefas superiores que de nós esperam poderes muito altos. Essa é a abençoada realidade de amor e redenção em que se assentam os princípios universais das Leis de Deus. São elas que nos proporcionam o remédio com que curamos lentamente as chagas dos nossos desacertos. Bem dizia o Mestre de todos nós que não seria admitido aos reinos da paz e da harmonia aquele que não tivesse renascido.

Quem tem ouvidos de ouvir que ouça... os outros haverão de esperar longa e doridamente, porque, como escreveu Emmanuel, a gazela acorda aos primeiros sinais da madrugada, mas a pedra somente desperta com a explosão impiedosa da dinamite.

Ainda uma palavra final, para concluir, mesmo ao risco de me tornar repetitivo.

A pesquisa feita confirma os postulados da Doutrina Espírita, tal como foi codificada por Allan Kardec. Não há um desvio, uma falha, um desmentido; tudo confere. Poderia dizer-se que assim é porque o trabalho foi conduzido por um espírita militante e convicto, na pessoa de outro confrade, igualmente convicto. Será, porém, que somos suspeitos *simplesmente* porque somos espíritas? Ou será que, ao contrário, estamos em melhores condições de pesquisar *exatamente* porque somos espíritas? Creio firmemente nesta última alternativa. Vou mais longe, ao afirmar enfaticamente que a pesquisa neste campo somente será bem conduzida e renderá seus melhores resultados quando realizada por quem, pelo menos, conheça em certa profundidade os postulados da Doutrina, ainda que não seja espírita praticante. É que nesse trabalho estamos manipulando os mecanismos do Espírito encarnado, e quem poderia conhecê-los melhor do que o estudioso do Espiritismo? Isso não quer dizer que a pesquisa tenha de ser feita necessariamente por espíritas, como "donos" do assunto. Não importam as crenças ou descrenças de quem a faz: encontrará sempre os mesmos resultados, as mesmas realidades, ou seja, a sobrevivência, a reencarnação e os dispositivos da lei de causa e efeito, atuando implacavelmente sobre o ser, na sua caminhada evolutiva. Se o pesquisador aceita essas realidades, tanto melhor; se não as aceita, que importa? Deixará de ser um fato a reencarnação ou a sobrevivência somente porque este ou aquele pesquisador não acredita nelas? Algum materialista ou ateu deixou de sobreviver à morte física por causa de suas descrenças? Jamais. Na verdade, o que acontece é o terrível impacto de uma incômoda realidade *post-mortem*, que derruba dos seus pedestais todos esses ídolos ocos e vaidosos. É o que testemunhamos inúmeras vezes nas nossas sessões mediúnicas e é o que verão todos aqueles que desejarem ver. Os fatos estão aí mesmo, à disposição de todos. A única diferença é que nem todos têm "olhos de ver". Pelo menos, não veem senão aquilo que querem ver, o que é a mesma coisa.

Estamos, pois, à espera de mais cientistas e pesquisadores espíritas. Deixa falarem que seriam suspeitos. Que fizeram até hoje os *insuspeitos*? Aí está o exemplo da parapsicologia de Rhine, repetindo a metapsíquica de Richet. Amanhã, daqui a cinquenta anos, virá outro Richet para repetir Rhine, todos absolutamente insuspeitos porque não eram espíritas... Enquanto isso, os descrentes seguem sua vida vazia, os desesperançados se desesperam e milhões vivem sem rumo à espera do recado da Ciência que continua a ser monotonamente o mesmo: "Nada encontramos que justifique a crença na sobrevivência. É uma hipótese simpática e agradável, mas improvada".

Deixemo-los com suas descrenças e vamos em frente, que o tempo urge.

(*Reformador*, de agosto de 1972.)

8.5 A morte provisória I

"Estranho, não é mesmo?" — escreveu Omar Khayyám no *Rubáiyát* — "que das miríades de seres que antes de nós cruzaram o portão das Sombras, nem um só tenha voltado para nos falar do Caminho que, para descobrir, teremos que percorrer também".

Há muitas e muitas luas o famoso matemático, astrônomo, poeta e místico persa cruzou o portão misterioso de que nos fala nos seus escritos, cuja autoria, aliás, é posta em dúvida pelo erudito historiador americano Will Durant. Na verdade, lá se vão mais de oito séculos e meio, pois o poeta teria desencarnado aí pelo ano 1123 da nossa era. Tudo leva a crer que durante essa larga faixa de tempo Omar tenha cruzado e descruzado o portão algumas vezes, em outras vidas. É possível, também, que tenha procurado voltar sobre seus passos para "falar do Caminho" percorrido; e se isto se deu, deve ter também verificado o quanto é difícil convencer o companheiro, que ficou na carne, das realidades da vida póstuma.

O problema é muito antigo, tão velho quanto o homem. Já o nosso Lucas reproduz, no capítulo 16 do terceiro Evangelho, o drama vivido pelo rico que implora a Abraão o envio de algum mensageiro à Terra para convencer os seus familiares da existência do mundo espiritual. O velho patriarca responde com sua experiência e sabedoria:

"Se não ouvem a Moisés e aos profetas, também não se convencerão mesmo que um morto ressuscite". Isso é melancolicamente verdadeiro. Por tempos imemoriais tem pairado sobre o testemunho dos Espíritos uma densa nuvem de suspeição, criada e sustentada pelos céticos e descrentes de todas as eras, enquanto a Verdade se revela em toda a beleza e poder da sua pureza aos simples e (aparentemente) ignorantes, como assinalou Jesus.

Essa nuvem pesada e escura parece mais densa nos últimos tempos, quando, num processo de total baralhamento dos valores morais da vida, a cultura moderna converteu-se em instrumento de perplexidade e desorientação.

Jamais poderia dizer-se que os Espíritos deixaram de fazer a sua parte; ao contrário, fizeram-na muito bem. Nunca perderam uma oportunidade de fazê-la. Colocaram na tarefa de dar o recado da imortalidade toda a sua criatividade, venceram todas as dificuldades inerentes ao processo mesmo da comunicação, trouxeram-nos todas as evidências possíveis e imagináveis. Em mais de um século de intensa atividade, desde que foi deslanchado o esforço da hora final, parece legítimo reconhecer que ninguém neste planeta em que vivemos deixou de ser exposto à luz da realidade espiritual, aqui ou ali, no tempo e no espaço. Muitos ficaram impressionados, alguns admitiram a validade da mensagem, mas apenas uns poucos a aceitaram como um dos mais importantes conceitos ordenadores de suas existências.

O mundo espiritual, porém, não desiste da tarefa sublime de vencer nos companheiros de jornada, nessa fabulosa aventura de viver, a tenaz e irracional resistência ante o fato mais admirável da nossa condição humana, que é a nossa própria imortalidade e, em consequência, a ilimitada capacidade de amadurecimento e evolução do nosso Espírito preexistente e sobrevivente.

Ao que tudo indica, mais uma tentativa está sendo realizada. Desta vez não são os Espíritos desencarnados que falam de suas aventuras e experiências ao longo do Caminho que segue além do portão de que falava Omar. Não são os que *morreram* para sempre, mas os encarnados mesmos, ou melhor, aqueles que tiveram a extraordinária oportunidade da *morte provisória*. Dadas como clinicamente mortas por alguns minutos, sob variadas condições, essas pessoas retornaram à vida, seja espontaneamente, seja graças aos métodos da moderna técnica de ressuscitação. Muitos são os que narram suas fantásticas experiências no mundo póstumo, durante aqueles minutos, poucos em termos de nosso pequeno relógio cósmico, mas o bastante para uma completa reavaliação da vida, uma total reformulação de conceitos, uma inesperada descoberta da paz, uma surpreendente conversão da esperança em certeza ou da descrença em convicção inabalável. Escreveu o famoso piloto Edward Rickenbacker :

> Você deve ter ouvido falar que morrer é desagradável mas não creia nisso. Morrer é a coisa mais doce, mais terna, mais sensual que eu jamais tenha experimentado. A morte chega

como que disfarçada num amigo simpático. Tudo era sereno, tudo calmo. Como seria maravilhoso simplesmente flutuar para fora deste mundo fácil morrer. Você tem é que lutar para viver.

———•———

A princípio, tais relatos eram esparsos, tímidos e até mesmo relutantes. As pessoas envolvidas nesses episódios, usualmente tidos como fantásticos, por mais jubilosos que se sentissem após a experiência, tentam revelá-la a terceiros. Não apenas porque a narrativa perdia muito do seu conteúdo e impacto, ante a impossibilidade de transmiti-la fielmente, mas também porque a reação habitual é imprevisível. Tanto pode ficar nos limites da aceitação tolerante e educada, como ir aos extremos da ridicularização ou da compaixão pelo amigo ou parente que subitamente tenha perdido o juízo.

A questão, porém, é que os fatos começaram a revelar inequívoca insistência, com a característica de apresentarem-se de preferência aos médicos e aos sacerdotes ou ministros das várias denominações religiosas, ambos — especialmente os primeiros — presença constante junto ao que modernamente se resolveu classificar de "paciente terminal", ou seja, o que dantes chamávamos de "desenganado".

Entre os médicos, a Dra. Elisabeth Kubler-Ross apresenta-se claramente como pioneira no estudo do fenômeno da morte, ou melhor, na reação dos pacientes terminais ante a problemática da morte física. Seu primeiro livro — *On Death and Dying* — é de 1969. Daí para cá começaram a aparecer depoimentos mais frequentes, até que em 1976, em pesquisa independente, o Dr. Raymond A. Moody, jovem médico altamente qualificado, publicou seu primeiro estudo a respeito, sob o título *Life After*

Life, ou seja: *A vida depois da vida*. A despeito das suas conclusões, ainda preliminares e até mesmo algo tímidas e obviamente incompletas, e do estilo quase frio do relato científico, o livro encontrou inesperada resposta no interesse público, transformando-se prontamente num verdadeiro *best-seller*.

O Dr. Moody havia catalogado um acervo de 150 casos de *near death experiences*, isto é, "experiências de quase morte", para as quais eu proporia a expressão de morte provisória. Seu interesse para o assunto foi solicitado numa referência ocasional que poderia até ter passado despercebida, mas posteriormente alimentado e estimulado por vários outros casos indiscutíveis, logo que ele se dispôs a pesquisar a matéria. Somente às vésperas, por assim dizer, da publicação da sua primeira obra, o Dr. Moody descobriu que sua colega, a Dra. Kubler-Ross, realizava pesquisa semelhante, com idênticos resultados e não menor interesse. A doutora prefaciou o seu livro, louvando sua coragem em proclamar ao mundo cético seus achados e advertindo-o quanto à resistência e contestação que encontraria em duas áreas especificas: a dos seus colegas médicos e a dos sacerdotes e ministros religiosos das várias crenças (crença é uma palavra estranha neste contexto, mas, enfim... aí fica).

Felizmente, o Dr. Moody não é homem de intimidar-se. Seguiu em frente com as suas pesquisas reveladoras e, em junho de 1977, achou que era tempo de publicar outro livro sobre o assunto, já que a sua tarefa desdobra-se rapidamente em conotações inesperadas, enquanto seus fichários se enriquecem com novos depoimentos. Daí o volume intitulado *Reflections on Life After Life*, que colhi ainda fresco das impressoras numa livraria de Nova Iorque, em junho passado.[35]

---

[35] Nota do autor: Edições Bantam e Mockingbird, junho/1977, Nova Iorque, Estados Unidos.

Já agora a posição do Dr. Moody é consideravelmente mais bem definida. O primeiro volume concluíra ainda algo hesitante, talvez pelo inusitado dos fatos, o que, por outro lado, depõe em favor da sua humildade intelectual:

"Dessa maneira" — escrevera então — "ficam em mim não conclusões, evidências, ou provas, mas algo muito menos definido — impressões, perguntas, analogias, fatos surpreendentes a serem explicados".

Reconhecia, porém, que, se as experiências que examinava eram reais, teriam "implicações muito profundas no que cada um de nós está fazendo com sua vida." "Pois, então" — prosseguia ele —, "seria verdade que não podemos entender completamente esta vida a não ser que demos uma espiada no que está além dela".

Sintomaticamente, o novo livro é dedicado a "Vi, Andy e Dannion, três que voltaram". Voltaram, evidentemente, para contar a história de sempre: a vida continua pelas espirais que se abrem para a eternidade.

Por outro lado, a coleta de material que antes era feita quase que em segredo é cheia de ressalvas, intensificou-se de tal forma que o Dr. Moody já perdeu a conta, segundo confessa na sua introdução. Descobriu mais: que o fenômeno da morte provisória é tão comum que dentro em breve, diz ele, "o problema não será a realidade do fenômeno, mas que consequências decorrem dele". Seja como for, o interesse de pesquisadores sérios suscitou a boa vontade de muita gente disposta a contar suas experiências pessoais, sem o receio de serem tomadas por débeis mentais.

Enquanto isso, vários livros sobre o assunto estão sendo publicados ou em preparo. Para mencionar somente uns poucos, basta lembrar *The Vestibule*, uma coletânea organizada por Jess E. Weiss (Pocket Books, 1977), o esperado livro da

Dra. Kubler-Ross e o do Dr. George Ritchie, Jr., este sob o sugestivo título de *Return from Tomorrow* (*Retorno do amanhã*), prestes a sair nos Estados Unidos.

No seu novo livro, o Dr. Moody ratifica muitas das suas primeiras impressões — já vimos que ele não lhes concedia a categoria de conclusões — e retifica ou complementa várias outras. É indiscutível, porém, que as pessoas que regressaram da morte *provisória* trazem consigo uma completa reformulação da vida.

Tanto quanto possível, dentro dos limites de um artigo, que pretende ser meramente noticioso, vejamos em que consiste isso.

O primeiro aspecto escolhido pelo Dr. Moody é o que ele chama de *visão do conhecimento*. As pessoas ressuscitadas após clinicamente mortas, com dificuldade conseguem descrever esse estado de percepção global, onde tempo e espaço se tornam inexplicavelmente inexistentes.

"Por um momento" — informa um dos entrevistados — "eu conheci todos os segredos de todos os tempos, todo o sentido do universo, as estrelas, a lua — tudo".

"Quanto tempo durou isso?", perguntou o doutor Moody a outro.

"Você poderia dizer que foi um minuto ou poderia dizer dez mil anos. Não faz nenhuma diferença", foi a resposta.

Em tais condições, o retorno ao corpo físico é sempre uma frustração e esse aspecto da relutância em voltar é uma das características do processo, segundo observações do Dr. Moody.

Não deve ser nada fácil descrever, com aceitável aproximação, aquele estado de plenitude espiritual. Faltam palavras para narrar a experiência maravilhosa que ultrapassou de muito os domínios do pobre código humano de comunicação. Diz um dos depoentes:

> As palavras que emprego para descrever isto estão muito distantes da realidade experimentada, mas é o melhor que posso fazer... Porque aquilo lá é um lugar onde o *lugar* é conhecimento... Conhecimento e informação estão prontamente à nossa disposição — todo o conhecimento... Você absorve conhecimento... De repente, você conhece as respostas...

E o inesperado que surge com uma força tremenda, muitas vezes em total oposição às ideias preconcebidas da criatura? Tomemos, por exemplo, os conceitos de Céu e Inferno. Muita gente esperava encontrar algo semelhante no Além, por causa dos multisseculares condicionamentos das religiões dogmáticas. O próprio Dr. Moody lembra que, no seu primeiro livro, escreveu que seus depoentes não encontraram nada semelhante ao Céu e muito menos ao inferno, do lado de lá da vida. Já agora, muito embora tais noções teológicas permaneçam inaceitáveis, há que reconhecer que existem condições definidas de bem-estar e euforia, que se assemelham ao estado de beatitude. Mais do que isso, porém: há "regiões" perfeitamente reais, onde tais sensações são experimentadas.

O autor reúne alguns depoimentos nesse sentido, num capítulo intitulado "Cidades de luz". Narra uma pessoa:

> Havia luz por toda parte uma beleza. Eu não podia descobrir de onde vinha aquela luz. Lá estava ela por toda parte, vindo de toda parte. Havia música.
> Parecia que eu estava no campo, com os córregos, a grama, as árvores, as montanhas. Havia gente também. E uma paz infinita, uma sensação presente de amor.

Descreve uma senhora:

> A distância eu via uma cidade. Havia edifícios — separados. Um brilho emanava deles. As pessoas ali eram felizes. Havia nascentes de águas cristalinas... Creio que se pode dizer que era uma cidade de luz. Ali também havia música.

Outros "ressuscitados" falaram do "reino dos Espíritos desorientados". (Estou traduzindo ao pé da letra, Inclusive a palavra *spirits*.)

Segundo o depoimento dessas pessoas, aqueles seres pareciam ter sido apanhados numa armadilha, "aparentemente numa condição de existência das mais infelizes". Um homem disse que os Espíritos que ele viu (novamente lembro que a palavra é *Espírito* mesmo, no original) "não podiam progredir do lado de lá porque o deus em que acreditavam ainda vivia aqui", ou seja, seus interesses eram por demais grosseiros. Tais Espíritos pareciam algo aturdidos, mas obviamente "estavam ali somente até o momento em que resolvessem os problemas ou dificuldades que os retinham naquele estado de perplexidade". Disse um paciente:

> Eles pareciam estar sempre em movimento em lugar de estarem ali fixados, mas sem nenhum sentido especial de direção. Partiam em linha reta para a frente e, de repente, viravam à esquerda; davam uns passos mais e se voltavam para a direita. E nada, absolutamente nada, para fazer. Eles buscavam algo, mas não me pergunte o que buscavam.

Allan Kardec resumiu isso numa expressão: *Espíritos* errantes e chamou essa condição de estado de *erraticidade*.

Alguns dos ressuscitados informaram que tais Espíritos tentavam, às vezes, comunicar-se com pessoas encarnadas. Um deles viu, na rua, um homem que tinha um desses Espíritos a segui-lo. O contato parecia muito difícil, porque os encarnados não tinham consciência dessas presenças invisíveis, a despeito dos esforços que os Espíritos faziam, por se fazerem notados.

Que desejariam eles dizer aos encarnados? A coisa mais importante que desejavam transmitir era não apenas a notícia da sobrevivência, mas principalmente a necessidade de moralização. Uma pessoa viu o Espírito de uma mulher tentando desesperadamente comunicar-se com seus filhos: "Tentava dizer-lhes, ao que parece, que deveriam agir de outra maneira, mudar, modificar o estilo devida".

E, pouco adiante, como que a justificar-se, o depoente acrescentou ao Dr. Moody:

> Não estou tentando moralizar ou pregar sermão, mas esta parecia ser a mensagem que ela estava tentando transmitir... Parece que naquela casa não havia amor, se é que você deseja dizer assim... Parece que ela estava tentando reparar algo que havia feito... É uma experiência de que eu jamais me esquecerei.

Em alguns casos, as pessoas que passaram pela experiência da *morte provisória* foram poupadas à desencarnação graças à interferência pessoal de algum "agente ou ser espiritual", no dizer do Dr, Moody.

Um homem gravemente ferido durante a II Guerra Mundial declarou:

> Eu não via nada, mas sentia uma presença maravilhosa e confortadora, ali ao meu lado, e uma voz bondosa e suave que me disse: 'Estou aqui com você, Reid. Seu tempo ainda não chegou.' Eu me sentia tão descontraído *e* confortável *naquela* presença... *Desde aquele dia, nunca mais* tive o *menor* temor da *morte*.

Haverá, porém, um julgamento no sentido proposto pelas religiões tradicionais?

A primeira impressão do Dr. Moody, revelada no seu livro inicial, foi a de que isto não acontecia, ou, pelo menos, achava ele que não havia no mundo póstumo nada que justificasse nossa expectativa de prêmio ou punição. Há agora algumas revisões neste ponto.

Depreende ele dos depoimentos colhidos que há, sim, uma espécie de julgamento, não, porém, no sentido teológico da palavra e não, definitivamente, da parte do ser luminoso que geralmente vai ao encontro daqueles que tiveram a experiência da morte provisória. O ser luminoso — provavelmente um Espírito guia parece demonstrar apenas amor e aceitação em relação ao seu tutelado; o julgamento parte antes do próprio indivíduo.

"Naquele estado" — escreve o Dr. Moody —, "parece que eles veem por si mesmos o que deveriam ter feito e não fizeram e assim julgam a si próprios."

Ali, naquele momento de Verdade, compreendemos que "a beleza do nosso corpo ou a cor da pele não são mais motivo de orgulho. Na verdade, nem mais corpo físico se tem ali. A única beleza que prevalece é a da alma". No fundo dessas especulações um conceito fundamental emerge, na opinião do Dr. Moody (e com ele concordamos em gênero e número): a importância do amor e do conhecimento. É o que fazemos aos outros o que importa; e, para fazermos a coisa certa, precisamos saber. Podemos dizer que isto é uma boa aproximação do duplo conceito de moral e sabedoria que os Espíritos superiores deixaram explícitos na Doutrina confiada a Kardec.

Uma testemunha narra, ao assistir a um *replay* da sua vida, que havia como que um *conhecimento onipotente* a guiá-la e ajudá-la a ver as coisas na sua exata perspectiva.

sentiram insatisfeitos porque, aparentemente, as experiências colhidas nesses depoimentos ao vivo se apresentam "inconsistentes com a noção do Juízo Final e do fim do mundo". Veremos, adiante, um pouco da reação dos teólogos as suas observações acerca do mundo póstumo.

Entre essas observações, está a condenação formal do suicídio. Os ressuscitados voltam convictos de que tem um objetivo a alcançar na vida e não podem atirá-la fora, como coisa inútil e insensível. Até mesmo não-suicidas foram bastante enfáticos nesse ponto, como o cidadão que sofreu um acidente quase fatal. Fizeram-no saber, de alguma forma indelével para a sua mente, enquanto lá estava, que:

> (...) duas coisas seriam completamente proibidas para mim: suicidar-me ou matar alguém... Se eu cometesse suicídio, estaria atirando o dom de Deus em sua própria face... Matando alguém, estaria interferindo nos objetivos de Deus para com outro indivíduo.

O Dr. Moody encontrou, porém, alguns casos de morte provisória devidas a tentativas de suicídio. A mudança de ponto de vista é radical. Tais pessoas se encontraram envolvidas "exatamente nos mesmos problemas dos quais estavam tentando se livrar pelo suicídio. Seja qual for a dificuldade da qual estivessem tentando escapar, ela permanecia lá, do outro lado, ainda por resolver".

Um deles confessou, positivamente:

> Não. Eu não faria isso novamente. Na próxima vez morrerei naturalmente, porque uma coisa que eu entendi naquela ocasião é que a vida aqui é um período muito curto de tempo e há muito que fazer enquanto você está aqui. E quando você morre é eternidade.

> O que me impressionou foi isso, porque percebi que não apenas o que eu fizera, mas, ainda, como o que eu fizera havia afetado outras pessoas. E não era o mesmo que assistir a um filme, porque eu sentia aquilo; havia ali aquele sentimento, particularmente agora que eu possuía o conhecimento... Descobri que nem mesmo os pensamentos se perdem... Cada pensamento estava ali... Seus pensamentos não se perdem...

Outro homem se confessa profundamente envergonhado das coisas que fez ou deixou de fazer. Mal podia esperar a volta para realizar o que negligenciara, ou refazer certo aquilo que fizera errado.

Quanto ao inferno típico das fábulas e fantasias teológicas, nada encontrou o Dr. Moody. Sabemos da experiência doutrinária que realmente não existe o inferno pregado pelas igrejas, onde o ser sofreria o tormento eterno ao cabo de uma única existência, sem outra chance perante as Leis do Pai. Não há dúvida, porém, de que existem regiões espirituais onde o sofrimento e a angústia mais terríveis parece eternizarem-se na intemporalidade. André Luiz nos apresenta alguns desses quadros dolorosos. Camilo Cândido Botelho, por intermédio de Yvonne A. Pereira, em *Memórias de um suicida*, descreve, com a sua palavra flamante, algo muito parecido com o inferno, nas profundezas do desespero humano.

Entretanto, o Dr. Moody ainda apresenta alguns condicionamentos dogmáticos e declara que nada encontrou até agora que ofereça objeção a existência do inferno. Admite, também, a possibilidade do Juízo Final. Tal como o concebe a teologia tradicional. Não nos esqueçamos de que o jovem médico está chegando a verdade por aproximações sucessivas, destilando-a pacientemente dos depoimentos daqueles que foram lá e voltaram. Na verdade, ele procura tranquilizar aqueles que se

Na verdade, estamos na eternidade tanto aqui na carne como no mundo do espírito, mas parece que a pessoa quis significar que somente lá essa noção de eternidade adquire a estatura de uma certeza indiscutível.

———••— • —••———

O capítulo mais fantástico do livro do Dr. Moody, no entanto, pelo menos para os que estão familiarizados com as verdades que ele vai revelando é aquele em que ele discute a reação dos clérigos. O jovem médico lembra que a Dra. Kubler-Ross havia previsto isso.

Um deles, com quem o Dr. Moody manteve longa conversa, admitia a sobrevivência do espírito, com base em depoimentos colhidos nesta série de pesquisas acerca da *morte provisória*. Não obstante, de maneira totalmente incongruente, declarou ao médico que achava impraticável a prova científica da sobrevivência e, mais grave ainda, para um sacerdote: "Se pudéssemos provar a existência de vida após a morte, o que equivaleria a provar a existência de Deus, isto invalidaria o sistema da fé." (!)

Esta inesperada enormidade filosófica — com todo o respeito pela pessoa que a emitiu — é apoiada no raciocínio de que não se pode provar as coisas últimas da vida, o que, de certa forma, se aproxima da Filosofia positivista. A vida maior, na opinião desse sacerdote, tem de ser aceita na base da fé. Se, pelo que ele chama de curto-circuito, ficar provado que existe vida póstuma, *ninguém precisaria ter fé para crer*. A confusão do pobre prelado é total, ao concluir que o depoimento dos que voltaram para contar suas experiências limita-se a confirmar a fé que ele já possuía. Mas, se ele fosse um descrente, isso não o teria convencido...

As reações, porém, são as mais disparatadas. Uns pensam que está completamente fora de moda o interesse na sobrevivência!

"Você não acha — perguntou um ministro episcopal — "que deveriam os pensar neste mundo e não no próximo? Não há uma porção de problemas para resolver aqui?"

Dos vários encontros com teólogos, o Dr. Moody depreende que a maioria deles julga ser a preocupação com a outra vida algo antissocial, que nos levaria a esquecer os problemas desta. O jovem pesquisador não vê como nem por que as duas concepções se excluam mutuamente, com o que estamos plenamente de acordo.

Outro grupo considerável de *pastores de almas* volta-se para a desesperada tese de que essas experiências *são dirigidas por forças satânicas ou demônios maldosos!*

Um terceiro grupo, ao qual Dr. Moody atribui mais timidez do que desejo de criticar, compõe-se de sacerdotes que se julgam incapazes de comentar as observações recolhidas na pesquisa preferindo deixá-las como problema de natureza médica. Invocam explicações mais *confortáveis*, digamos assim, como a da alucinação. Cabe acrescentar, porém, que o Dr. Moody encontrou também médicos que se recusam a comentar o assunto, porque o atribuem à competência dos teólogos e sacerdotes em geral.

No capítulo 59, o Dr. Moody faz um retrospecto histórico para concluir que tais experiências não são novidade, pois é passível encontrar na tradição de muitos povos, e no relato de muita gente digna de crédito, fatos semelhantes.

Em seguida, repetindo a técnica de seu livro anterior, ele procura responder a perguntas e objeções mais suscitadas pelo seu trabalho. Na impossibilidade de comentar todas, detenhamo-nos em umas poucas que nos parecem mais relevantes.

A morte provisória I

———— • ————

É de observar-se, de início, as cautelas e suspeições que o problema levanta. Acham alguns, por exemplo, que o Dr. Moody deveria citar os nomes de seus depoentes, a fim de dar maior credibilidade aos testemunhos. O autor, porém, insiste na sua política de conservar no anonimato os seus *ressuscitados*. Ele sabe muito bem das dificuldades que encontrou, no princípio de sua pesquisa, para persuadir certas pessoas a falarem de suas experiências. Algumas dessas pessoas haviam guardado os fatos para si mesmas: outras, ao tentarem comunicá-las a parentes ou amigos encontraram-se face a face com a decepção nascida da incompreensão, da inaceitação, do ridículo. Observou, ainda, o jovem médico que depois da publicação do seu primeiro livro — que alcançou enorme sucesso, não nos esqueçamos — tornou-se muito mais fácil colher depoimentos nesse sentido, pois seus leitores perceberam que ele trata o assunto com seriedade, sabedoria e discrição. Dessa confiança nos seus propósitos resultou uma verdadeira avalancha de novos testemunhos, mas é preciso lembrar que as pessoas envolvidas continuam a viver no mesmo contexto familiar e social de sempre, e é precisamente nesse contexto que estão aqueles que não compreendem ou não aceitam suas narrativas, e o Dr. Moody está interessado em continuar recolhendo depoimentos autênticos, pois desses relatos está se consolidando, para aqueles que rejeitam a ideia da sobrevivência, uma nova imagem da morte e, por conseguinte, da vida.

"Não seria isso o reflexo de um mero desejo de que assim fosse?" — perguntam outros. "Como tantos gostariam de continuar vivendo após a morte, argumentam esses críticos, qualquer evidência dessa realidade "deveria ser considerada suspeita".

O Dr. Moody não se deixa impressionar. Acha ele, com razão, que o fato de "existir algo que quase todos nós desejamos não significa que isso não possa ocorrer".

"Os pacientes terminais deveriam ser informados acerca desses fatos?" — perguntam alguns médicos;

O Dr. Moody não sabe ainda como resolver essa questão. A revelação poderia, por exemplo, perturbar nas suas últimas horas de vida (na carne), aqueles que viveram fixados irredutivelmente a uma teologia que ensina conceitos inteiramente diferentes da realidade que esses casos revelam. De minha parte, creio que opinando do ponto de vista da Doutrina Espírita, não teria dúvida alguma em contar a verdade. Trata-se aqui de mera opção, ante a qual não há como hesitar: antes a suposta perturbação, ainda *em vida*, do que a tremenda decepção no mundo póstumo, quando a pessoa verificar que a vida espiritual não é nada daquilo que lhe ensinaram em sermões, prédicas, conferências, artigos, livros e cursos.

"Por outro lado," observa o Dr. Moody — "se esses relatos não são verdadeiros e não existe vida após a morte, não há prejuízo para ninguém. Mas, se são verdadeiros, é melhor que as pessoas estejam preparadas para o que as espera". Esta é a outra face do argumento.

Embora o autor se confesse ainda indeciso ante as alternativas, tem o bom senso de acrescentar, mais adiante, que essas questões "talvez sejam meramente acadêmicas dentro em breve, uma vez que o fato de que tais experiências ocorrem vai-se tornando dia a dia mais conhecido".

É claro, porém, que os médicos em geral, embora confrontados com o fenômeno narrado pelos seus próprios pacientes, não lhe atribuem valor significativo. Por simples cortesia, murmuram uma expressão qualquer, como: *interessante*. E só. Mesmo o Dr. Moody reagiu dessa maneira ante dois pacientes seus que lhe relataram experiências pessoais de morte provisória, antes que ele tivesse seu interesse despertado para o fenômeno.

Informa ele que a tendência de seus colegas é situar o problema fora da área clínica, o que nem sequer justificaria o esforço de questionar melhor os fatos referidos pelo paciente.

Seguem-se, no livro do Dr. Moody, algumas oportunas especulações, de colorido nitidamente filosófico. É que da minuciosa tabulação e análise dos depoimentos colhidos, quase todos em primeira mão, emergem algumas constantes muito específicas e definidas. Duas delas têm conotações eminentemente doutrinárias — para aqueles que têm formação espírita e podem ser sintetizadas em duas palavras-chave: *conhecimento* e *amor*, como objetivos a serem alcançados no desenrolar da existência humana. Em outras palavras, as pessoas que passaram pela maravilhosa experiência da *morte provisória* verificaram do outro lado da vida a importância dessas duas conquistas básicas que, sem dúvida alguma, determinam o nível de felicidade e pacificação interior em que cada uma se situará no mundo espiritual.

O Dr. Moody reconhece que tanto a palavra *conhecimento* como a palavra *amor* são de significado "altamente ambíguo". Segundo depreende ele do depoimento de seus pacientes, no caso do *amor*, trata-se de um sentimento de profunda e total doação, podendo ser "caracterizado" — diz ele — "geralmente como uma espécie de amor transbordante, espontâneo, sem necessidade de estímulos especiais e que é dado a outrem a despeito de suas falhas".

Esse elevado conceito de amor fraterno as pessoas encontram infalivelmente naquele ser luminoso que sempre vem ao encontro delas no mundo póstumo. O Espírito guia não vem julgar, nem mesmo censurar ou repreender: vem trazer o seu amor, e tal sentimento é, às vezes sentido de maneira tão intensa que parece iluminar tudo, tornar-se quase palpável, a uma experiência indescritível. Disse uma jovem senhora ao Dr. Moody:

> Ele me mostrou tudo o que eu havia feito e, em seguida, perguntou-me se eu estava satisfeita com a minha vida... Ele estava interessado em amor. Amor mesmo. Ele se referia à espécie de amor que me leva a procurar saber se o meu vizinho tem o que comer e o que vestir e me leva a ajudá-lo se não o tem.

Quanto ao conhecimento, prossegue essa mesma senhora: "O tipo de conhecimento pretendido era de natureza mais profunda, relacionado com a alma... Eu diria que é sabedoria."

Creio que ela acertou em cheio, a despeito da evidente dificuldade em colocar em palavras toda a carga emocional que experimentou por breves minutos na presença daquele ser superior. Não se trata aqui de mero conhecimento, porque este pode resultar de acumulação de fatos, informações ou experiências, levando frequentemente aos maiores desatinos quando mal utilizado. Esse é o exemplo constante da história, e o que é a história senão o relato das vidas daqueles que a fizeram?

O Dr. Moody parece bem alertado para a sutil gradação de matiz que existe entre conhecimento e sabedoria, ao refletir que: "Sábio, presumivelmente, não é o que somente possuiria conhecimento, mas seria aquele capaz de aplicá-lo moralmente certo. Portanto, o relato citado (da jovem senhora) empresta uma conotação moral à acumulação de conhecimento."

A morte provisória I

Para não alongar mais estes comentários, basta, neste ponto, lembrar os conceitos doutrinários do Espiritismo, que nos asseguram que a evolução do Espírito se desenvolve ao longo desta dicotomia: conhecimento e moral. É essa, precisamente, a convicção que nos trazem aqueles que experimentaram a morte provisória.

Os colegas do Dr. Moody formam quatro categorias distintas, segundo as atitudes que adotam ante o fenômeno pesquisado.

O primeiro grupo é o de médicos que experimentaram eles próprios, e não seus pacientes, a realidade inesperada da *morte provisória*. A reação deles é a de qualquer outra pessoa, mas creio poder acrescentar que a sua perplexidade é ainda maior, pois, como disseram dois deles ao Dr. Moody, havia muito pouco na formação científica que tiveram, que os houvesse preparado para enfrentar a experiência, ou ali mesmo proporcionar-lhes uma linguagem na qual pudessem expressá-la.

"Como cientista" — disse um deles — "eu pensaria que isso não podia acontecer. Mas realmente aconteceu!"

Não é difícil entender essa posição. A formação médica moderna prepara técnicos altamente qualificados para lidarem com uma espécie de máquina biológica inconcebivelmente sofisticada, nada, porém, acima e além de máquina, passível de ser parcialmente desmontada, consertada e recomposta e na qual até mesmo certas peças vitais podem ser substituídas como num aparelho eletrodoméstico. Um belo dia, no entanto, o competente doutor descobre que a energia consciente que faz funcionar a máquina não está nela própria, nem precisa dela, sendo-lhe totalmente autônoma. Não é então de admirar-se que não tenham como explicar o fenômeno, senão aceitando a existência e a sobrevivência desse princípio autônomo.

O segundo grupo é constituído de médicos que realizam trabalho semelhante ao do Dr. Moody, coletando casos idênticos entre seus clientes. Ainda algo aturdidos ante o insólito, eles se sentem como que aliviados de encontrarem alguém que esteja realizando pesquisa parecida. Os do terceiro grupo adotam uma atitude religiosa perante o fenômeno. Limitam-se a declarar que as observações confirmam suas próprias convicções.

O quarto e último grupo é o daqueles para os quais as experiências de *morte provisória* são redutíveis a fenômenos de natureza médica, tendo uma explicação puramente fisiológica ou psicológica, ou uma combinação de ambas.

É de ver-se a firmeza com que um jovem paciente contesta uma opinião desta última categoria.

> Tão certo como estou agora aqui sentado, se eu morresse novamente hoje, virtualmente a mesma coisa teria acontecido, com a diferença de que eu estaria mais bem preparado para observá-la. E eles me vêm dizer que não é nada disso, jurar que não é assim e que podem me exibir evidência de que não é assim... e tudo quanto posso dizer é isto: bem, eu sei onde estive.

E o Dr. Moody? O que aconteceu com os seus conceitos científicos, filosóficos e religiosos? Teria isso tudo afetado sua maneira de pensar? Claro que sim, e um crédito que ninguém lhe poderia negar é o de afirmar as suas convicções de maneira inequívoca, sem ressalvas e dubiedades. Escreve ele:

> Aquelas que estejam interessados neste pormenor autobiográfico dirijo as seguintes observações: fui levado a aceitar,

como objeto de crença religiosa, que existe vida depois da morte e acredito que o fenômeno que estamos examinando é manifestação daquela vida.

Pouco adiante, revertendo aos conceitos básicos que decorrem das suas pesquisas, ele tem algo mais a dizer. Antes, porém, de encerrar com as suas palavras finais este artigo, que vai ficando longo, creio indispensável algumas observações adicionais. Dizem elas respeito a um aspecto que, de certa forma, vem refletir em nossa condição de espíritas, os *suspeitos* de sempre.

"Eram essas pessoas, com quem você conversou" — perguntam com frequência ao Dr. Moody —, "interessadas em ocultismo antes ou depois de suas experiências?"

Não é difícil perceber o alcance da pergunta. Em primeiro lugar, é preciso lembrar que as pessoas escassamente informadas acerca da fenomenologia do espírito humano englobam, indiscriminadamente, sob o nome genérico de ocultismo, uma terrível miscelânea de coisas, das mais autênticas às mais disparatadas e ridículas. Para elas, tanto é ocultismo o estudo sério da sobrevivência da alma, ou a prática mediúnica disciplinada e bem orientada; como os mais desvairados rituais da magia negra e as mais tolas crendices. Para essas criaturas, tudo quanto é estranho, desconhecido e ignorado, cheira a ocultismo. O rótulo é cômodo porque poupa a muita gente o esforço de separar o verdadeiro do falso e, mais do que isso, o de reformular ideias preconcebidas.

Desse modo, alguém que teve uma experiência de *morte provisória*, já convencido da realidade do Espírito, fica automaticamente sob suspeita pelas suas "ligações" com o ocultismo. Portanto, seu depoimento vale pouco ou nada. Não merece ser levado a sério. É o que muitos pensam.

O problema, não obstante, não é tão simples. O Dr. Moody entrevistou mais de 300 (trezentas!) pessoas que passaram por experiências de *morte provisória*. Num grupo desses, lembra o jovem pesquisador, era de esperar-se um ou outro interessado em assuntos como reencarnação, contatos mediúnicos, astrologia "e outros fenômenos ocultos". No entanto, apenas seis ou sete (em trezentas, não nos esqueçamos), para surpresa do próprio pesquisador, "manifestaram alguma espécie de interesse nessa área, antes ou depois de suas experiências". Quase ninguém desse grupo tinha a contar fatos paranormais ocorridos durante a sua existência.

"Definitivamente, as pessoas com as quais eu conversei" — escreve o Dr. Moody — "não são aquelas que frequentemente tem experiências inusitadas, ou que demonstrem um interesse acima do normal em assuntos de natureza oculta."

Esses *insuspeitos*, no entanto, é que trazem o testemunho de uma inegável continuidade da vida e da indiscutível influência que têm sobre a condição do Espírito, na vida póstuma, o seu grau de conhecimento e o nível da sua moral, exatamente como ensinam os postulados da Doutrina Espírita.

Foram esses mesmos os que voltaram da *morte provisória* com uma nova concepção da vida, e a partir daí elaboraram uma reformulação global de seus conceitos fundamentais. Até mesmo os ateus, segundo outra pergunta formulada, passaram a aceitar a ideia da sobrevivência do Espírito.

São essas as reflexões do Dr. Moody a respeito da *vida depois da vida*.

Para encerrar, suas próprias conclusões, que subscrevemos: "Espero ter condições de aplicar o que aprendi deste estudo à minha vida. Desejo continuar evoluindo, tanto quanto possível, no sentido de amar ao semelhante e adquirir conhecimento e sabedoria".

Em nome daqueles que esperam no desalento e na aridez da descrença, agradeçamos ao Dr. Raymond A. Moody pelos seus nobres e legítimos propósitos. É importante a contribuição que ele tem a oferecer a este mundo atormentado, porque desta vez não são os Espíritos e nem os espíritas que estão tentando convencer o irmão que sofre, mas é o próprio ser encarnado, praticamente sem nenhuma experiência ou conhecimento prévio da realidade espiritual, que atravessou o portão das sombras e voltou para dizer como é o caminho...

(*Reformador*, de julho de 1978.)

8.6 A morte provisória II

George Ritchie estava com 20 anos naquele final de setembro de 1943, quando se apresentou, como voluntário, ao exército americano, disposto a lutar pelos ideais da sua geração, na Segunda Guerra Mundial. Em novembro as autoridades militares decidiram que ele serviria melhor aos interesses do país cursando a Faculdade de Medicina, na qual já havia sido aceito, do que aprendendo a matar. No máximo, até 22 de dezembro deveria ele apresentar-se à universidade, em Richmond, exatamente onde residia sua família. Era o maior golpe de sorte da sua vida, pois não apenas sempre sonhara ser médico, como agora iria estudar por conta do governo.

No dia 10 de dezembro, com a temperatura a 12 graus, ficou sentado no chão com seus companheiros durante duas horas, enquanto um jovem tenente dava minuciosas instruções sobre a maneira adequada de limpar o equipamento. Durante a noite, todo o batalhão tossia. No dia seguinte, George estava algo febril e foi recolhido ao hospital, com gripe que acabou evoluindo para pneumonia dupla. Na madrugada de 19 para

20, minutos antes de tomar o jipe que o transportaria à estação, onde embarcaria para Richmond, George piorou; foi levado às pressas à radiologia, e lá desmaiou. Vinte e quatro horas depois, na madrugada do dia 21, exercendo seu trabalho de rotina, um auxiliar de enfermagem entrou no pequeno quarto e notou que George estava sem pulso e não mais respirava. Pressão arterial: zero. Chamado com urgência, o médico confirmou as observações do auxiliar. George Ritchie estava morto, sem dúvida alguma.

— Quando você terminar o seu trabalho, prepare-o para o necrotério — disse-lhe o médico.

Nove minutos depois, segundo os registros do hospital, o auxiliar de enfermagem voltou ao quartinho em que jazia o cadáver. Enquanto se preparava para removê-lo, teve a impressão de que o lençol que cobria o corpo movera-se. Novamente o rapaz saiu em busca do médico de plantão, que voltou a examinar George e confirmar que ele morrera. Com certeza o auxiliar, algo tresnoitado, estava a imaginar coisas...

Surpreendentemente, porém, o enfermeiro recusou-se a aceitar o pronunciamento do oficial-médico:

— Quem sabe o senhor poderia dar-lhe uma injeção de adrenalina diretamente no coração?

A pergunta era, no mínimo, petulante. Afinal, quem era aquele cabo-enfermeiro para arguir o médico, seu superior hierárquico? Além do mais, a sugestão era ridícula do ponto de vista clínico, embora, à época, às vezes fossem usadas como recurso extremo as injeções lembradas pelo ajudante. Isto, porém, só se justificaria em casos de paradas cardíacas traumáticas, num paciente que, quanto ao mais, estivesse organicamente sadio. Não era o caso de George, que morrera de pneumonia dupla. Ainda que fosse possível fazer o coração funcionar, ele daria algumas batidas e voltaria a parar, porque o dano causado aos pulmões era irreversível. Contra toda expectativa, entretanto, o médico resolveu atender à sugestão do cabo. Providenciou-se rapidamente a injeção. Instantes depois, o coração recomeçou a pulsar, a princípio erraticamente e depois firme e ritmado. Restabeleceu-se a respiração, a pressão arterial alcançou níveis normais e o milagre da vida aconteceu ali, ante as duas aturdidas testemunhas.

George permaneceu ainda três dias inconsciente, cinco dias em estado crítico e duas semanas até conseguir dar os primeiros passos. Graças ao "palpite" de um jovem servidor, conseguira adquirir o seu reingresso na vida. Alguma razão muito poderosa deveria existir atrás de tudo aquilo. Realmente existia, porque o cabo George Ritchie, hoje Dr. George G. Ritchie, 34 anos depois daquela fria madrugada de 21 de dezembro de 1943, descreveu, de parceria com Elizabeth Sherrill, o que aconteceu com ele naqueles nove minutos em que foi ao futuro e voltou para contar as suas belas e dramáticas experiências com a vida póstuma, bem como o impacto renovador que tais acontecimentos tiveram na estrutura do seu pensamento. Muito apropriadamente, o livro chama-se *Return from Tomorrow* (Edição *Chosen Books*, Lincoln, Va. 22078, E. U. A. 1978), ou seja, *De volta do amanhã*.

Faltavam apenas 20 minutos para apanhar o jipe que o levaria à estação, quando George foi posto numa padiola, bem embrulhado em agasalhos e conduzido à sala de raios X. Será que ele poderia ficar de pé por alguns momentos? Claro! Dentro de meia hora não estaria de pé na plataforma da estação? Quando o aparelho emitiu o seu "clic" característico,

George começou a ouvir um zumbido incômodo e crescente, enquanto desabava no chão, como se não tivesse mais pernas.

Ao sentar-se, já consciente, não reconheceu o quartinho apertado em que se encontrava. Além disso, suas coisas não estavam ali, nem as tabelas impressas com o horário dos trens, nem o seu relógio. Nunca vira aquele quarto, que, aliás, continha somente a cama, a mesinha e uma cadeira perto da porta. Onde estaria ele? Como fora parar ali? Lembrou-se da radiografia. Provavelmente desmaiara. Ah! e o trem? Perdera-o, com certeza. Pulou da cama, em pânico, à procura de suas roupas, que não encontrava em parte alguma, nem mesmo debaixo da cama. E quem seria aquele indivíduo deitado ali? Jovem, cabelo curto, imóvel... Mas, agora não havia tempo a perder. Tinha que ir para Richmond de qualquer maneira e, para isso, precisava encontrar sua roupa. Na enfermaria, todos dormiam.

Viu, no corredor, um sargento que vinha na sua direção com uma bandeja de instrumentos coberta com um pano. Alguém acordado, afinal. Perguntou lhe pelo servente daquela unidade, mas o homem não lhe respondeu; nem sequer o olhou, seguindo o seu caminho. Quando George viu que o sargento vinha direto em cima dele, com bandeja e tudo, gritou e deu um salto para escapar à colisão.

O problema é que tinha de ir para Richmond imediatamente, mesmo que houvesse perdido o trem. Ao ver uma porta, saiu por ela sem saber como. Ainda sem saber o que se passava, percebeu que se movimentava com incrível velocidade lá fora. Estranho, porém, que não via o chão sobre o qual pisava, e sim a paisagem lá em baixo. De alguma forma, sentia que aquilo era impossível, pois um ser humano não voa como pássaro ou avião. E, no entanto, lá em baixo, via campos, árvores e estradas, por onde transitavam uns poucos carros. As pequenas cidades estavam às escuras e silenciosas. Seja como for, ele estava indo velozmente para Richmond. Via, agora, uma cidade maior. Se ao menos pudesse descer para pedir alguma informação...

Ao pensar nisso, a velocidade diminuiu e ele encontrou-se acima de uma confluência de duas ruas, onde percebia um clarão azul. Vinha de um anúncio de cerveja *Pabst Blue Ribbon*, colocado em cima da porta de um edifício coberto de telhas vermelhas. Outro letreiro próximo indicava que ali era um café. George notou que estava agora suspenso acerca de 15 metros do solo. Não havia, porém, muito tempo para pensar, porque um homem vinha caminhando pela rua e era preciso obter dele alguma informação. Mal pensou nisso, lá estava ele ao lado do homem, na calçada.

— O senhor pode me dizer, por favor, que cidade é esta?

O homem continuou a caminhar, sem dar mostras de tê-lo ouvido ou mesmo visto. George insistiu. Era um estranho ali e... por favor... Será que o homem era surdo? George levantou a mão esquerda para tocar-lhe o ombro e "nada havia ali". Foi como se tivesse tentado agarrar um punhado de ar. Que mistério era aquele do homem "sem substância"? George apoiou-se contra o cabo de um posto telefônico para pensar um pouco acerca de todos aqueles mistérios. A questão é que o cabo também era inconsistente, porque o corpo de George atravessou-o como se nada houvesse no local. A não ser que... ele, George, houvesse perdido sua própria consistência. Não estava conseguindo que alguém o visse, ou o escutasse. Nada conseguia pegar com as mãos. Que história era aquela? Será que o pessoal da faculdade teria condições de vê-lo? (Se é que ele conseguisse chegar lá, porque, a essa altura, tudo era possível, uma vez que até o impossível estava acontecendo.)

George começou a sentir uma aterradora solidão. E sua família? Conseguiria vê-lo, ao menos pelo Natal? Lembrou-se do indivíduo imóvel na cama, no apertado quarto de hospital. Suponhamos que aquele jovem fosse ele? Ou, pelo menos, a parte concreta, material da qual ele inexplicavelmente se separara. Se fosse, poderia voltar para lá?

A essa altura, ele estava arrependido de ter saído do hospital de maneira tão precipitada. E enquanto pensava isto, já viajava do mesmo modo absurdo, de volta ao hospital. Lá embaixo, as árvores, as estradas, os rios... até que ele reconhece a vegetação característica do Texas e, por fim, as barracas do seu acampamento militar.

Era noite ainda. Tudo fechado, em silêncio. O problema cruciante agora era encontrar aquele corpo, que estava já convencido ser o seu próprio. Mas onde estava ele, nas imensas construções, tudo padronizado, igualzinho, com jovens iguais a ele dormindo em aposentos semelhantes, com roupas idênticas? E, no entanto, um daqueles corpos era o seu. Era preciso achá-lo, custasse o que custasse, entre mais de duzentos barracões, com centenas de cubículos exatamente iguais ao seu.

Era muito difícil aquela busca de si mesmo. Em primeiro lugar, pensou ele, a gente nunca se vê com o mesmo realismo com que vê os outros, tridimensionalmente, a não ser do tórax para baixo. Daí para cima, só vemos a nossa reflexão bidimensional no espelho ou num retrato. Como é que ele poderia reconhecer seu rosto agora naquela confusão e, ainda, pressionado pelo pânico, enquanto o tempo escorria implacavelmente? Vagava desesperado, de quarto em quarto, examinando faces, e passava adiante, rapidamente, se destoavam muito da sua imagem. Foi quando se lembrou do anel de ônix que trazia. Claro! O anel serviria para identificá-lo, sem hesitação. O problema é que ele não conseguia remover as cobertas, quando as mãos estavam escondidas. Um dos camaradas com a mão esquerda debaixo do travesseiro lhe pareceu algo familiar. Fazia até lembrar traços de seu pai. George ficou ali esperando, depois de tentar inutilmente descobrir-lhe a mão. Afinal, o homem acordou e esticou o braço para apanhar um pouco de água. Tinha uma aliança no dedo médio da mão esquerda.

George continuou em busca de si mesmo.

Conseguiu, afinal, descobrir a sala de radiologia e lá estava o operador a anotar alguma coisa numa folha de papel. Há quanto tempo George teria entrado ali? Semanas, anos ou apenas alguns minutos? Inutilmente gritou, implorando ao homem que olhasse para ele, de pé, ali bem na frente de seus olhos. Era a única pessoa que até então fora capaz de reconhecer e situar no contexto anterior. A contragosto, desistiu de interessar o radiologista na sua busca e seguiu procurando o seu próprio corpo. No último cubículo de uma nova série, alguém estava estendido na cama, é certo, mas havia um lençol cobrindo-lhe o rosto. Os braços fora das cobertas estendiam-se rígidos. Inúteis, com as mãos voltadas para baixo. O anel de ônix estava no terceiro dedo da mão esquerda. O corpo era seu, portanto. E, obviamente, George estava morto!

Pela primeira vez, em toda aquela aventura, a palavra "morte" reboou dentro dele com um impacto inesperado. Mas, como poderia ele estar morto, se estava ali pensando e observando? A morte era algo diferente. A morte era... Era o que mesmo?

Mais uma vez tentou, sem êxito, remover o lençol que cobria o cadáver. Desanimado, sentou-se na cama. Ou será que foi apenas uma ação mental? Não sabia mais nada. Que seria a morte, afinal? Aquela separação da pessoa em duas partes distintas?

De repente, o cômodo começou a iluminar-se de maneira estranha, pois não era possível que a pequena lâmpada de 15 watts acesa produzisse tanta claridade, que continuava a intensificar-se. Nem todas as lâmpadas do mundo poderiam produzir um fenômeno igual àquele. Nem um milhão de maçaricos acesos!

"Ainda bem" — pensou George — "que não tenho olhos físicos neste momento. Esta luz destruiria minha retina num segundo."

A luz vinha de uma figura humana de indescritível beleza e poder, que lhe falava sem palavras.

"As palavras" — escreve o Dr. Ritchie — "vinham de dentro de mim; possuíam, contudo, uma autoridade que meus próprios pensamentos jamais tiveram."

O jovem cabo deduziu que se encontrava, naquele momento, "na presença do Filho de Deus". "Novamente" — prossegue ele — "o conceito parecia formar-se dentro de mim, mas não como um pensamento ou especulação. Era uma espécie de conhecimento, imediato e completo".

Respeitemos a posição do narrador. Não nos cabe o direito de pôr sumariamente em dúvida aquilo que ele chama de "conceito". Ainda que não tenha sido o Cristo, é evidente que se tratava de um Espírito de elevada condição, que ali estava para guiar-lhe os passos na fantástica aventura que começou a desdobrar-se a partir daquele momento. Fluíam da imponente e compassiva figura não apenas a força de um poder incontestável, mas também "um amor incondicional, espantoso... Além da mais desenfreada imaginação".

Neste ponto, surgem dificuldades praticamente insuperáveis para narrar o episódio e interpretar as suas extensas e profundas implicações. Trata-se do fenômeno da recapitulação da vida.

— Tudo quanto jamais me acontecera estava à minha frente, a plena vista, contemporâneo e atual, como se estivesse ocorrendo naquele momento.

A imagem do pequeno cômodo não desaparecera, mas, ao mesmo tempo, ele não confinava o espaço circundante. Era como se um mural onipresente se desdobrasse naquele espaço incompreensível, mostrando, ao mesmo tempo, todas as cenas de sua vida, com figuras tridimensionais que se moviam e falavam. A despeito de tantos erros, fraquezas, imperfeições e tolices, o ser luminoso aceitava-o e o amava da mesma forma. Pairava, no entanto, uma pergunta que parecia implícita em cada uma das cenas: Que fizera ele de sua vida? E, não obstante, a pergunta não trazia nenhuma conotação inquisitorial, como se George estivesse diante de um tribunal implacável. Aflitivamente, ele buscava algo de positivo, de construtivo, de permanente para exibir àquela poderosa e compassiva presença. De toda a informação viva, ele somente via uma que lhe pareceu mais digna de ser destacada: fora escoteiro! Era algo positivo, por certo, mas muito pouco, e George concluiu, desalentado, que nada havia feito ainda com a oportunidade maravilhosa da vida. Afinal de contas, não dispusera de muito tempo, pois vivera apenas vinte anos. Enquanto assim pensava, aquela misteriosa voz interior lhe disse que a "morte pode chegar a qualquer idade". Aquilo não era, porém, um julgamento; era, sim, a declaração de um fato.

Aos poucos, George compreendeu que a figura espiritual não estava particularmente interessada em realizações ou reconhecimento humanos que ele houvesse conseguido, mas, "como tudo quanto procedia dele, a questão tinha a ver com o amor". Até que ponto George havia aproveitado aquela vida para amar? Teria ele amado ao semelhante como se sentia amado naquele momento? Totalmente? Incondicionalmente?

O problema, pensava George indignado, é que jamais alguém lhe dissera nada disso. Ao pensar assim, buscando uma desculpa e entregue a um sentimento de autocomiseração, a voz elevou-sé novamente dentro dele:

— Eu disse.

E prosseguiu:

— Disse pela vida que vivi. Pela morte que morri e se você conservar os olhos postos em mim, verá mais...

A essa altura, George percebeu que estava se movendo no espaço, após deixar o hospital, enquanto o Espírito seguia à sua frente. Era noite ainda. Via lá embaixo luzes de uma cidade localizada nas proximidades de um lago. Poderia ser Boston, Detroit ou Toronto, mas ele não reconhecia o lugar. Desceram. As fábricas trabalhavam a plena capacidade no desesperado esforço de guerra. George via gente operando equipamentos industriais ou a expedir ordens e discutir problemas nos escritórios. Registrou diálogos inteiros. Via cenas incompreensíveis de gente que "passava por dentro de outras pessoas" ou daquela mulher, desesperada para fumar, que implorava um cigarro de outra que parecia não ouvi-la nem vê-la. Quando esta última tirou o maço do bolso e acendeu um cigarro a outra tentou arrancá-lo inutilmente da boca. Por mais que se esforçasse, sua mão não conseguia agarrar o desejado cigarro. George lembrou-se, afinal, da sua dificuldade ainda há pouco e compreendeu: a mulher também estava "morta" e não sabia. Por toda parte, aquela multidão de seres. Uma senhora seguia um homem, dizendo-lhe coisas que ele não ouvia. Não deveria ter saído sem agasalho. Marjorie fazia exigências descabidas, obrigando-o a trabalhar demais. Ele não dormia o suficiente.

— Você nunca deveria ter-se casado com uma mulher que pensa apenas em si mesma — dizia ela.

George deduziu que a senhora era mãe do homem aludido e, evidentemente, seguia-o por toda parte a fazer intermináveis recomendações e queixas.

Sempre conduzido pelo Espírito luminoso, que identificava com o Cristo, George andava de local em local e de cidade em cidade a observar coisas e fatos. Numa residência, viu um jovem a pedir perdão inutilmente ao pai e à mãe, esta atirada praticamente inválida a uma cama.

Presenciou vários desses casos dramáticos. Sempre o pedido incongruente de desculpas. Por que estariam a se escusar de maneira tão penosa? Eram suicidas — foi a explicação — acorrentados às consequências de seus atos.

Penetraram, a seguir, num bar, onde muitos marinheiros bebiam desbragadamente. Lá estavam também aquelas criaturas desesperadas que não conseguiam apanhar os copos que, por momentos, descansavam sobre as mesas ou no baleio. E que tumulto entre eles!

De repente, um marinheiro totalmente embriagado deu dois ou três passos e esparramou-se no chão, enquanto dois companheiros o apanhavam para levá-lo embora, George viu uma cena estarrecedora. O "casulo", algo luminoso, que envolvia o marinheiro (perispírito) abriu-se; como a derramar-se da cabeça pelos ombros abaixo.

— Instantaneamente — prossegue ele — mais rápido do que qualquer pessoa que eu jamais tivesse visto mover-se, um dos seres insubstanciais (desencarnados) que estivera por algum tempo ao seu lado, no bar, colocou-se em cima dele. Estivera até então, como sombra sedenta, pairando em torno do marinheiro, observando sofregamente cada gole ingerido. Agora saltava sobre ele como um animal de rapina.

Por um momento George viu distintamente as duas figuras. Quando o marinheiro foi arrastado e encostado à parede, havia apenas uma: elas como que se fundiram numa única.

Desdobrado pela dose excessiva de álcool, o marinheiro certamente abandonara o corpo físico intoxicado ao desatinado comparsa desencarnado que agora poderia aspirar livremente as emanações da bebida. São os "canecas vivos" de que nos falam os autores espirituais.

A cena se repetiu duas vezes mais. Infalivelmente rápidos como relâmpagos, os Espíritos desencarnados se apossavam do corpo alheio, penetrando por aquela ruptura perispiritual que George chama de auréola.

Claro que, espiritualmente despreparado, George nem sempre entendia o que se passava, mas suas suposições aproximam-se bastante da realidade que teria podido compreender muito melhor, se dispusesse de mais conhecimento teórico do assunto. Entendia, por exemplo, que aqueles seres haviam criado uma dependência alcoólica enquanto viveram na carne e agora lançavam mão de qualquer recurso para satisfazer as suas ânsias.

Cenas como aquelas pareciam repetir-se incessantemente: o homem na fábrica a dar ordens, a mulher que desejava fumar, as pessoas que se arrependiam do suicídio, os que disputavam avidamente as emanações do álcool. Até quando? Se é que se podia formular uma imagem do inferno, seria algo como aquilo: o sofrimento, a inconsciência, a angústia intemporais.

Imagem mais dramática, de local verdadeiramente tenebroso. George teria pouco depois, ao mover-se para uma região escura e densa, onde criaturas indescritíveis empenhavam-se em lutas ferozes. Intermináveis, aos gritos, gemidos, socos, pontapés que pareciam nunca atingir ninguém, sem poderem matar-se uns aos outros, como certamente desejavam. Havia de tudo quanto se possa imaginar de terror e de aviltamento da personalidade humana naquele terrível emaranhado de gente a dar livre curso a toda espécie de torpeza.

Por que razão aqueles seres continuavam naquela área? Não eram livres de partir? Por que a moça, que estava sendo violentamente agredida por um homem de aparência feroz, não fugia para sempre? Mas, para onde? Onde esconder-se?

E, no entanto, não estavam abandonados. Era evidente a compaixão do Espírito por aquela multidão desavorada. Aos poucos, George conseguiu distinguir a presença de muitos seres luminosos que planavam nas imediações, desciam e pareciam conversar com um ou outro daqueles infelizes. Na realidade, todos dispunham de certa forma de assistência, mas era óbvio que não podiam ver nem ouvir ou sentir aqueles seres interessados em ajudá-los, tentando penetrar a barreira de rancor, de desespero, de inconsciência.

George visitou, a seguir, uma região pacífica e harmoniosa, onde seres silenciosos, cobertos por uma vestimenta que ia da cabeça aos pés, pareciam trabalhar em pesquisas científicas. George entrevia, aqui e ali, complexas e estranhas aparelhagens e grupos humanos curvados sobre cartas, diagramas e documentos, sempre a estudarem, em silêncio. Parecia uma vastíssima e fabulosa universidade, um centro de pesquisa como George nunca havia sonhado. Mesmo a misteriosa voz interior parecia agora ter dificuldade em explicar a George de que se tratava. Ele podia sentir apenas a compassiva expressão de amor ante a sua óbvia ignorância.

Havia edifícios enormes, laboratórios de música ("Bach é apenas o começo", pensou George). Havia uma fabulosa biblioteca, "do tamanho de toda a Universidade de

Richmond", onde estavam armazenados "todos os livros significativos do universo".

E, no entanto, aquilo não era ainda o fim da escalada para cima.

As observações de George, neste ponto, trazem uma conotação muito profunda e digna de meditação demorada.

Evidentemente, aqueles seres buscavam a Verdade e haviam incorporado aos seus espíritos importantes conquistas, mas alguma coisa ainda lhes faltava. Seria uma aceitação mais decisiva do próprio Cristo? É claro que algo da sabedoria dele certamente conheciam. Mas será que aquela busca linear da verdade não lhes estava desviando a atenção, levando-os a procurar Jesus nos livros e nas provetas?

Finalmente, George partiu dali e em breve tinha diante de si, a distância considerável, a visão de uma cidade indescritível, em que casas, ruas e coisas pareciam feitas da mesma luz brilhante de que eram constituídos os seres que nela habitavam. Quem seria aquela gente? Seriam aqueles que fizeram do Cristo o ponto focal de suas vidas?

Quando assim pensava, percebeu que dois seres luminosos se destacavam da cidade e deslocavam-se na sua direção com fantástica velocidade, mas, nesse momento, George também começou a recuar, velozmente, e em pouco a distância foi aumentando e a cidade e os seres desapareceram.

— Ele me havia mostrado tudo quanto fora possível...

Nesse ponto as paredes se fecharam em torno de George, num espaço apertado como uma pequena caixa. Alguns segundos depois ele percebeu que estava de volta ao seu quarto de hospital.

A luminosa figura espiritual fê-lo compreender que a forma imóvel estendida na cama tinha algo a ver com ele e que havia o que fazer com ela. Irresistivelmente, George se sentiu atraído pela forma, enquanto a luz se apagava de seus olhos. Gritou, desesperado, que ele não o deixasse, a fim de que pudesse preparar-se para, algum dia, viver naquela cidade que somente pudera contemplar à imensa distância.

Imediatamente, George despertou no corpo físico, que parecia agora uma emperrada máquina que ele não podia mover livremente. Conseguiu, porém, a muito custo, como se movimentasse um braço de chumbo, apalpar a mão esquerda. Lá estava o anel de ônix que o identificava como George Ritchie, cabo do exército, candidato à Faculdade de Medicina, americano, 20 anos, solteiro, residente em Richmond.

— Em que dia estamos? — perguntou à enfermeira.
Era véspera de Natal.
— Acabo de ter a mais assombrosa experiência — começou —, algo sobre o que todo mundo na Terra tem de saber.

Uma crise de tosse o interrompeu providencialmente. A enfermeira — uma bela e jovem tenente — recomendou que ele nada mais falasse.

Na verdade, pensou George, o que diria a ela? Que havia estado com Deus? (Ele, evidentemente, crê que viu o Cristo e que Jesus é Deus, segundo a ortodoxia tradicional.) Que esteve no inferno? Que deu uma espiada no Céu? Ela pensaria que ele estava louco.

Foi a primeira tentativa de comunicar a experiência, difícil até de traduzir em palavras, ainda mais que parte dela o próprio George não conseguiu apreender, como vimos. Tentou outras oportunidades, mas médicos e enfermeiras mudavam de assunto delicadamente e com firmeza.

Curiosamente, no entanto, a narrativa fluiu toda, com a maior naturalidade, para a sua madrasta, precisamente a pessoa com que tivera sempre considerável dificuldade de relacionamento. Ela demonstrou inesperada sensibilidade: primeiro, sentindo que algo de extraordinário se havia passado com o enteado e, em seguida, estimulando-o a falar; e, finalmente, declarando que Deus havia confiado a ele "enormes verdades".

Seja como for, o retorno à vida foi o que ele chama de verdadeira calamidade. Se tivesse forças teria reclamado energicamente daqueles que o fizeram voltar da sua incursão ao futuro. Agora, restava enfrentar a Faculdade. Perdera um mês de aulas, sentia-se em lamentável estado de fraqueza e ainda sob o tremendo impacto da sua experiência. Ao cabo de algum tempo, porém, foi eliminado porque não conseguia acompanhar a sua turma. É incrível a maneira pela qual um superior o tratou nessa difícil conjuntura.

— Ritchie — disse ele, asperamente —, se você voltar vivo da guerra, eu pessoalmente farei o possível para que você jamais seja admitido nem nesta escola, nem em nenhuma outra. Você desperdiçou o tempo dos professores e da administração e impediu que outro aluno se beneficiasse da oportunidade. Farei o que estiver ao meu alcance para que você jamais desperdice o tempo e os recursos da profissão médica.

De volta ao exército, George foi enviado ao campo de operações na Europa, onde desembarcou a 16 de janeiro de 1945, no Havre, de bordo do navio "SS Brazil".

— Antes disso, há um interessantíssimo episódio. Ao retornar à unidade do exército. em companhia de vários colegas, estudantes rejeitados, como ele, revezavam-se num velho carro, rumo ao Texas. A certa altura, George começou a reconhecer o terreno. Meia hora depois chegavam a uma pequena cidade do

A morte provisória II

interior denominada Vicksburg, do Estado de Mississipi. Foi ali que George estivera em Espírito. Lá estava o barzinho, com o anúncio da cerveja, a calçada onde ele tentara obter de alguém uma informação orientadora, o cabo telefônico, no qual pretendera encostar-se. Aos companheiros aturdidos com as suas estranhas atitudes, preferiu nada dizer. Como é que iria explicar a eles que estivera ali, exatamente naquele lugar, enquanto seu corpo morto ficara lá no Texas?

Recordava aquela desesperada fuga sem corpo: "Aqui eu parei, pensei e daqui voltei".

Quanto tempo ficara ali? Há quanto tempo? Em que tempo e em que corpo?

George serviu, durante a guerra, em hospitais, em vista das noções que havia adquirido no pré-médico e na fracassada experiência universitária. Regressou à América na primavera de 1946 e casou-se com a antiga namorada, Marguerite, no ano seguinte. Voltou à Faculdade e formou-se em Medicina, tal como sempre desejou. Não era, porém, o mesmo homem. A experiência da morte provisória mudou completamente o rumo da sua vida e enriqueceu a sua estrutura espiritual adicionando-lhe um amadurecimento que dificilmente poderia ter alcançado, se nada daquilo houvesse acontecido. Revelou-se um competente profissional, galgando posições de destaque e responsabilidade no selo da classe, como se vê do seu impressionante *curriculum*.

Certa ocasião, teve que tomar uma atitude decisiva com relação à sua experiência. Embora a tivesse "assumido" integralmente, restou sempre aquele ponto delicado que é o da comunicação do fato àqueles que compõem o círculo de suas relações, pois a reação é sempre imprevisível, em gradações que vão da compreenção e aceitação inteligente à grosseria dos que não admitem senão o que concorda com as suas fixações.

O Dr. Ritchie desejava candidatar-se a uma vaga de psiquiatra no Hospital da Universidade de Virgínia. Um amigo aconselhou-o a não falar da sua experiência a ninguém. A primeira pessoa a entrevistá-lo foi o Dr. Wilfred Abse, Professor de Psicanálise e Psicoterapia Analítica, do Departamento de Psiquiatria.

Assim que Ritchie entrou na sala, o Dr. Abse disparou à queima-roupa:

— Muito bem, Ritchie, soube que você acha que teve um encontro com o Cristo.

E agora? Ritchie viu que sua oportunidade estava perdida, fora de cogitação. No entanto, tinha que responder. Como estava acostumado a fazer em situações como essa, formulou incontinenti uma pequena prece:

Senhor, que devo dizer agora?

"Aquele que me negar diante dos homens — as palavras eram quase que audíveis — eu o negarei diante de meu Pai."

Fixando o Dr. Abse, ele disse então, firme:

— Não poderia jamais negar a realidade do que aconteceu a mim em Barkeley, Texas, da mesma forma que Saulo de Tarso não poderia negar o que aconteceu com ele na estrada para Damasco.

Era, certamente, o fim das suas aspirações, mas não poderia ter agido de outra forma. Surpreendentemente, no entanto, foi aceito por unanimidade pelo comitê. Anos depois, o Dr. Abse, que se tornara um bom amigo, contou-lhe que realmente aquela conversa fora um ponto crítico. Se ele, Ritchie, negasse a experiência, não seria aceito, pois demonstraria uma personalidade vacilante e emocionalmente desequilibrada, incapaz de distinguir a realidade da fantasia. Uma pergunta, porém: não foi tudo uma só realidade?

Essa é, pois, a história vivida pelo Dr. George Ritchie, um homem que morreu, segundo os padrões médicos, e voltou para contar a sua dramática incursão no mundo póstumo.

———•·•——— • ———•·•———

É fácil para o leitor espírita identificar na obra insuspeita do Dr. George Ritchie os "encaixes" doutrinários, bem como inferir aqueles que o ilustre médico não teve condições de interpretar melhor, precisamente por lhe faltarem algumas noções mínimas de Espiritismo. Mesmo o leitor leigo, porém completamente despreparado, encontrará no livro abundante material para meditação que, bem elaborado, poderá acarretar profundas modificações de comportamento, ou, pelo menos, a reformulação de certos critérios básicos na apreciação do maravilhoso fenômeno da vida.

Quais são e onde estão esses encaixes?

O primeiro deles é a realidade, ainda surpreendente para tantos, da sobrevivência do Espírito. O jovem cabo Ritchie foi pronunciado clinicamente morto por pessoa competente, um médico, que, aliás, confirmou o óbito logo depois, em novo exame. No entanto, separado do corpo físico, George estava perfeitamente vivo e a caminho de Richmond.

O segundo encaixe doutrinário é o da existência do perispírito, esse "outro" corpo que carrega consigo o eu verdadeiro, a consciência, a vontade, o raciocínio, a memória, a inteligência.

Podemos colocar como terceiro encaixe doutrinário a inescapável responsabilidade pessoal de cada um de nós pelos seus atos, por mais íntimos que nos pareçam no momento em que os estamos vivendo. Vimos seres desatinados a se punirem mutuamente naquela amostra de "inferno". Entrevimos, com George, seres espiritualmente realizados, em pleno gozo de uma felicidade que nem sequer podemos apreender em todas as suas maravilhosas implicações. Observamos o trágico arrependimento dos suicidas, tanto quanto as fixações terrenas dos que não conseguiram livrar-se das suas deformações: o fumante inveterado continua desesperado para fumar, o alcoólatra continua alcoólatra, a mãe possessiva continua presa ao filho encarnado.

Por outro lado, ainda no capítulo das responsabilidades pessoais, vimos que não nos aguarda nenhum outro tribunal senão o da nossa própria consciência. Aquele ser espiritual que ali estava para guiar os primeiros passos do "falecido" cabo George Ritchie não era um inquisidor implacável, nem sequer um promotor rígido, mas simplesmente alguém — seja qual for a sua identidade — que vem trazer a mensagem compassiva do amor sem restrições, sem limitações, incondicional, a despeito das nossas faltas e da nossa ignorância ou, precisamente, por causa delas mesmas. Isso tudo ficou patente na dramática recapitulação da vida no "videoteipe" unidimensional simultâneo, no qual George se via, ao mesmo tempo, como se todos os vinte anos de sua vida estivessem presentes ali para serem examinados nos seus mínimos pormenores: tudo soma e tudo conta para montar-se o processo da evolução espiritual.

O quarto desses encaixes seria a força irresistível e universal do amor, sem reservas, sem exigências, purificado da ganga das paixões, dos egoísmos, dos exclusivismos. Se a pergunta — Que fez você com a sua vida? — surgia naquela crítica encruzilhada do destino, não só porque lhe estivessem a pedir contas do que fizera, mas simplesmente para fazê-lo concluir, ele próprio, que não havia ainda aprendido a dar cumprimento à Lei maior da vida que é a vera essência divina: o Amor.

Em todo esse vasto panorama ético faltará sempre um poderoso fator de ordenação — e este seria o quinto e um dos mais belos encaixes doutrinários — se os nossos roteiros evolutivos não mergulharem no território luminoso da aceitação do Cristo. "Eu sou o Caminho, a Verdade e a Vida; ninguém vai ao Pai senão por mim" — disse ele. Com o cabo "morto", vimos, em elevadas regiões do espaço, seres que, realizando-se como competentes pesquisadores, ainda não haviam conseguido aquela aceitação e por isso dispunham de conhecimento, mas continuavam carentes de sabedoria. Muita ciência e pouco amor. Complexas técnicas desenvolvidas como finalidade em si mesmas, sem que delas resultassem conotações morais. Eram, enfim, seres que não haviam ainda descoberto que o maior documento científico de todos os tempos é o Evangelho, porque ali está a suprema ciência da vida regida pela Lei maior do amor universal.

Jesus sempre soube desse aparente paradoxo: o de que os sábios e os doutos levariam tempo imenso, em termos humanos, para chegarem a Deus, precisamente porque acham que podem ir sozinhos, sem ajuda. Até que descubram que isso não é possível, milênios e milênios se passam na busca infrutífera. Enquanto isso, os simples, os pequenos, os humildes vão trilhando com segurança os caminhos da realização do reino de Deus em seus corações.

Vemos, finalmente, que a mensagem espiritual está sendo comunicada à atormentada humanidade de nosso tempo, sob nova roupagem. Desta vez não são os médiuns, nem os Espíritos desencarnados e nem os espíritas que estão veiculando o recado da imortalidade e sim os próprios encarnados, por meio da manifestação anímica. Nova oportunidade é, pois, oferecida aos que ainda duvidam. Provavelmente, o próprio Dr. Ritchie consideraria inaceitável aquele grupo de conceitos espirituais se os lesse, por exemplo, em *O livro dos espíritos*, caso ele se desse ao trabalho de abri-lo. Quando, porém, o depoimento é pessoal, traduz uma experiência vivida, demonstra uma realidade irrecusável, e apresentado por pessoa tão bem credenciada, não há como ignorá-lo.

Estamos, pois, diante de uma nova técnica de comunicar ao ser encarnado as mesmas eternas Verdades de sempre que, no século passado, os Espíritos superiores condensaram para nós em colaboração com Allan Kardec. A nova mensagem nada acrescenta ao que nós, espíritas, conhecemos, mas não cometamos o engano de minimizar a sua importância e o seu impacto para aqueles que não tiveram a felicidade de estudar a Doutrina dos Espíritos, que sempre sai fortalecida e triunfante de cada experiência autêntica de cada testemunho honesto.

(*REFORMADOR*, DE JANEIRO DE 1979.)

ESTUDOS E CRÔNICAS				
EDIÇÃO	IMPRESSÃO	ANO	TIRAGEM	FORMATO
1	1	2013	3.000	14x21
1	IPT*	2022	IPT	14x21

*Impressão pequenas tiragens

O EVANGELHO NO LAR

Quando o ensinamento do Mestre vibra entre quatro paredes de um templo doméstico, os pequeninos sacrifícios tecem a felicidade comum.[1]

Quando entendemos a importância do estudo do Evangelho de Jesus, como diretriz ao aprimoramento moral, compreendemos que o primeiro local para esse estudo e vivência de seus ensinos é o próprio lar.

É no reduto doméstico, assim como fazia Jesus, no lar que o acolhia, a casa de Pedro, que as primeiras lições do Evangelho devem ser lidas, sentidas e vivenciadas.

O espírita compreende que sua missão no mundo principia no reduto doméstico, em sua casa, por meio do estudo do Evangelho de Jesus no Lar.

Então, como fazer?

Converse com todos que residem com você sobre a importância desse estudo, para que, em família, possam compreender melhor os ensinamentos cristãos, a partir de um momento de união fraterna, que se desenvolverá de maneira harmônica e respeitosa. Explique que as reflexões conjuntas acerca do Evangelho permitirão manter o ambiente da casa espiritualmente saneado, por meio de sentimentos e pensamentos elevados, favorecendo a presença e a influência de Mensageiros do Bem; explique, também, que esse momento facilitará, em sua residência, a recepção do amparo espiritual, já que auxilia na manutenção de elevado padrão vibratório no ambiente e em cada um que ali vive.

Convide sua família, quem mora com você, para participar. Se mora sozinho, defina para você esse momento precioso de estudo e reflexões. Lembre-se de que, espiritualmente, sempre estamos acompanhados.

Escolha, na semana, um dia e horário em que todos possam estar presentes.

O tempo médio para a realização do Evangelho no Lar costuma ser de trinta minutos.

---

[1] XAVIER, Francisco Cândido. *Luz no lar*. Por Espíritos diversos. 12. ed. 7. imp. Brasília: FEB, 2018. Cap. 1.

As crianças são bem-vindas e, se houver visitantes em casa, eles também podem ser convidados a participar. Se não forem espíritas, apenas explique a eles a finalidade e importância daquele momento.

O seguinte roteiro pode ser utilizado como sugestão:

1. Preparação: leitura de mensagem breve, sem comentários;
2. Início: prece simples e espontânea;
3. Leitura: *O evangelho segundo o espiritismo* (um ou dois itens, por estudo, desde o prefácio);
4. Comentários: breves, com a participação dos presentes, evidenciando o ensino moral aplicado às situações do dia a dia;
5. Vibrações: pela fraternidade, paz e pelo equilíbrio entre os povos; pelos governantes; pela vivência do Evangelho de Jesus em todos os lares; pelo próprio lar...
6. Pedidos: por amigos, parentes, pessoas que estão necessitando de ajuda...
7. Encerramento: prece simples, sincera, agradecendo a Deus, a Jesus, aos amigos espirituais.

As seguintes obras podem ser utilizadas nesse momento tão especial:

- *O evangelho segundo o espiritismo*, como obra básica;
- *Caminho, verdade e vida*; *Pão nosso*; *Vinha de luz*; *Fonte viva*; *Agenda cristã*.

Esse momento no lar não se trata de reunião mediúnica e, portanto, qualquer ideia advinda pela via da intuição deve permanecer como comentário geral, a ser dito de maneira simples, no momento oportuno.

No estudo do Evangelho de Jesus no Lar, a fé e a perseverança são diretrizes ao aprimoramento moral de todos os envolvidos.

LITERATURA ESPÍRITA

Em qualquer parte do mundo, é comum encontrar pessoas que se interessem por assuntos como imortalidade, comunicação com Espíritos, vida após a morte e reencarnação. A crescente popularidade desses temas pode ser avaliada com o sucesso de vários filmes, seriados, novelas e peças teatrais que incluem em seus roteiros conceitos ligados à Espiritualidade e à alma.

Cada vez mais, a imprensa evidencia a literatura espírita, cujas obras impressionam até mesmo grandes veículos de comunicação devido ao seu grande número de vendas. O principal motivo pela busca dos filmes e livros do gênero é simples: o Espiritismo consegue responder, de forma clara, perguntas que pairam sobre a Humanidade desde o princípio dos tempos. Quem somos nós? De onde viemos? Para onde vamos?

A literatura espírita apresenta argumentos fundamentados na razão, que acabam atraindo leitores de todas as idades. Os textos são trabalhados com afinco, apresentam boas histórias e informações coerentes, pois se baseiam em fatos reais.

Os ensinamentos espíritas trazem a mensagem consoladora de que existe vida após a morte, e essa é uma das melhores notícias que podemos receber quando temos entes queridos que já não habitam mais a Terra. As conquistas e os aprendizados adquiridos em vida sempre farão parte do nosso futuro e prosseguirão de forma ininterrupta por toda a jornada pessoal de cada um.

Divulgar o Espiritismo por meio da literatura é a principal missão da FEB, que, há mais de cem anos, seleciona conteúdos doutrinários de qualidade para espalhar a palavra e o ideal do Cristo por todo o mundo, rumo ao caminho da felicidade e plenitude.

CARIDADE: AMOR EM AÇÃO

S‍EDE BONS E CARIDOSOS: essa a chave que tendes em vossas mãos. Toda a eterna felicidade se contém nesse preceito: "Amai-vos uns aos outros". KARDEC, Allan. *O evangelho segundo o espiritismo*, cap. 13, it. 12.

A Federação Espírita Brasileira (FEB), em 20 de abril de 1890, iniciou sua *Assistência aos Necessitados* após sugestão de Polidoro Olavo de S. Thiago ao então presidente Francisco Dias da Cruz. Durante oitenta e sete anos, esse atendimento representava o trabalho de auxílio espiritual e material às pessoas que o buscavam na Instituição. Em 1977, esse serviço passou a chamar-se Departamento de Assistência Social (DAS), cujas atividades assistenciais nunca se interromperam.

Desde então, a FEB, por seu DAS, desenvolve ações socioassistenciais de proteção básica às famílias em situação de vulnerabilidade e risco socioeconômico. Fortalece os vínculos familiares por meio de auxílio material e orientação moral-doutrinária com vistas à promoção social e crescimento espiritual de crianças, jovens, adultos e idosos.

Seu trabalho alcança centenas de famílias. Doa enxovais para recém-nascidos, oferece refeições, cestas de alimentos, cursos para jovens, serviços de convivência e fortalecimento de vínculos para idosos e organiza doações de itens que são recebidos na Instituição e repassados a quem necessitar.

Essas atividades são organizadas pelas equipes do DAS e apoiadas com recursos financeiros da Instituição, dos frequentadores da Casa e por meio de doações recebidas, num grande exemplo de união e solidariedade.

Seja sócio-contribuinte da FEB, adquira suas obras e estará colaborando com o seu Departamento de Assistência Social.

www.febeditora.com.br

/febeditora /febeditoraoficial /febeditora

Conselho Editorial:
Jorge Godinho Barreto Nery – Presidente
Geraldo Campetti Sobrinho – Coord. Editorial
Cirne Ferreira de Araújo
Evandro Noleto Bezerra
Maria de Lourdes Pereira de Oliveira
Marta Antunes de Oliveira de Moura
Miriam Lúcia Herrera Masotti Dusi

Produção Editorial:
Elizabete de Jesus Moreira

Revisão:
Denise Giusti
Elizabete de Jesus Moreira

Capa:
Luisa Jannuzzi Fonseca

Projeto Gráfico:
Bruno Reis

Diagramação:
Eward Siqueira Bonasser Jr.

Foto de Capa:
http://www.istockphoto.com/timstarkey

Normalização Técnica:
Biblioteca de Obras Raras e Documentos Patrimoniais do Livro

Esta edição foi impressa no sistema de Impressão pequenas tiragens, todos em formato fechado de 140 x 210 mm e com mancha de 94 x 160 mm. Os papéis utilizados foram o Off white 80 g/m² para o miolo e o Cartão 250 g/m² para a capa. O texto principal foi composto em fonte Adobe Garamond 12/15 e os títulos em Adobe Garamond 25/30. Impresso no Brasil. *Presita en Brazilo.*